Angst und Panik

W0072780

Prof. Dr. Heinz-Rolf Lückert

Angst und Panik

Ursachen • Symptome • Therapie

Im FALKEN Verlag sind bereits zahlreiche Titel zu Gesundheitsthemen erschienen.
Fragen Sie danach in Ihrer Buchhandlung.

Die Deutsche Bibliothek – CIP-Einheitsaufnahme

Lückert, Heinz-Rolf:
Angst und Panik : Ursachen, Symptome, Therapie / Heinz-Rolf
Lückert. – Niedernhausen/Ts. : FALKEN, 1993
    ISBN 3-8068-1422-8

ISBN 3 8068 1422 8

Umschlaggestaltung: Peter Udo Pinzer
Redaktion: Dr. Dietrich Voorgang, Susanne Schmitt
Herstellung: Michael Greiss
Titelbild: Uwe H. Seyl, Stuttgart
Die Ratschläge in diesem Buch sind vom Autor und vom Verlag sorgfältig erwogen und
geprüft, dennoch kann eine Garantie nicht übernommen werden. Eine Haftung des
Autors bzw. des Verlags und seiner Beauftragten für Personen-, Sach- und Vermögens-
schäden ist ausgeschlossen.
Satz: Raasch & Partner GmbH, Neu-Isenburg
Druck: Konkordia Druck GmbH, Bühl/Baden

817 2635 4453 6271

Inhaltsverzeichnis

Einleitung

Es gibt keinen Menschen, der nicht in seiner Kindheit, in seinem Jugend- und Erwachsenenalter Angst verspürt und ihre Auswirkungen kennengelernt hätte. Manche werden über längere Zeit von der Angst erfaßt und festgehalten. Das kann so weit gehen, daß sie sich nicht von selbst von der Angst befreien können und eine Psychotherapie aufsuchen müssen.

Die Angst hat drei Komponenten: Einmal warnt sie uns vor leichtfertigen Handlungen und gefährlichen Situationen. Zum anderen kann sie als Störfunktion unser gesamtes Erleben, Verhalten und körperliches Befinden beeinträchtigen. Letztlich erweist sie sich aber auch als eine positive Antriebskraft, die uns zu Hochleistungen und zu persönlichem Wachstum führen kann.

Im Mittelpunkt dieses Buches steht die Angst als Störungsquelle. In meiner psychotherapeutischen Praxis habe ich erfahren, daß Angst das Leitsymptom aller psychischen und psychosomatischen Beschwerden ist. Etwa 60 % der Menschen unserer Gesellschaft leiden an mehrmaligen vorübergehenden, etwa 20 % an länger anhaltenden Beschwerden. Das Thema Angst ist also von großer Bedeutung.

Die Angst, die sich gelegentlich bis zu Panikanfällen steigern kann, belastet die Betreffenden, aber auch die Kosten für das Gesundheitswesen in einem hohen Maße. Sicher sind für die Gesundheit auch äußere Umstände und die Lebensführung des einzelnen verantwortlich zu machen; doch wird die Bewältigung von Angst als zentraler Faktor der Gesundheit selten gesehen und deshalb in der Gesundheitsvor- und -fürsorge nicht beachtet. Unter psychotherapeutischer Gesundheitsvorsorge können sich zur Zeit nur wenige etwas vorstellen. Meistens wird Psychotherapie mit Psychoanalyse gleichgesetzt. Seit Beginn der siebziger Jahre wird aber auch eine völlig andere Art der Therapie praktiziert: die kognitive Verhaltenstherapie, die in wesentlich kürzerer Zeit Erfolge bei der Behandlung von Angst, von Panik und von psychosomatischen Störungen nachweisen kann. Die kognitive Verhaltenstherapie hat es anfangs im deutschsprachigen Raum schwer gehabt, sich gegen die weit überwiegende Zahl der ärztlichen, psychologischen oder tiefenpsychologisch orientierten Psychotherapien durchzusetzen. Die Kosten für die Verhaltenstherapie wurden in Deutschland beispielsweise erst um 1980 von den Kassen übernommen. Wenn im Gesundheitswesen von Mitbeteiligung der Patienten gesprochen wird, beziehen sich diese Forderungen leider oft in erster Linie auf die Selbstbeteiligung an den Kosten und nicht auf die Mobilisierung der Selbstheilungskräfte. Erfreulicherweise wird der Vorsorge jedoch seit einigen Jahren vermehrt Aufmerksamkeit geschenkt. Doch auch sie beschränkt sich fast nur auf Empfehlungen zur richtigen Ernährung, zu mehr Bewegung in frischer Luft und zur Inanspruchnahme regelmäßiger ärztlicher Vorsorgeuntersuchungen.

Das äußerst wichtige Thema Angstbewältigung wird weder in der Erziehung noch in der Schule behandelt. So kommt es, daß die meisten Menschen noch als Erwachsene den Umgang mit ihren Ängsten nicht gelernt haben, also Angstbewältigungs-Analphabeten sind.

Zu Beginn des Buches finden Sie einige psychologische Grundtatsachen erklärt. Dann werden die vier Komponenten seelischen Lebens dargestellt, das Erleben, Verhalten, die Formung der Persönlichkeit und die Kräfte, die dem Erleben und Verhalten Richtung geben.

Der Hauptteil umfaßt fünf Kapitel, wobei jedes wieder in fünf Abschnitte aufgeteilt ist – wie im fünfaktigen Drama ist jeweils der dritte Akt von besonderer Bedeutung. Im Hauptteil finden Sie die Reaktionsmuster der Angst, Frustration und Streß, verschiedene Arten der Angst, den Zusammenhang von Angst und Depression und schließlich vor allem die Therapie der Angst beschrieben.

Die weitergehende Orientierung befaßt sich zum einen mit den Merkmalen der Gesundheit. Hier erfahren Sie, daß Gesundheit nicht einfach nur als Abwesenheit von Krankheit zu kennzeichnen ist, sondern daß sie eine zu erbringende Leistung ist. Im letzten Kapitel wird Angst als Antriebskraft behandelt, und im Anhang wird über die Grundzüge der kognitiven Verhaltenstherapie, auch Aktivationstherapie genannt, informiert.

Mit diesem Buch verfolge ich nicht die Absicht, Ihnen die Inanspruchnahme einer Psychotherapie zu empfehlen, sondern ich möchte Sie anregen, die Erkenntnisse der kognitiven Verhaltenstherapie für Ihre eigene Angst- und damit Lebensbewältigung zu nutzen.

Das Ziel des Buches ist die Förderung der Selbstkontrolle, -steuerung und damit Selbstheilung. In einer Zeit, in der sich viele Menschen auf die Behandlung und Versorgung stützen, erscheint mir der Appell an die Selbstaktivierung von großer Bedeutung. Wenn dieses Buch auch aus der Praxis meiner Therapie hervorgeht, glaube ich doch, daß seine Lektüre auch für (noch) nicht Betroffene im Sinne einer „Vorsorge für Gesunde" von Gewinn ist.

Formung und Bestimmungskräfte

Im alltäglichen Leben folgen wir im allgemeinen voraufgebauten Denkschablonen und Verhaltensgewohnheiten, die zumeist in weniger bewußten kognitiv-emotionalen Überzeugungen, in Antrieben und Erwartungen verankert sind.

Solange unser Leben in seinen vielseitigen Beziehungen und Aktivitäten zufriedenstellend verläuft, fühlen wir uns ausgeglichen und wohl und sehen der Zukunft gelassen und zuversichtlich entgegen. Wir fühlen uns nicht gedrängt, über unsere Erlebnisse und unser Verhalten nachzudenken. Gelungenes Leben wirkt auf uns zurück und stärkt uns, stärkt – so sagen wir – unser „Selbst", das als zentrale Empfangs- und Kraftquelle angesehen wird. Wir registrieren dieses Selbst im Selbst-(wert)gefühl und in selbstsicherem Verhalten.

Alles, was unser Selbstgefühl stützt und stärkt, schätzen wir; es macht uns froh und aufgeschlossen. Menschen oder Gruppen, die unser Selbstgefühl stärken, suchen wir immer wieder auf, wir leben gern mit ihnen und wir fühlen uns zu ihnen hingezogen.

Auf die Frage „Was gefällt Ihnen an Ihrem Partner?" antworten Frauen oft: „Er ist mir gegenüber aufmerksam, freundlich und rücksichtsvoll, geht auf meine Wünsche und Interessen ein, beteiligt sich kooperativ an der Erziehung der Kinder und im Haushalt. Wir unternehmen vieles in der Freizeit gemeinsam. Wenn es mal Streit gibt, einigen wir uns schnell. Einmal gibt er, ein anderes Mal gebe ich nach, meist schließen wir einen guten Kompromiß. Ich lasse ihm viele Freiheiten, und er läßt sie mir." Die beiden Partner respektieren und fördern also gegenseitig ihre persönlichen Bedürfnisse, Wünsche und ihr Selbstgefühl.

Alles, was unser Selbstgefühl jedoch stört, gefährdet und bedroht, macht uns unsicher, ängstlich oder aggressiv. Personen oder Gruppen, bei denen wir solche Störungen erleben, meiden wir, wir weichen aus und ziehen uns von ihnen zurück.

Auf die Frage „Was gefällt Ihnen an Ihrem Partner nicht?" äußern Frauen ihre Unzufriedenheit häufig mit folgenden Bemerkungen:„Er geht auf mich und meine Wünsche nicht ein, hört mir selten zu, bevormundet, belehrt, kritisiert und korrigiert mich häufig, lobt mich nie, schweigt tagelang, wenn wir mal eine Auseinandersetzung oder einen Konflikt haben, macht mich sogar im Beisein anderer herunter." Ganz besonders bedrückend werden widersprüchliche Verhaltensweisen empfunden: „Je nach Laune ist er einmal freundlich, ein anderes Mal unzugänglich oder verletzend zu mir. Wenn ich dann wütend werde oder weine, sagt er, daß er es nicht so gemeint habe." Aus diesen Äußerungen geht hervor, daß hier der Mann seine Frau als Person nicht respektiert und schätzt, sie einschränkt und verletzt.

Bei der Ausbildung und Entwicklung unseres Verhaltens und Erlebens wirken viele Umwelteinflüsse mit. Frühe Erziehungs- und Beziehungserfahrungen, Erfahrungen in der Schule, Berufs- und private Partnerschaftserfahrungen können uns je nach ihrer Art (anregend oder belastend) in der Lebensbewältigung fördern oder beeinträchtigen. Unser Selbstgefühl wird aber nicht nur durch andere gestützt und gestärkt oder gestört und gefährdet, sondern auch durch uns selbst, unser leiblich-seelisches Befinden (Vitalität/Spannkraft – Krankheit/Mattigkeit), unsere Tätigkeiten, Bemühungen und durch unseren Erfolg oder durch unsere Inaktivität, Lässigkeit und unseren Mißerfolg. In beiden Richtungen wird unser Selbstgefühl auch durch unsere Einstellungen, Vorstellungen, Erwartungen und die vorherrschende Stimmungslage entweder positiv oder negativ beeinflußt.

Einen besonderen Einfluß auf die Entwicklung unserer körperlich-seelisch-geistigen Funktionen und unser Verhalten hat das Lernen, die Lernenergie, die Lernart und Lernausdauer. Erfolgreiches Lernen hat eine selbstverstärkende Wirkung, macht uns kompetenter und lebenstüchtiger. Lernen erstreckt sich im Verbund mit organisch-physiologischen Reifungsprozessen auf alle Erlebnis- und Verhaltensweisen. So lernen wir u.a. Aktivität oder Passivität, Selbständigkeit oder Abhängigkeit, Kompetenz oder Hilflosigkeit, Ausgeglichenheit oder Aggressivität, Selbstsicherheit oder Angstbereitschaft, Optimismus oder Pessimismus, Offenheit oder Verschlossenheit, Besonnenheit oder Impulsivität, Großzügigkeit oder Pedantereie, Klugheit oder Dummheit.

Die Gesellschaft mit ihren Einrichtungen, Angeboten und Vorbildern bietet dem einzelnen die Chance zur Entwicklung. Je offener eine Gesellschaft und je höher ihr wirtschaftlich-kulturelles Niveau ist, desto vielseitiger können sich die Interessen und Begabungen ihrer Mitglieder und deren Eigenaktivität und Selbstverantwortung entwickeln.

Die Zusammenhänge zwischen Erleben, Wahrnehmen, Vorstellen, Fühlen und Verhalten können in einer Erlebnis- und Verhaltenskette verdeutlicht werden (siehe Abbildung 1).

Wir können die unser Erleben stark bestimmenden Gefühle nicht direkt angehen. Wollen wir unsere Gefühle verändern, so müssen wir die vorlaufenden Gedanken und Vorstellungen und die nachfolgenden Verhaltensweisen ändern. Da die Gedanken und Vorstellungen zu den Kognitionen (Erkenntnisfunktionen) gehören, nennt man die Therapie, die diese Veränderungen bewirkt, „kognitive Verhaltenstherapie".

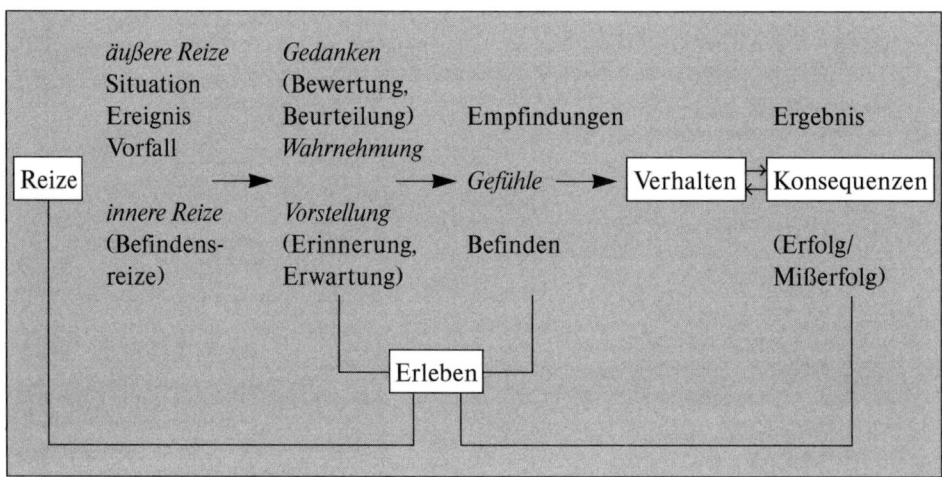

Abbildung 1

Spannungsfeld Angst

Auf die Frage „Was ist Angst?" bekomme ich manchmal die Antwort: „Ein unangenehmes Gefühl." Wenn ich dann weiterfrage: „Was ist ein Gefühl?", gerate ich, und auch die anderen, in große Verlegenheit. Denn Gefühle sind ein elementarer Bestandteil unseres Erlebens. Sie lassen sich auf keine weiteren Erlebnisweisen zurückführen, und auf die Frage nach dem Gefühl werden dann zumeist diese oder jene einzelne Gefühle aufgezählt, z. B. Ärger, Freude, Angst, Mitleid oder Abscheu.

Gefühle – wie z. B. Furcht und Angst – stehen im Zentrum eines vierpoligen Spannungsfeldes: Erregung, Wahrnehmung, Verstand und Verhalten.

Erlebnismäßig wird uns zunächst und zumeist die Folge Wahrnehmung – Gefühl – Verhalten bewußt. Wir nehmen etwas wahr, haben eine mehr oder weniger deutliche Empfindung, daß es angenehm oder unangenehm, vertraut oder fremdartig, bekömmlich oder bedrohlich ist, fühlen uns wohl und sicher oder unsicher und ängstlich, verhalten uns entsprechend ruhig und gelassen oder zurückweichend oder abweisend. Bei alldem spüren wir eine mehr oder weniger starke innere Erregung und Spannung. Das Gefühl wird auch von unseren Verstandeskräften – die Psychologen sprechen von Kognitionen – beeinflußt. Wenn wir etwas als angenehm oder unangenehm empfinden, haben wir die wahrgenommene Situation, Person, das Ereignis oder die Beziehung kognitiv beurteilt und bewertet – sei es aufgrund von gemachten Erfahrungen oder aufgrund einer überraschenden Abweichung von unserer Erwartung.

Die beschriebenen Wirkbeziehungen haben nicht nur eine Richtung (siehe Abbildung 2 auf Seite 12) sie wirken jeweils auch zurück. Psychische Prozesse sind stets Wechselwirkungsprozesse.

Angst äußert sich in vier Richtungen oder Bereiche: in physiologisch bedingte höhere

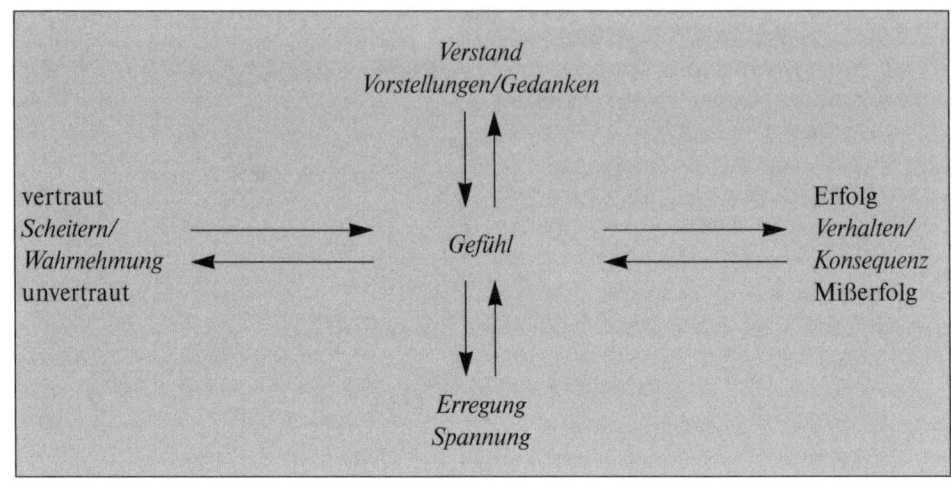

Abbildung 2

Erregung, in Wahrnehmungsstörungen (Aufmerksamkeitseinschränkungen, Wahrnehmungslücken, Wahrnehmungsverzerrungen), in Besorgtheit, Befürchtungs- und Bedrohungsgedanken und -vorstellungen und letztlich im gestörten Verhalten, in Schüchternheit, im Vermeidungs- und Rückzugsverhalten oder/und in impulsivem oder aggressivem Verhalten. Verdeutlichen wir uns diesen Zusammenhang an einem Modell, das die folgende Abbildung zeigt.

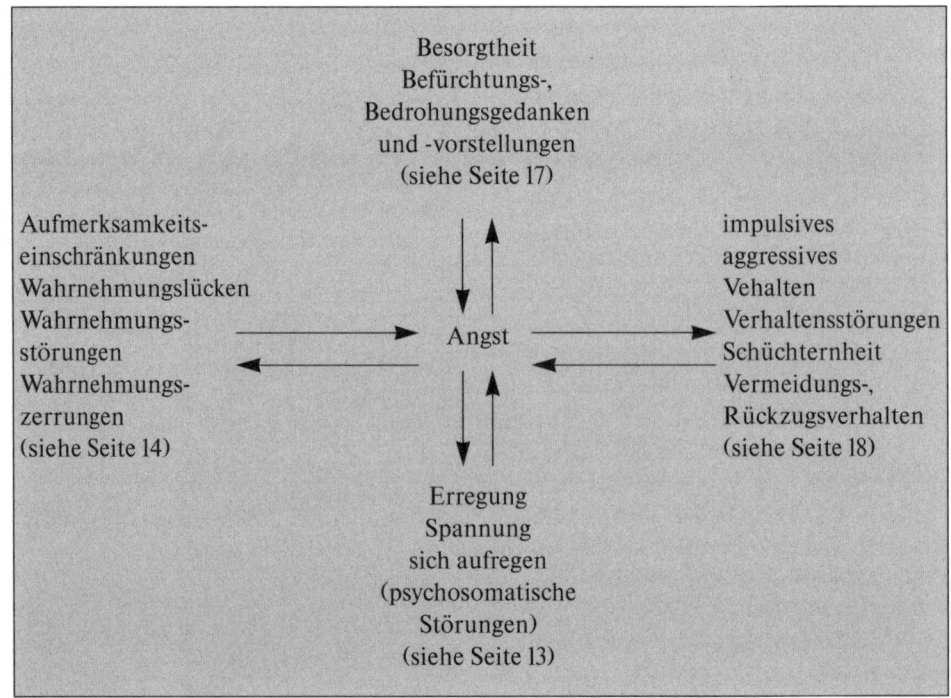

Abbildung 3

Erregung und Aufregung

Donald Hebb, ein kanadischer Neurophysiologe, ist in den fünfziger Jahren der Frage nachgegangen, ob sich für die verschiedenen Erregungsauslöser – Frustrationen oder Provokationen – eine gemeinsame Ursache ausfindig machen läßt. Er fand und bezeichnete sie als *Unterbrechung* oder *Diskrepanz*. Wir befinden uns normalerweise im Laufe des Tages, abgesehen von kleinen Stimmungsschwankungen, in einer ausgeglichenen emotionalen Verfassung. Erst dann, wenn etwas schiefgeht, wenn etwas anders verläuft, als wir erwartet haben, wir in einen Konflikt geraten, melden sich die Gefühle der Enttäuschung, der Unzulänglichkeit, des Versagens, der Angst, Depression oder Aggression – an solche Situationen können Sie sich sicher auch erinnern.

Wenn eine Diskrepanz zwischen unserer Erwartung und unserer tatsächlichen Wahrnehmung besteht, kommt es zu einer Erregung. Das Alarmsystem unseres Organismus, der sympathische Anteil des vegetativen Nervensystems, wird eingeschaltet. Energie wird freigesetzt, die Aufmerksamkeit wird erhöht. Wir sind für Flucht oder Angriff bereit.

Es ist sinnvoll, daß der Organismus in dieser Weise programmiert ist. Sobald in der Umwelt eine überraschende Veränderung, z. B. ein Feind, auftaucht, wird über die Erregung die Aktivitätsbereitschaft für Angriff oder Flucht mobilisiert. Es genügt bereits, daß sich eine Abweichung in der gewohnten Umwelt zeigt, damit zunächst eine negative Grunderregung in Gang kommt. Dann wird oft blitzschnell die Art der Diskrepanz über eine Emotion näher erkannt. Beim Menschen kommt es bei einer positiven Veränderung zum Gefühl der Erleichterung und Freude, bei negativer Diskrepanz zu Angst.

Die unspezifische Erregungsangst oder Grundangst ist die natürliche Reaktion auf eine Wahrnehmungsdiskrepanz. Diese löst zunächst eine negativ getönte Erregungsunruhe aus. Dann setzt, nachdem der Auslöser kognitiv erkannt ist, eine Bewertung als gut oder schlecht ein. Es werden Vorlieben oder Abneigungen empfunden, die durch eine weitere begriffliche Kategorisierung als Freude, Begeisterung oder Angst, Wut, Zorn, Eifersucht usw. spezifiziert werden.

Wir erwarten von unserer Wahrnehmung eine Beständigkeit und wollen, wenn sich etwas verändert, diese Veränderungen voraussehen können. Nur so können wir uns einigermaßen verläßlich auf das Geschehen und die Personen um uns einstellen und mit ihnen umgehen. Wir machen uns von dem, was um uns herum geschieht, Bilder und verinnerlichen sie zu Ansichten, Auffassungen, Einsichten und Einstellungen. Diese Bilder sind oft konstanter als die Wirklichkeit. Das wird uns gelegentlich schmerzlich bewußt, wenn sich z. B. unser Partner verändert, sich von uns abwendet. Wir können dies dann nicht „fassen", wir erinnern uns immer wieder an Situationen, wo „alles ganz anders war". Noch schmerzlicher ist der von uns geforderte Bilderaustausch, wenn der geliebte Partner stirbt. Die hier erforderliche Trauerarbeit fällt manchen Menschen sehr schwer, zieht sich über Monate, manchmal über ein Jahr und noch länger hin, bis der Bilderaustausch vom lebendigen zum toten Partner vollzogen ist.

Wir machen uns aber nicht nur Bilder von anderen, sondern auch von uns selbst. Wir verdichten diese Bilder zum Ich oder Selbstbild. Es repräsentiert das, was wir von uns wissen und von unserer Erscheinung und unserem Auftreten, unseren Fähigkeiten und Interaktionen mit anderen, mit unseren Zukunftsplänen und unseren Versuchen, die Vergangenheit zu verarbeiten. Wir fügen unsere wechselnden Erfahrungen im Leistungs- und Sozialbereich dem Ich-Bild ein und geben uns der

Illusion hin, ein stets gleichbleibender Ich-Kern enthalte alle Inhalte des Bewußtseins und steuere alle bewußten Tätigkeiten. *Ich* erinnere *mich* an ... *Ich* freue *mich*, wenn ich gut vorankomme usw.

Wir haben eine starke Neigung, das Ich-Bild zu bewahren, neue Erfahrungen mit alten zu verknüpfen und sie ihnen anzugleichen. Diese ständige Aneignung der wechselnden inneren und äußeren Wahrnehmungen geschieht reibungslos, wenn alles den Erwartungen gemäß verläuft und die Aneignungs- und Anpassungsschritte relativ klein sind. Die Spannung hierbei ist jedenfalls so gering, daß sie uns nicht bewußt wird. Sobald aber die Spannungen spürbar werden und sich eine Diskrepanz zu dem gerade bestehenden Ich-Bild auftut, Angst-, Schmerz- und Frustrationsgefühle zum Vorschein kommen, wenn also die Diskrepanz zwischen Ich-Bild und Wahrnehmung größer wird, fühlen wir uns bedroht, es entsteht die namenlose Grundangst, die manchmal auch als *Existenzangst* bezeichnet wird. Dazu ein Beispiel:

> Die 26jährige K.L., bereits erfolgreiche, strebsame Managerin einer größeren Werbeagentur, sportlich, dynamisch und kreativ, spürte eines Morgens eine Verhärtung an der rechten Brustseite. Vom Arzt erfuhr sie, daß sie einen bösartigen Tumor habe. „Bei mir brach eine Welt zusammen. Ich fühlte mich immer gesund, belastungsfähig und attraktiv. Da der Tumor groß war, mußte die Brust amputiert werden. Ich war verzweifelt, dachte an meine weitere Karriere und an meine Heiratschancen. Die Zukunft erschien mir ziemlich ausweglos. Ich war unglücklich und verfiel in eine schwere Depression." Die Patientin hat sich nach einem halben Jahr in der Therapie wieder, wie sie sagt, „selbst gefunden" und ihren Beruf in der alten Weise wieder aufgenommen. „Ich bin auch im Hinblick

> auf eine Partnerschaft wieder zuversichtlich. Ich weiß: ,Ich habe eine künstliche Brust; aber ich bin nicht diese Brust.'"

Situationen, in denen die eigene Person, ihr Wissen und ihre Leistungen beurteilt werden, wie z. B. in einer Prüfung oder bei einem Vorstellungsgespräch, führen zu leichter Erregung. In ihr kann sich der Mensch besser erinnern und auf Aufgaben konzentrieren. Die Erregung steigert sich jedoch, wenn man unsicher ist; es kommt dann zu einer erhöhten Selbstaufmerksamkeit, die uns an der Freisetzung unserer Fähigkeiten hindert. Nicht die gestellte Aufgabe bestimmt jedoch das Ausmaß unserer Erregung, sondern die Erwartung, wie wir eine Aufgabe bewältigen werden, ist ausschlaggebend für die Höhe der Erregung. Die „Selbst-Wirksamkeits-Erwartung" – wie sie der amerikanische Verhaltens- und Lernforscher Albert Bandura nennt – ist eine entscheidende Komponente unserer Lebensbewältigung. Aufgaben bewältigen wir zum einen aufgrund der Einschätzung der eigenen Fähigkeiten, zum anderen aufgrund der Einschätzung der Situation, der Kenntnis, was zu tun ist. Dazwischengeschaltet ist die Selbst-Wirksamkeits-Erwartung.

Wahrnehmungsverzerrungen und -lücken

Bei Wahrnehmung denken wir zumeist an das, was wir mit unseren Augen feststellen. Wahrnehmung umfaßt aber einen viel weiteren Bereich: Hören, Schmecken, Riechen, Tasten usw. Man spricht oft von den fünf Sinnen; heute wissen wir, daß es sehr viel mehr solcher Sinnesorgane und damit Wahrnehmungsarten gibt, beispielsweise spezifische Sinnesorgane in der Haut für Wärme und Kälte.

Wir nehmen aber nicht nur äußere Erscheinungen, sondern auch innere Vorgänge wahr, hier vor allem Funktionsabweichungen, wie schneller oder unregelmäßiger Herzschlag, muskuläre Verspannungen, Kopf- oder Magenschmerzen usw. Diese inneren Wahrnehmungen nennen wir Befindenswahrnehmungen oder Empfindungen.

Die Wahrnehmung folgt der Aufmerksamkeit. Sie ist von daher selektiv. Einstellungen und Überzeugungen wirken dadurch, daß sie bestimmte Arten von Information eher auswählen und beachten als andere. Im Zustand der Freude sehen wir die Welt durch eine rosa Brille. Die Dinge und Personen erscheinen uns in hellem Licht. Bei Kummer sehen wir alle Dinge durch eine schwarze Brille; sie erscheinen uns trübe und düster. Im Zorn neigen wir dazu, nur Hindernisse und Barrieren wahrzunehmen. Bei Geringschätzung nehmen wir andere als minderwertiger und unvollkommener wahr. Bei Furcht erscheinen uns die Dinge bedrohlich. Mißtrauen führt zu unermüdlicher Wachsamkeit. Die Welt erscheint voller Gefahren. Die Überwachheit dient dem Ziel, Überraschungen zu vermeiden. So gesehen ist die Wahrnehmung nicht ein Abbild von dem, was wirklich ist. Was wir sehen, ist viel eher eine persönliche Konstruktion.

Eine besessene Suche führt oft zu einer spezifischen Verzerrung der Wahrnehmung. Man übersieht den Kontext und greift kleine Details auf, die in ein Schema passen.

Der Angestellte, der überzeugt ist, daß sein Chef ihn „fertigmachen" will, sammelt zum Beweis viel Material. Dabei ist vieles scharf beobachtet und entspricht den Tatsachen. „Am ... gab er mir auf eine Frage eine barsche Antwort; am ... ist er morgens ohne Gruß an mir vorbeigegangen; am ... hat er in meiner Ablage etwas gesucht" usw. Die Beobachtungen entsprechen der Wirklichkeit. Die Vermutungen führen, wie sich später herausstellt, zu falschen Deutungen (lehnt mich ab, will mich nicht mehr als Mitarbeiter haben, will nachsehen, ob ich einen wichtigen Geschäftsbrief nicht bearbeitet habe). Der mißtrauische Angestellte kann daher in seiner Wahrnehmung völlig recht, in seinem Urteil völlig unrecht haben.

Mißtrauische, Ängstliche neigen zu der Annahme, daß andere über sie meist abfällig sprechen. Sie deuten in solche Gespräche, besonders wenn sie hinter ihrem Rücken stattfinden, etwas hinein, was gar nicht gegeben ist. Da sie in solchen Fällen die anderen nicht ansprechen können, bleiben sie in ihren negativen Vermutungen stecken.

Die Wahrnehmung und damit ebenfalls unser Erleben und Verhalten werden auch durch die *Sprache* beeinflußt. Hier ein Beispiel dafür, wie Worte oder Formulierungen das Leben belasten können:

Eine Frau, die mit 28 Jahren zu mir in die Therapie kam, wuchs unter ziemlich ärmlichen Verhältnissen in einem Dorf im Bayerischen Wald auf. Sie hatte im Abschlußzeugnis der Hauptschule gute bis sehr gute Noten. Gegen den Willen ihrer Eltern, die sie auf dem kleinen Hof als Arbeitskraft halten wollten, wollte sie eine kaufmännische Lehre absolvieren. Die Eltern versuchten, sie von ihrem Entschluß abzuhalten. Dabei wiederholte die Mutter – wie auch früher schon bei allen möglichen Gelegenheiten – die Sätze: „Wir haben nichts, wir sind nichts, wir werden nichts." Die Tochter arbeitete dann nach ihrer Lehre, die sie mit sehr gutem Erfolg abschloß, in einem Anwaltsbüro. Mittlerweile war sie 24. Beruflich ging alles gut. Doch dann erlebte sie eine Reihe von Enttäuschungen mit Männern. Aus

einer tiefsitzenden Unsicherheit heraus klammerte sie sich aufdringlich
und eifersüchtig an sie. So kam es
jedesmal zu heftigen Auseinandersetzungen und zum Bruch. Sie wollte
geradezu zwanghaft das tief in ihr ver-
ankerte Motto ihrer Mutter, das sie im
beruflichen Bereich widerlegt hatte,
nun auch im privaten Bereich ausmer-
zen. Aufgrund der Mißerfolge geriet
sie in eine depressive Krise und
wurde zunächst medikamentös ver-
sorgt. Schließlich kam sie zur Therapie, die nach fünf Monaten mit Erfolg
beendet werden konnte.

Ängstliche Personen sind in übertriebener
Weise auf Sicherung bedacht. Das macht
sie vorsichtig und mißtrauisch. Sie neigen
dazu, ihre Gefühle und Meinungen nicht
offen zu äußern. Sie weichen Herausforderungen und Konflikten aus. Dabei zeigen
sie oft eine starre Haltung, die Wilhelm
Reich als *Charakterpanzerung* bezeichnet.
Die Wahrnehmung ängstlicher Menschen
ist eingeengt. Sie sind auf Abwehr von
zumeist nur vermuteter Bedrohung eingestellt. Sie können anderen Menschen nicht
unbefangen begegnen, sich mit ihnen nicht
frei unterhalten. Ängstliche sind ständig
von der Unsicherheit beunruhigt: „Komme
ich an?", „Werde ich akzeptiert?", „Werde
ich zurückgewiesen?", „Stelle ich mich
dumm oder ungeschickt an?" usw. Die auf
die jeweilige Gefahr und Selbstsicherung
eingeengte Einstellung bezeichnen wir als
Tunnelphänomen.
In übertriebener Selbstaufmerksamkeit
sehen Ängstliche Gefahren übergroß. Eine
geringe Unpäßlichkeit, vorübergehende
Regulationsstörungen, wie z. B. Magenschmerzen, Herz-Rhythmus-Störungen,
Niedergeschlagenheit, werden als begin-
nende schwerwiegende Erkrankungen
(Krebs, Herzinfarkt, Depression) gedeutet.
Ängstliche Menschen neigen zu Totalreak-
tionen existentieller Entmutigung, wenn

sie im beruflichen oder privaten Leben
etwas nicht erreichen: „Ich habe überhaupt
kein Glück im Leben." „Bei mir geht
immer alles schief." „Über diese Niederlage
komme ich nicht mehr hinweg.""Diese Enttäuschung werde ich nie überwinden."
Dabei spielt noch eine zwanghafte Ver-
gleichstendenz eine Rolle: „Den anderen
gelingt immer alles."
Die Ängstlichen übersehen dabei, daß die
anderen auch ihre Schwierigkeiten, Niederlagen und Enttäuschungen durchgemacht
und überwunden haben. Sie übersehen,
daß die anderen ihre Schwierigkeiten als
Probleme auffassen, die zu lösen sind, und
nicht als Katastrophen, gegen die man
nichts mehr unternehmen kann.
Unsere Wahrnehmungen werden in hohem
Maße von der Gesellschaft, in der wir
leben, ihrer Politik, ihrer Rechtsprechung,
Ökonomie und Kultur geformt. Die Wahrnehmungen ihrerseits steuern die folgenden Erfahrungen und verinnerlichen sie zu
Überzeugungen, die dann die Verhaltensweisen bestimmen und rechtfertigen. Dies
ist besonders deutlich bei Menschen zu
beobachten, die in autoritär geführten
geschlossenen Gesellschaften aufwachsen
und leben. Durch die Überwachung und
Gängelung kommt es häufig zu einer Identifizierung mit den Machthabern. Die Menschen arrangieren sich mit ihnen, um im
Rahmen des Systems in Ruhe ihr beschei-
denes Leben führen zu können. Erst nach
dem Zusammenbruch des Systems wird
den Menschen die Beschränkung ihres ent-
eigneten Lebens bewußt. Sie erkennen, daß
sie vieles versäumt haben. Mit dieser Einsicht zu leben, fällt ihnen schwer. Sie versuchen dann, dem alten System noch
einige gute Seiten abzugewinnen, um nicht
umsonst gelebt zu haben. Solche wehmüti-
gen Gedanken drängen sich verständlicher-
weise auf, wenn die Umgestaltung des
gesellschaftlichen und wirtschaftlichen
Lebens mit neuen Schwierigkeiten und
Belastungen verbunden ist.

Befürchtungsvorstellungen und -gedanken

Vorstellungen stehen zwischen Wahrnehmung und Denken. Je näher sie der Wahrnehmung sind, desto bildhafter sind sie. In Richtung der Gedanken verblassen sie. Im breiten Mittelbereich verschränken sich Vorstellungen und Gedanken (ich denke an den Münchner Marienplatz und habe eine Vorstellung von ihm).

Vorstellungen und Gedanken spielen sich in unserem Kopf ab. Sie sind im Unterschied zu den Wahrnehmungen, in denen uns die äußeren oder inneren Erscheinungen (Gegenstände, Personen, Situationen – körperlich-seelische Befindlichkeiten) unmittelbar bewußt sind, nicht nur auf die Gegenwart, sondern auch auf die Vergangenheit und im besonderen Maße auf die Zukunft gerichtet. Wir vergegenwärtigen uns in den Erinnerungsvorstellungen positive und negative Erlebnisse, an die wir mit Freude und Stolz oder Bitterkeit und Trauer zurückdenken, ähnlich wie wir mit positiven oder negativen Erwartungsvorstellungen an zukünftige Ereignisse denken. Positive Erwartungsvorstellungen bezeichnen wir als *Hoffnung*, negative als *Befürchtung*.

Im Unterschied zu den Gedanken, die wir in Wörtern, kürzeren oder längeren Sätzen aufreihen, stehen bildhafte Vorstellungen von Personen, Situationen oder Szenen in ihrer ganzheitlichen Fülle vor unserem geistigen Auge.

Bei Erwartungsvorstellungen stellen wir uns auf Aktivität und Erfolg ein. Wir sind angenehm gespannt auf das, was kommen wird, planen Maßnahmen und unternehmen Schritte, um es zu erreichen. Schwierigkeiten sehen wir dabei als Herausforderungen und mobilisieren Kräfte zu ihrer Überwindung.

Die Befürchtungsvorstellungen und -gedanken lenken unsere Aufmerksamkeit auf bestehende oder vermutete Schwierigkeiten. Da wir diese als Bedrohung sehen, kreist unsere Aufmerksamkeit ständig um das Problem. Wir sind unangenehm erregt und gehemmt, gleichsam von unseren Vorstellungen und Gedanken eingenommen, und können uns nicht entschließen, aktiv etwas zur Bewältigung der Situation zu unternehmen. Wir geben auf, vermeiden und ziehen uns zurück.

Im Unterschied zu den Gedanken können unsere Vorstellungen die Körperfunktionen, das Nerven-, Hormon- und Immunsystem beeinflussen. Je bildhafter die Vorstellungen sind, desto größer ist ihre Wirkung. Solche Vorstellungen (Imaginationen) sind im buchstäblichen Sinne Einbildungskräfte. Noch vor zwei Jahrzehnten hielt man die Einwirkung von Geist auf den Körper, von Immateriellem auf Materielles für unmöglich, obwohl es seit langem in der Hysterie- und Hypnoseforschung, aber auch in der Yoga-Praxis und schamanistischen Heilpraxis deutliche Hinweise auf solche Einwirkungen gab. Mit der Entdeckung der Neuropsychologie und ihrem neuesten Zweig, der Psychoneuroimmunologie, sind diese Wirkungen auch wissenschaftlich belegt. Wir wissen heute, daß der Körper ein sensibles elektromagnetisches und biochemisches Feld mit unzähligen sich wechselseitig beeinflussenden Bezirken ist. Das neue Modell der Geist-Körper-Beziehungen hat große Bedeutung für die Betrachtung der psychosomatischen Störungen und für die Prozesse der Heilung.

Positive Vorstellungen und Gedanken fördern unser Leben und unsere Gesundheit, unsere Aktivität und Lebensfreude. Wünsche und Erwartungen helfen uns, Schwierigkeiten, Streß und Konflikte zu bewältigen. Negative Vorstellungen und Gedanken behindern uns bei der Lösung von Problemen. Positive Vorstellungen können die Heilung fördern, negative Vorstellungen können sie verzögern. Die kognitiven Funktionen – Vorstellungen und

Gedanken – haben für unser Leben größere Bedeutung, als wir zumeist annehmen.
Es sind vor allem sieben Themen, die Befürchtungsgedanken und -vorstellungen auslösen:

- *Angst vor Versagen oder Mißerfolg*, z. B. Prüfungsangst, Redeangst, die Angst, im Vergleich mit anderen schlecht abzuschneiden, den Anforderungen der Arbeit nicht gewachsen zu sein (siehe Seite 40).
- *Angst vor Zurückweisung und Ablehnung*, z. B. Angst, nicht beachtet, anerkannt, geschätzt zu werden, bei Kontaktaufnahme „abzublitzen", Gefühle und eigene Meinungen zu äußern, berechtigte Forderungen zu stellen, nein zu sagen, Kritik zu äußern, offen nachzufragen, Angst vor Konflikten und vor dem Angehen von Konflikten (siehe Seite 41).
- *Angst vor Verlust*, z. B. Angst, vom Partner verlassen zu werden, Angst vor Scheidung, die Arbeitsstelle zu verlieren, keine neue Arbeit mehr zu bekommen, Schulden nicht mehr tilgen zu können, zu verarmen, Ansehen zu verlieren, Angst vor Alleinsein und Einsamkeit (siehe Seite 37 und 38).
- *Angst vor Entscheidung*, z. B. Angst vor der Übernahme einer Verantwortung, vor dem Risiko, ein Studium zu beginnen oder abzuschließen, vor der Partnerwahl und Bindung (siehe Seite 44).
- *Angst vor Schmerzen*, z. B. zum Zahnarzt zu gehen, sich operieren zu lassen (siehe Seite 37).
- *Angst vor Krankheiten*, z. B. Krebs oder einen Herzinfarkt zu bekommen, die Selbstkontrolle zu verlieren, verrückt zu werden oder in eine Nervenklinik zu kommen (siehe Seite 37 und 39).
- *Angst vor Altern, Sterben und Tod*, z. B. einsam zu werden, alles nicht mehr schaffen und erledigen zu können, bettlägerig zu werden, in ein Alters- oder gar Pflegeheim zu kommen, alles verlassen zu müssen (siehe Seite 38).

Schüchternheit, Vermeidungs- und Rückzugsverhalten

Wer Angst hat, geht Situationen, Anforderungen und Begegnungen aus dem Weg, in denen er befürchtet, zu versagen oder zurückgewiesen zu werden. Er zieht sich aus solchen Situationen zurück oder meidet sie ganz. Manche Menschen sind bei allen möglichen Situationen chronisch scheu und zurückhaltend, andere dagegen nur in ganz bestimmten. So sind sie z. B. entspannt und zugewandt, wenn sie Leute im Zusammenhang mit ihrer Arbeit kennenlernen, jedoch angespannt, wenn sie fremden Menschen auf einer Party begegnen.
Die Scheu drückt sich zumeist in folgenden vier Formen aus:

- In Gedanken, nicht akzeptiert zu werden, nicht erwünscht zu sein, aufdringlich zu erscheinen, andere zu stören, sich ungeschickt zu verhalten oder Anforderungen nicht gewachsen zu sein.
- In Gefühlen der Unsicherheit und Schüchternheit, Befangenheit und Verwirrung.
- In Symptomen der Angst selbst, wie z. B. Herzklopfen, innere Unruhe und Spannungen, Beklommenheit usw.
- Im Verhalten, z. B. eine Abneigung, auf andere zuzugehen, mit ihnen zu sprechen (Zurückhaltung) oder beispielsweise überhaupt nicht zu gesellschaftlichen Treffen, zum Vorstellungsgespräch, zur Prüfung usw. zu gehen.

Etwa jeder Dritte in unserer Gesellschaft zeigt mehr oder weniger deutliche Symptome der Schüchternheit. Die Betroffenen möchten gern Dinge tun, die sie zumeist auch können; doch ihre Unsicherheit und Angst halten sie davon ab. Schüchternheit ist eine seelische Behinderung, die sich lähmend auf viele Aktivitäten auswirkt. Sie hindert den Schüchternen daran, auf

Leute, die er gern kennenlernen möchte, zuzugehen und sie anzusprechen oder sich in einer Diskussion ganz einfach zu Wort zu melden.

Schüchterne Menschen sind infolge ihrer Ängstlichkeit, Vorsicht und ihres Mißtrauens schwer zugänglich. Vor allem haben sie Angst, im Mittelpunkt einer Gruppe zu stehen, vor einer Gruppe zu sprechen und selbstbewußt aufzutreten, wo dies erforderlich ist. Sie weichen Auseinandersetzungen und Konflikten aus und scheuen sich, Hilfe in Anspruch zu nehmen.

Schüchterne Personen manövrieren sich in die Isolation. Sie werden oft als zurückhaltend, still, anspruchslos, bescheiden oder als besonnen, selbstkritisch und wählerisch beschrieben. Sie sind bei aller äußeren Ruhe innerlich beunruhigt durch ihre gehemmten Wünsche und die Gefühle des Unbehagens in Gegenwart anderer. Die Betroffenen versuchen, sich ständig gegen befürchtete Bloßstellung oder Zurückweisung zu schützen.

Die Ursachen des selbstunsicheren Vermeidungs- und Rückzugsverhaltens sind oft in einer *Konditionierung* durch vergangene unangenehme Erlebnisse gegeben. Konditionierung bedeutet, daß eine zurückliegende Erfahrung festgehalten wird und in späteren gleichartigen oder ähnlichen Situationen zuversichtlich und fördernd oder – wie bei negativen Erlebnissen – verängstigend und hemmend wirkt. Durch Konditionierung bilden wir Gefühls- und Verhaltensgewohnheiten aus. Doch Konditionierungen erfolgen nicht nur durch Selbsterfahrung; sie können sich auch durch Beobachtung der Erfahrungen anderer entwickeln. In Gedanken und Vorstellungen versetzen wir uns in die andere Person und deren Mißgeschick. In Selbstgesprächen verdeutlichen wir uns, daß es uns ähnlich ergehen könnte. Dies verweist uns auf eine andere Ursache des Vermeidungs- und Rückzugsverhaltens: Angst und Unsicherheit werden in hohem Maße davon

bestimmt, wie wir die Welt um uns herum wahrnehmen. In den meisten Fällen lösen nämlich nicht die Ereignisse selbst die Angst aus, sondern die Vorstellungen von den möglichen negativen Folgen der Ereignisse.

Wenn wir Befürchtungsgedanken hegen, führen wir oft das herbei, wovor wir uns fürchten. Durch die Furcht ist unser Denken, Lernen und Verhalten blockiert, so daß wir uns auf eine zu erbringende Leistung nicht geplant vorbereiten und uns in einer Begegnung mit anderen ungeschickt verhalten.

Durch das Vermeidungs- und Rückzugsverhalten verbuchen wir jedesmal einen kurzfristigen Gewinn, d.h. wir erleben zunächst erst einmal eine gewisse Erleichterung. Das führt dazu, daß dieses Verhalten zu einem Gewohnheitsmuster wird. Die Folgen sind allerdings beträchtlich:

- Es kommt schrittweise zum Abbau von Aktivitäten und Kontakten.
- Wir erhalten keine Rückmeldung über Erfolg und Mißerfolg, d.h. wir können uns nicht mehr verbessern.
- Wir geben die Fäden aus der Hand und können unser Verhalten nicht mehr lenken.
- Wir verhalten uns gegen unsere eigenen Interessen und überlassen uns der Lenkung durch äußere Kräfte der Fremdbestimmung.
- Beim Rückzug geraten wir immer mehr in unproduktives Grübeln, in Selbstmitleid, Schuldgefühle und depressive Verstimmungen.

Wir ahnen in dieser Situation vielleicht, wie wir aus dem Dilemma herauskommen können. Auf eine Kurzformel gebracht lautet die Devise: *Konfrontation*, d.h. wir sollten lernen, das, was wir befürchten, anzugehen und unsere Gefühle und Wünsche auszudrücken und mitzuteilen. Über abgestufte Vorstellungs-, Ausdrucks- und Verhaltensübungen ist dies zu erreichen.

Besorgtheit

Wir unterscheiden zwei Formen der Angst: die *Zustandsangst*, d.h. die Angst, die wir bei den verschiedenen Gelegenheiten aktuell erleben, und die *Eigenschaftsangst* als Persönlichkeitszug erhöhter Angstbereitschaft.

Die *Zustandsangst* setzt sich aus zwei elementaren Komponenten zusammen: der Erregung oder *Aufgeregtheit* als Äußerung physiologischer und affektiver Erregung und der *Besorgtheit* über den Ausgang eines Erlebnisses als kognitiven Aspekt.

Die *Eigenschaftsangst* wirkt sich in verschiedener Weise auf die Besorgtheitskomponente der Zustandsangst aus. Bei Aktivitäten, speziell bei zu lösenden Aufgaben, kommen angstbezogene und aufgabenbezogene Antriebe ins Spiel. Die mäßig angstbezogenen Antriebe beeinflussen, solange sie aufgabenbezogen bleiben, die Lösung der Aufgabe günstig. Bei Personen, die in Prüfungssituationen zu Angst neigen, kommen aber häufig aufgabenirrelevante, selbstbezogene Antriebe zur Geltung. Sie befürchten Status- und Selbstwertbeeinträchtigungen, Konsequenzen von Mißerfolg oder Strafen, oder es werden auch Gefühle der Hilflosigkeit, Minderwertigkeit, Unsicherheit und Aufgeregtheit empfunden.

Die selbstbezogenen Reaktionen führen zu einer Ablenkung der Aufmerksamkeit von der zu lösenden Aufgabe. Die Leistung ist beeinträchtigt, da ein Teil der für die Aufgabenlösung zur Verfügung stehenden Zeit und Energie bereits durch aufgabenirrelevante Kognitionen absorbiert wird. Die Aufgeregtheit bei der Zustandsangst bezieht sich – wie schon angedeutet – auf affektiv-physiologische Symptome, die durch das erhöhte Erregungsniveau ausgelöst werden:

- Nervosität,
- schneller Herzschlag,
- Magenbeschwerden,
- Gefühle der Unausgeglichenheit und Unsicherheit,
- panische Gefühle.

Die Besorgtheit bei der Zustandsangst umfaßt als kognitiven Vorgang vor, während und nach der Aufgabenbearbeitung folgende Symptome:

- Elemente eines geringen Vertrauens in die eigene Leistung,
- ein hohes Ausmaß an allgemeiner Besorgtheit,
- Kognitionen über den Vergleich der eigenen Leistung mit derjenigen von anderen,
- Kognitionen zu den Folgen von Mißerfolg und
- die gedankliche Beschäftigung mit der Art der Vorbereitung der Prüfung.

Warum machen sich manche Menschen mehr Sorgen als andere? In einigen Fällen können Sorgen vorübergehend tatsächlich angebracht sein, so z. B., wenn der Betreffende oder ein Angehöriger eine lebensgefährliche Verletzung erlitten hat. Sorgen sind aber zumeist eine unergiebige Geistes- und Gemütshaltung. Manche Menschen glauben, daß sie unangenehme Ereignisse und Situationen in der Zukunft vermeiden können, wenn sie sich in der Gegenwart Sorgen machen.

Sie verwechseln Sorge mit Ruhe, vernünftiger Planung und Beurteilung von Situationen. Das Sich-Sorgen führt dazu, daß jede Situation verzerrt wahrgenommen wird. Sie wird vor allem schlimmer gesehen als sie in Wirklichkeit ist. Übermäßige Sorge wegen kurzfristiger Probleme kann auf diesem Weg wichtige zukünftige Ereignisse verdüstern.

Befürchtung und Sorge sind die Gegenspieler der Hoffnung. Bei der Hoffnung erlebt der Mensch die Zukunft als Feld möglicher Wertgewinne, bei Befürchtung als Feld möglicher Wertverluste. Die Schicksalsfurcht ist auf alle Arten des Unterliegens im Kampf um Leben und Existenz gerichtet – auf Krankheit, Verarmung, Mißerfolg usw. Menschen mit dieser Furcht sind unfähig, sich der Gegenwart zu erfreuen.

In der Resignation kommt der Kampf zum Stillstand. Die Zukunft eröffnet dem Betreffenden keine Möglichkeit der Verwirklichung von Lebenswerten. Er hat das Gefühl der Leere und Müdigkeit. In der Verzweiflung kommt es zum Zusammenbruch des Lebenswillens, zum Erlebnis des Scheiterns und der Ausweglosigkeit.

Es gibt zwei Arten zukünftiger Ereignisse: Ereignisse, die wir in irgendeiner Weise beeinflussen können, und solche, auf die wir überhaupt keinen Einfluß haben.

Wir können Ereignisse nur beeinflussen, indem wir etwas tun, also handeln, einen vernünftigen Plan aufstellen und ihn in die Tat umsetzen. Dabei können wir uns fragen, was zum Gelingen zu tun ist und was bei Mißlingen auf uns zukommt. Wir sollten uns klarmachen, daß Sorgen die wirklichen Probleme verschleiern. Nur aktives Verhalten kann zu Lösungen von Problemen führen.

Wenn wir etwas nicht ändern können, ist es zwecklos, sich Sorgen zu machen, ganz besonders dann, wenn wir nicht wissen, was geschehen wird. Sorgen führen dazu, über alle negativen Möglichkeiten nachzudenken, die höchstwahrscheinlich gar nicht eintreten.

Eine Taktik des Sich-Sorgen-Machens ist auch, alles hinauszuschieben. Das bedeutet kurzfristig eine Linderung; die Probleme werden aber dadurch meist größer.

Die Schädlichkeit der Sorgen ist offenkundig. Sie führen zu Streß und vergrößern die Angst. Sie ändern nichts. Sie halten davon ab, sich auf das Hier und Jetzt zu konzentrieren und der Realität ins Auge zu sehen. Die drei häufigsten Sorgen sind die Sorgen wegen der Zeit (Ich muß mich beeilen. Was ist, wenn ich nicht rechtzeitig fertig werde?), die Sorgen wegen der eigenen Fähigkeiten (Ich bin zu ungeschickt, so dumm. Das werde ich nie können.) und die Sorgen darüber, wie man sich fühlt (Ich bin so durcheinander, daß ich nicht weiß, was ich tun soll.). Das Schwarzsehen der nahen und fernen Zukunft kann zum zentralen Lebensinhalt werden. Eine länger eingeübte Geistes- und Gemütshaltung schlägt sich allmählich auch im Körper nieder: im schlaffen Gesicht, im lastenden Gang, in der gebeugten Haltung und in einer monotonen Stimme.

Die ängstliche Person richtet ihre Aufmerksamkeit auf sich selbst statt auf die Aufgabe. Sie erwägt ständig die Möglichkeit des Mißerfolgs, des Versagens und der Zurückweisung. Diese Besorgtheit führt zu einer übertriebenen Wahrnehmung der eigenen Körperempfindung und zur Aufgeregtheit.

Die Besorgtheit wirkt sich eindeutig leistungsmindernd aus, bei der Aufgeregtheit ist dies weniger eindeutig. Während die physiologische Erregung bei niedrig- und hochängstlichen Menschen annähernd gleich ist, zeigt sich bei ihnen in der subjektiven Wahrnehmung der Erregung ein beträchtlicher Unterschied. Das Erleben von Angst kommt hauptsächlich durch Bewertungen, also Kognitionen, zustande. Dale Carnegie hat in seinem Buch „Sorge dich nicht – lebe!" eine gute Beschreibung der besorgten Selbstquälerei und brauchbare Anweisungen zur Befreiung gegeben. Er betrachtet das Sich-Sorgen-Machen als eine Gemütskrankheit und eine der schwersten Belastungen des Menschen. Die Arbeit des Tages zu tun hält er für die beste Art, für die Zukunft zu sorgen. Gegenmittel der Besorgtheit sind klares Denken, konstruktives Planen und Tätigsein. Vier Fragen helfen, die Probleme anzugehen:

■ Worin besteht die Schwierigkeit?
■ Was ist die Ursache der Probleme?
■ Welches sind die sich bietenden Lösungen?
■ Welche Lösung schlage ich vor?

21

Frustration und Streß

In unserem Erleben läuft vieles nicht nach unseren Vorstellungen und Erwartungen. Wir streben zwar nach der Befriedigung und Erfüllung unserer Bedürfnisse und Wünsche; doch werden wir immer wieder durch andere dringende Bedürfnisse davon abgehalten, oder wir erreichen unser Ziel nicht, weil uns einfach die Fähigkeiten und/oder die erforderliche Ausdauer fehlen. Aber auch äußere Umstände können uns daran hindern, das Ziel zu erreichen, z. B. das Verhalten anderer oder unsere sozial-wirtschaftliche Lage.

Wenn die unmittelbare Befriedigung und Erfüllung der Bedürfnisse nicht möglich ist, gerät der Mensch in einen unangenehmen Spannungszustand, den wir als Frustration bezeichnen. Nach dem lateinischen Wort frustra (vergeblich) bedeutet also Frustration vergebliche Bemühung. Um die Frustration angemessen zu beurteilen, müssen wir zwischen der durch sie gesetzten Beschränkung und Bedrohung unterscheiden. *Beschränkung* kann leichter überwunden werden und zeigt zumeist auch geringere Nachwirkungen. Von *Bedrohung* sprechen wir, wenn der einzelne in seinem Sicherheits- und Selbstwertgefühl eingeschränkt wird.

Die unvermeidliche Gewohnheitserziehung in der frühen Kindheit hält man gewöhnlich für frustrierend. Entwöhnung, Reinlichkeits- und Ordnungserziehung, ja jede neue Stufe der Anpassung wird als Ergebnis einer Druckausübung auf das Kind angesehen. Auch hier sollte man jedoch in der Beurteilung die Unterscheidung zwischen Beschränkung und Bedrohung der Persönlichkeit vornehmen. Denn Beobachtungen an Kindern, die sich der Liebe und Stützung ihrer Eltern sicher sind, zeigen, daß sie die Um- und Neueinstellung mit erstaunlicher Leichtigkeit vollziehen. Auch für die Erwachsenenpsychologie ist diese Unterscheidung von Bedeutung. Kritik kann man zum Beispiel in zweierlei Form empfinden: einmal als Angriff, so daß die Kritik das Selbstwertgefühl bedroht; dann wird der Kritisierte mit Ärger reagieren und sich zur Wehr setzen. Ist der Kritisierende aber sein Freund, dessen Hilfe und Wertschätzung er sicher ist, so wird der Betroffene die Kritik als sachlich begründet empfinden; er wird sie annehmen und sogar dankbar dafür sein. Die Frustration, als Blockierung engbegrenzter Bedürfnisse und Tätigkeiten betrachtet, vermittelt noch keine zureichende Erkenntnis der vorliegenden Verhältnisse. Erst der Blick auf die Einbettung in eine übergreifende Hindergrundkonstellation befähigt uns, ihre Wirkung wirklichkeitsentsprechend abzuschätzen und zu verstehen.

Die Entwicklung des Menschen vollzieht sich stufenweise. Es drängen stets neue Fähigkeiten zur Ausformung. Die Verwirklichung ist jedoch immer mit der Überwindung von inneren und äußeren Schwierigkeiten verbunden, und ein Leben ohne Frustrationen ist eine unrealistische Vorstellung. Von Anfang an ist das Kind einem Kultivierungstraining unterzogen. Die Frustration – und zwar die Beschränkungsfrustration – ist eine der Bedingungen der Persönlichkeitsentwicklung. Im Gegensatz zu diesen fördernden Frustrationssituationen stehen diejenigen, welche das Kind in seinem Selbst-Aufbau bedrohen: Härte, Lieblosigkeit, Zurückweisung und Verzärtelung – letztere gilt deshalb als schädigende Frustration, weil sie die aktive Auseinandersetzung mit der Welt, derer der Mensch zu seiner Entwicklung bedarf, durch das Beiseiteräumen aller Widerstände verhindert. Ohne jede Behinderung bleibt der Mensch mittelmäßig, dumm, träge und phantasielos. In Gegenden, wo das Leben vollständig in gewohnten Bahnen verläuft, ohne daß von außen neue Bedingungen gesetzt werden, verarmt der Mensch an Erlebnisfähigkeit. Nachgewiesen wurde dies in verschiedenen Untersuchungen an Bewohnern abgeschiedener Gebirgsdörfer.

Frustration führt nicht nur, wie man früher in einer Frustrationstheorie annahm, zur Aggression. Eine ganze Reihe anderer Phänomene spielt eine Rolle. So läßt beispielsweise die Antriebsverarmung die Aggressivität nicht zum Zuge kommen. Anscheinend werden durch Existenzfrustrationen eher Regressionen ausgelöst.

Wir sollten Frustrationen aber nicht nur im Zusammenhang von Belastungen (Beschränkung und Bedrohung) sehen. Unter Umständen kann auch die *Entlastung* zu Erschütterungen, Konflikten und Krisen führen. Nach einer Zeit längeren Zwangs und Drucks führt die Einräumung einer ungewohnten Freizügigkeit unter Umständen zu krisenhaften Erschütterungen.

Auslöser der Frustration

Es gibt verschiedene Ursachen für Frustrationen. Wenden wir uns zunächst zwei Gruppen von Auslösern zu:
- unbefriedigte Bedürfnisse,
- unrealistische Einstellungen und Erwartungen.

Unsere Bedürfnisbefriedigung kann einerseits durch Bedingungen unseres äußeren Lebens behindert werden, durch die Situation, in der wir leben und arbeiten, und durch andere Menschen, die uns in unseren Lebensmöglichkeiten einschränken und behindern. Andererseits gibt es persönliche Eigenarten, die sich der Verwirklichung unserer Ziele entgegenstellen, wie z.B. unzureichende Fähigkeiten, geringe Anstrengung und Ausdauer, Ängste, Hemmungen usw.

Die Bedürfnisse und Interessen der einzelnen Menschen sind vielgestaltig und individuell sehr unterschiedlich. Die von Abraham Maslow erstellte fünfstufige Hierarchie (siehe Abbildung 4 auf Seite 24) ist eine gute Übersicht über die Vielfalt der Bedürfnisse. Die Basis bilden die lebens-

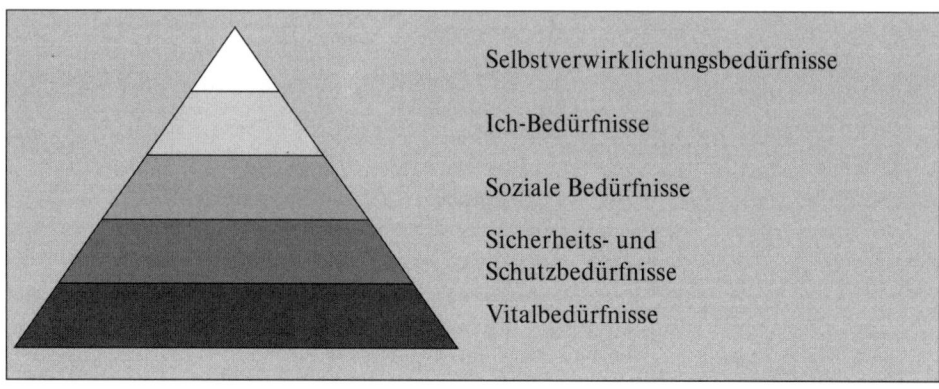

Abbildung 4

erhaltenden Vitalbedürfnisse; die Bedürfnisse nach Sicherheit und Schutz. Dann folgen in der Pyramide die sozialen Bedürfnisse und die Ich-Bedürfnisse. Die Pyramide gipfelt im Bedürfnis nach Selbstverwirklichung, ein Ziel, das Menschen wohl selten ganz erreichen.

Um überhaupt leben und überleben zu können, muß der Mensch gewisse *Vitalbedürfnisse* befriedigen. Dazu gehören beispielsweise das Bedürfnis nach Sauerstoff (Atmen), nach Flüssigkeit, Nahrung, Ausscheidung, Obdach, Kleidung, passender Temperatur, Bewegung, Tätigkeit und Erholung oder Ruhe, Vermeidung von Schmerz, Gesundheit und ärztlicher Versorgung, Sexualität usw.

Für viele Menschen ist auch die Befriedigung der *Sicherheits- und Schutzbedürfnisse* von Bedeutung. Sie möchten ihr Leben vorausschaubar planen und gestalten können. Vereinzelt treten die Sicherheitsbedürfnisse so stark in den Vordergrund, daß jedes Risiko vermieden und der eigene Lebensspielraum eingeengt wird. Manche Menschen sind dagegen von der Sicherheit des modernen Lebens so gelangweilt, daß sie hochriskanten Hobbies nachgehen.

Der Mensch ist in seinen *sozialen Bedürfnissen* während seiner Entwicklung auf die Pflege, Erziehung und die Anregungen durch die kulturelle Umwelt und andere angewiesen. Früh ausgesetzte und früh isolierte Kinder können das den Menschen kennzeichnende Niveau der Verhaltens-, Sprach- und Erlebnisdifferenzierung nicht erreichen. Die Bedürfnisse nach Zugehörigkeit zu einer Gruppe, nach Kontakten und Kooperation, nach Beistand und Hilfsbereitschaft, Aufrichtigkeit, Vertrauen, Partnerschaft, Zärtlichkeit und Liebe, nach Austausch von Gefühlen, Gedanken, Wünschen und Meinungen sind bei Erwachsenen allerdings sehr unterschiedlich ausgeprägt.

Die *Ich-Bedürfnisse*, Bedürfnisse nach Beachtung und Anerkennung, sind noch eng mit den Sozialbedürfnissen verbunden. Ein zentrales Ich-Bedürfnis ist auf die Stützung des Selbstwertgefühls und der Selbstachtung gerichtet. Diese Stützung erfolgt allerdings nicht nur durch andere, sondern vor allem auch durch eigene Erfolge. Sie verleihen dem Menschen das Gefühl der Unabhängigkeit, Selbstsicherheit und Eigenmacht. Menschen mit einem betonten Macht- und Geltungsstreben sind aber – äußerlich oft nicht erkennbar – selbst-unsicher, außenorientiert oder fremdbestimmt. Sie versuchen, ihr inneres Defizit durch demonstrative Stärke und Überlegenheit zu kompensieren.

Das Bedürfnis nach *Selbstverwirklichung* ist selten zu erfüllen. Es verweist auf eine unstillbare Sehnsucht des Menschen, seine Fähigkeiten und Talente allseitig zu entwickeln, seine privaten und beruflichen Ziele zu erreichen, seine kulturelle Teilhabe zu erweitern und zu vertiefen.

Wenn unsere Bedürfnisse durch äußere oder innere Widerstände nicht erfüllt werden, geraten wir in einen unangenehmen Spannungszustand, den wir Frustration nennen. Wir können uns aber auch selbst geradezu auf Frustrationen programmieren, wenn wir von unrealistischen Bedürfnissen, Einstellungen, Erwartungen und von irrationalen Gedanken und Vorstellungen bewegt werden (siehe Seite 14).

Menschen mit unangemessenen Bedürfnissen und Wünschen, Vorstellungen und Gedanken, Einstellungen und Erwartungen bringen sich selbst in Schwierigkeiten. Einige Selbstaussagen machen das deutlich:

■ Ich muß bei allen, die ich kenne, jederzeit beliebt sein und anerkannt werden.

Es ist unmöglich, jederzeit die Wertschätzung von allen, die wir kennen, zu erreichen. Der Fehler liegt in der Muß-, All- und Jederzeit-Einstellung. Sie führt zu einem krampfhaften Sich-lieb-Kind-Machen. Die Betreffenden verzichten in Wirklichkeit auf ihre eigenen Bedürfnisse, machen sich von anderen abhängig, unterstellen ihr Verhalten dem Diktat der Fremdbestimmung. Sie frustrieren sich selbst.

■ Ich muß alles, was ich tue, perfekt ausführen.

Auch hier hat die zwanghafte Muß-Einstellung negative Folgen. Wer in allem perfekt sein will, schränkt Kontakte zu anderen Menschen ein, versetzt sich in ständige Spannung, so daß sein Körper eines Tages nicht mehr mitmacht und ihn über psychosomatische Beschwerden, Erschöpfungszustände und depressive Verstimmungen außer Gefecht setzt. Weitere Fehleinstellungen kommen hinzu. Leistungsbesessene scheuen das Risiko; sie haben Angst, Fehler zu machen, sie vergleichen sich unablässig

mit anderen. Sie verpassen die Chancen für einen guten Abschluß; ihre Aktivität mündet durch ihre Fremdbestimmung in unproduktive, ängstliche und krankmachende Betriebsamkeit.

■ Ich muß allen Schwierigkeiten und Konflikten ausweichen.

Viele meinen, es sei empfehlenswert, nur die Dinge zu tun, die ihnen liegen, leicht fallen und Spaß machen. Sie drücken sich vor Schwierigkeiten. Das bringt oft zunächst und kurzfristig einen vermeintlichen Vorteil, wirkt sich aber auf längere Zeit ungünstig aus. Schwierigkeiten verschwinden nicht, wenn wir die Augen verschließen. Manchmal kann es zwar von Vorteil sein, sich nach dem Motto „Kommt Zeit, kommt Rat" zu verhalten. In den meisten Fällen nutzt das Warten jedoch nichts, und häufig können wir die Dinge dann nicht mehr ändern. Schwierigkeiten löst man, indem man sie analysiert, angeht und überwindet. Das chronische Ausweichen führt zum Verlust an Selbstvertrauen und schwächt dadurch die Bewältigungskräfte.

Wer Konflikten ausweicht, wird bald von ihnen eingeholt, da sie sich zumeist nicht von selbst auflösen, sondern zunehmen, weil sich die Spannungen und Mißverständnisse vergrößern und schließlich zu feindselig-aggressiven Auseinandersetzungen eskalieren. Konflikten auszuweichen, ist insbesondere in der Partnerschaft eine ganz und gar untaugliche Haltung. Durch das Verschweigen von Konflikten versetzt ein Partner den anderen in Einsamkeit und innere Not. Es ist eine bösartige Form der Aggression.

■ Ich muß mich auf andere verlassen; ich brauche einen Stärkeren, auf den ich mich stützen kann.

Bis zu einem gewissen Grade sind wir alle von anderen abhängig. Eine starke Abhängigkeit schränkt jedoch unsere eigenen Erfahrungen ein; wir lernen nichts Neues dazu. Wir verlieren die Sicherheit, statt sie zu gewinnen. Wir verlieren an Selbstwertgefühl und entwickeln immer größere Angst. Wir liefern uns anderen aus, werden fremdbestimmt. Bei Lebensentscheidungen können wir uns aber nur auf uns selbst verlassen. Keiner kann uns diese Verantwortung abnehmen.

■ Ich muß mich immer sehr aufregen, wenn die Dinge nicht so sind oder laufen, wie ich mir das vorstelle.
Wenn jemand das, was er sich wünscht, nicht bekommt, ist er verärgert und frustiert. Daß er darüber aus dem seelischen Gleichgewicht gerät, unglücklich und depressiv wird, ist unvernünftig. Wenn wir die Einstellung haben, die Unerfreulichkeiten des Lebens seien schrecklich und unerträglich, liefern wir uns dem Ärger aus, verlieren das seelische Gleichgewicht und geraten in Angst. Unerfreuliches sollten wir zu ändern versuchen. Wenn etwas jedoch nicht zu ändern ist, sollten wir die unvermeidlichen Frustrationen ertragen lernen, sie einfach akzeptieren.

Die Abwärtsspirale des Ärgers

Seit etwa 40 Jahren befaßt sich die Psychologie wissenschaftlich mit dem Ärger. Ärger als Gefühlserregung ist eine allgemeine menschliche Regung – so verbreitet wie etwa Liebe, Hoffnung, Unsicherheit und Angst. Allerdings sind die Auslöser des Ärgers individuell so verschieden wie die Menschen selbst. Sie unterscheiden sich in dem, worüber sie sich ärgern, und vor allem auch darin, wie sie mit ihrem Ärger fertigwerden. Die Theorie, die sich mit dem Ärger, seinen individuellen Abweichungen und Folgen befaßt, nennt man Frustrationstheorie.

In folgenden Grundsituationen treten Ärger und Frustration auf:
■ Wenn wir etwas Wichtiges versäumt haben.
■ Wenn sich eine Erwartung nicht erfüllt hat.
■ Wenn wir bei einem Vorhaben nicht zum Zuge oder zum Ziel gekommen sind.
■ Wenn wir uns bei einer Situation nicht entscheiden konnten.
■ Wenn wir bei einer Anforderung versagt haben.
■ Wenn wir uns in einer Situation unangemessen verhalten haben.
■ Wenn wir von anderen eingeschränkt, behindert und verletzt, nicht beachtet oder berücksichtigt, nicht akzeptiert oder anerkannt, von ihnen zurückgewiesen, benachteiligt, übervorteilt, herabgesetzt und ungerecht behandelt, in die Irre geführt oder hintergangen worden sind.

Wenn wir frustriert sind, sind wir zunächst unzufrieden und entwickeln Ärger. Wir können dieses zumeist noch abreagieren und verarbeiten. Gelingt dies aber nicht, dann entwickeln wir Unsicherheit, fühlen uns in unserem Verhalten unzulänglich oder in unserer Person minderwertig. *Minderwertigkeitsgefühle* haben die Tendenz, sich auszubreiten, sich auf weitere Bezirke unserer Persönlichkeit zu erstrecken und sich zu verfestigen. Wir sprechen dann von Minderwertigkeitskomplexen. Sie machen scheu und schränken in vielen Erlebnis- und Verhaltensweisen ein.
Jedes Alter hat seine spezifischen Minderwertigkeitsgefühle. Wie sich im Laufe des Lebens das individuelle Bedürfnisrelief und damit zugleich die Versagungen wandeln, so auch das Erleben der Unzulänglichkeit. Körperliche Kleinheit, äußere Armut, schwächere Leistungen auf körperlichem und geistigem Gebiet, soziale Unterlegenheit, moralisches Versagen sind Arten des Minderwertigkeitserlebens. Welcher Art diese Erlebnisse sind und in

welchem Maß sie im einzelnen eine Rolle spielen, hängt neben der persönlichen Eigenart auch von den sozialkulturellen Wertmaßstäben ab. In einer Gesellschaft, die bevorzugt auf äußere Leistung, die Produktion an Lebensgütern eingestellt ist, wird z. B. der alternde und alte Mensch leichter zum Daseinszweifel gelangen als in einer Kultur, die auf die Vervollkommnung des Menschen ausgerichtet ist. Die Altersdepression mit ihren typischen Feststellungen (ich zähle nicht mehr; man sagt mir nichts mehr; man nimmt mich nicht mehr ernst usw.) ist eine Störung, die vorzugsweise in einer aktivistischen Zivilisation entsteht.

Das weiter fortschreitende Beeinträchtigungserlebnis nimmt im *Ressentiment* eine ganz besondere Form an. Dabei haben wir es mit einer reaktiven Gemütsbewegung zu tun. Im Ressentiment versucht der Mensch, seinen Mißmut und seine Verbitterung über die Unzulänglichkeit durch eine Abwertung der anderen zu verschleiern. Neid auf die Besserweggekommenen und Argwohn ihnen gegenüber fressen sich immer tiefer in die Seele ein und vergiften sie, bis die Welt zuletzt nur noch unter dem beunruhigenden Blick des Lebensneids, des Mißtrauens und der Feindseligkeit erlebt wird. Während der einfache Neid auf das bessere Aussehen, den größeren Besitz, die höhere Stellung, den Erfolg des anderen gerichtet ist, richtet sich der Lebensneid auf das Dasein der anderen überhaupt, darauf, daß sie überhaupt leben. Es kommt zu massiven Wahrnehmungseinschränkungen und -verzerrungen: das illusionäre Herunterdrücken der wertvollen Eigenschaften anderer und die spezifische Blindheit für diese Eigenschaften. Der im Ressentiment befangene Mensch isoliert sich von der Gemeinschaft; er kritisiert sie, entwertet ihr Tun und ihre Werke. Mit gesteigerten Verstandeskräften erhebt er sich über sie, und dennoch ist er insgeheim an ihre Beachtung gefesselt.

Unsicherheit und Unzulänglichkeit, die sich in Fällen schwerer Beschränkung und Bedrohung zu einem Minderwertigkeitskomplex verdichten, erlangen in der Tiefenzone der Seele eine größere Mächtigkeit. Sie lassen sich in die komplexe Erlebniseinheit des Ressentiments ein und verschmelzen mit dem Moment der Feindseligkeit. Alle diese Erlebnismomente und -einheiten verweisen auf eine in der seelischen Grundschicht gelegene Zone der Eindruckssensibilität, die Grundangst.

Grundangst und Angstbereitschaft

Der Grundangst wird sich der Mensch normalerweise nicht bewußt. Sie ist auch in der Forschung lange Zeit nicht beachtet worden. Es gibt aber eine Reihe von seelischen Tatbeständen, die ohne die Annahme einer solchen latenten Tiefenangst, einer Angstbereitschaft, nicht zu verstehen sind. Hierher gehören vor allem das Phänomen der Panik sowie die Tatsache, daß bei allen psychischen und den meisten psychosomatischen Störungen ein Angsteinschlag nachzuweisen ist und daß die Angst in bestimmten Krankheitsbildern mit elementarer Gewalt durchbricht, z. B. bei schweren Depressionen, bestimmten Formen der Schizophrenie und im Delirium. Wenn das Fließgleichgewicht unserer vitalen und seelisch-geistigen Existenz über ein bestimmtes – individuell verschiedenes – Maß hinaus gestört ist, verwandelt sich die an sich latente Grundangst in eine expansive Form und bricht in das Erleben ein.

Die Grundangst ist Ausdruck der dem Menschen innewohnenden Spannung von Vitalität und Geist, Stetigkeit und Veränderung, chronischer Bedürftigkeit und zunehmender Weltoffenheit, von Geborgenheit und Freiheit, Endlichkeit und Todesgewißheit. In der freigesetzten Grundangst bricht die Vertrautheit der Welt und der eigenen Person zusammen.

Wir unterscheiden Grundangst als Disposition bzw. Bereitschaft, als gebundenen Erlebnisbestand, und als entbundene freigesetzte Angst. Die Grundangst bringt ihre steuernde, warnende Funktion bei gewissen objektiven Gefährdungen gleichsam anonym zum Ausdruck und dringt als situationsbezogene Befürchtungen in das Erleben ein; sie muß somit als eminent wichtige Schutzfunktion aufgefaßt werden. Ist dieselbe Grundangst dagegen durch tieferdringende Beunruhigungen, Bedrängungen, Verdrängungen oder traumatische Störungen aus ihrer tiefenseelischen Verankerung befreit, entfaltet sie eine hemmende, störende bis vernichtende Wirkung. Die durch den fortschreitenden Frustrationsprozeß freigesetzte Grundangst mündet oft in die Verzweiflung und existentielle Entmutigung mit ihren fünf Sackgassen: der psychischen und psychosomatischen Störungen, der Alkohol- und Drogenabhängigkeit, des Suizids, der Kriminalität und letztlich der Psychose (siehe Abbildung 5 auf Seite 29).

Streß und Streßreaktionen

Im folgenden wird das Geschehen Streß näher beschrieben und dabei auf drei jeweils doppelte Reaktionen hingewiesen: Anspannung und Angst, Gleichgewicht und Regulierung sowie Erregung und Bedrohung.

Anspannung und Angst

Streß bezieht sich sowohl auf die äußeren Umstände, die körperliche und seelische Anforderungen an einen Menschen stellen, als auch auf die in solchen Situationen hervorgerufenen emotionalen Reaktionen. Typische Streßsituationen sind z. B. Arbeiten unter Zeitdruck, Zusammenleben mit einem rücksichtslosen Partner, Autofahren im Verkehrsstau, das Überqueren einer stark befahrenen Straße.

Um das Phänomen Streß zu verstehen, muß man zunächst wissen, wie Streß und Angst zueinander in Beziehung stehen. Angst ist weitverbreitet; sie scheint das Leitmotiv modernen Lebens zu sein. Alkoholismus, Medikamenten- und Drogenabhängigkeit, Fernseh- und Spielsucht, Depressionen und Selbsttötung sind Auswegsversuche aus der Angst.

Zu Beginn unseres Jahrhunderts setzte Sir William Osler, ein berühmter englischer Arzt, Streß mit harter Arbeit und Spannung mit Sorge gleich. Er nahm an, daß diese Faktoren zur Entwicklung von Herzkrankheiten beitragen. In seiner Untersuchung der Lebensgewohnheiten und -umstände von zwanzig Ärzten, die an Angina pectoris erkrankt waren, stellte Osler fest, daß alle zwanzig Arztpatienten durch die tägliche Tretmühle ihrer Praxis so völlig in Anspruch genommen waren, daß bei allen ein zusätzlicher Belastungsfaktor „Sorge" auftrat.

Wenn Anspannung und Sorge zum Dauerzustand werden, so können als Folge davon Erkrankungen, wie etwa Herzkrankheiten oder Magen-Darm-Geschwüre, auftreten. Ob eine streßverursachende Situation allerdings zu Angstreaktionen führt, hängt davon ab, wie man eine solche Situation einschätzt und ob man in der Lage ist, damit fertig zu werden. So reagieren manche Menschen auf anstrengende Arbeit mit Sorge und Angst, während dieselben Aufgaben für andere eine Herausforderung darstellen und befriedigend sein können. Auf den ersten Blick sieht es so aus, als hingen unsere Ängste unmittelbar mit einer realen Gefahr oder Bedrohung aus den Belastungssituationen zusammen. Bei näherer Betrachtung wird jedoch deutlich, daß unsere Reaktionen auf Streßsituationen sowohl von den realen potentiellen Gefahren als auch von unserer jeweiligen

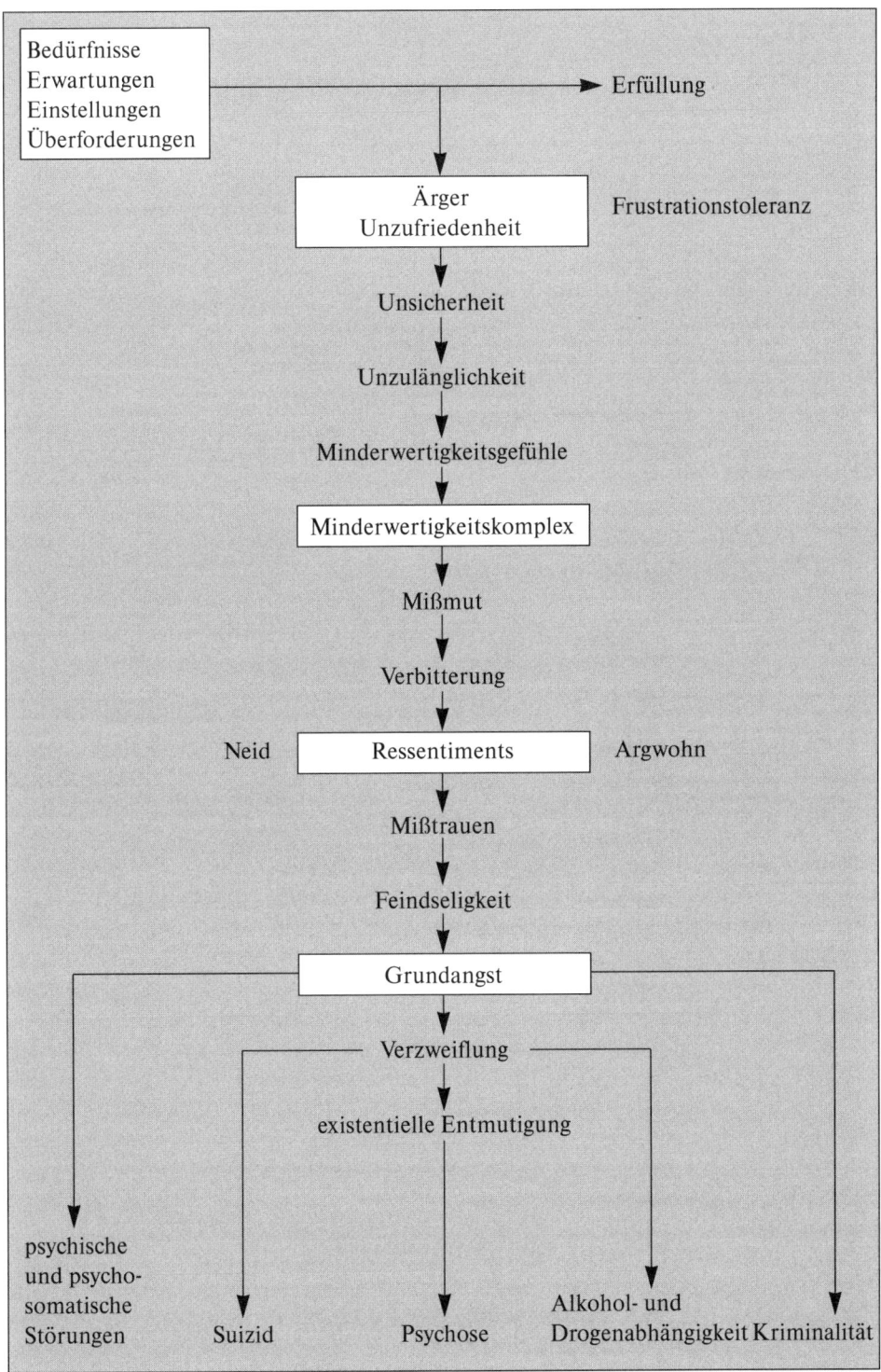

Bedürfnisse
Erwartungen
Einstellungen
Überforderungen → Erfüllung

Ärger
Unzufriedenheit   Frustrationstoleranz

Unsicherheit

Unzulänglichkeit

Minderwertigkeitsgefühle

Minderwertigkeitskomplex

Mißmut

Verbitterung

Neid   Ressentiments   Argwohn

Mißtrauen

Feindseligkeit

Grundangst

Verzweiflung

existentielle Entmutigung

psychische
und psycho-
somatische
Störungen   Suizid   Psychose   Alkohol- und
Drogenabhängigkeit Kriminalität

Abbildung 5

individuellen Wahrnehmung und Einschätzung der Ereignisse beeinflußt werden. Allerdings enthalten manche Situationen objektiv mehr Streß als andere.

Menschen reagieren in Streßsituationen, die sie für gefährlich oder bedrohlich halten, angespannt, ängstlich und bedrückt. Dabei kommen verschiedene psychologische bzw. verhaltensmäßige Veränderungen in Gang, die durch eine Aktivierung des autonomen Nervensystems verursacht werden. Die Intensität dieser Prozesse hängt unmittelbar damit zusammen, wie stark die Gefahr oder Bedrohung eingeschätzt wird. Nervosität, Anspannung und Bedrückung sowie physiologische Veränderungen und deren Ausdruck im Verhalten, wie z.B. Zittern, Herzklopfen und Schwindelgefühle, sind häufig Symptome von Angst und Streß.

Streß ist ein komplexer psychobiologischer Prozeß (siehe Abbildung 6), der aus drei Hauptelementen besteht:

■ Der Prozeß wird durch eine bestimmte Situation oder ein Ereignis in Gang gesetzt. Dieser Auslöser ist potentiell bedrohlich oder gefährlich. Wir nennen ihn Stressor.

■ Weiter unterscheiden wir zwischen der potentiellen Bedrohlichkeit oder Gefahr eines Stressors und unserer individuellen Einschätzung und Interpretation dieser Gefahr.

■ Dies führt zum dritten Element, der Angstreaktion, die durch einen Stressor ausgelöst wird und die eng damit zusammenhängt, für wie bedrohlich wir die jeweilige Situation halten.

Es gibt prinzipiell zwei Arten von Streß. Der Immunologe Hans Selye nennt den negativen, schädlichen, lebenszerstörenden Streß *Distreß*, den positiven, vitalisierenden und lebensnotwendigen Streß *Eustreß*. Den Distreß hat der Mensch einzuschränken und zu bewältigen; den Eustreß hat er bewußt zu suchen. Der Distreß bringt Leid, Krankheit, Depression, weitere Angststörungen, also Lebenseinschränkung; der Eustreß bringt Freude, Gesundheit, Zufriedenheit, Glück, also Lebenserweiterung.

Gleichgewicht und Regulierung

Um das Phänomen Streß zu analysieren, müssen zwei Fragen geklärt werden:

■ Welche äußeren Bedingungen rufen Streßreaktionen hervor?

■ Wie beeinflussen solche Stressoren unsere physischen und psychischen Prozesse, so daß es zu Streßreaktionen kommt?

In jeder Phase unserer Entwicklung und unseres Lebens begleiten uns streßauslösende Situationen und Bedingungen. Dieselben Stressoren können jedoch bei verschiedenen Menschen durchaus unterschiedliche Auswirkungen haben.

Es gibt eine ganze Reihe von krisenhaften Lebenssituationen (beispielsweise Tod des Ehepartners, Krankheit in der Familie, Scheidung, Trennung, berufliche Entlassung), die häufig zu Krankheiten führen, wie beispielsweise Herzinfarkt, Magengeschwür, Arthritis, Allergien und psychische Erkrankungen (Angststörungen, Depressionen).

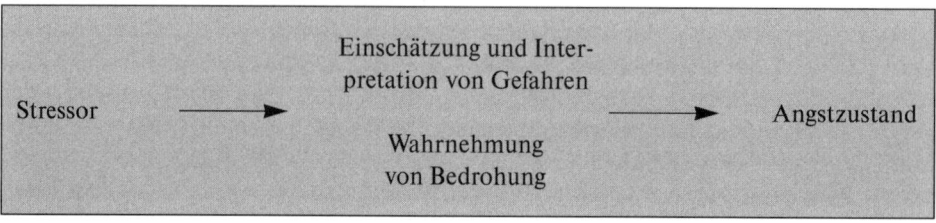

Stressor → Einschätzung und Interpretation von Gefahren / Wahrnehmung von Bedrohung → Angstzustand

Abbildung 6

Die Reaktionen jedes einzelnen Menschen auf solche Lebensereignisse hängen jedoch stark davon ab, wie er das jeweilige Ereignis wahrnimmt und interpretiert. Dies hängt wiederum u. a. mit seinem aktuellen Frustrationsniveau zusammen, wenn gewisse Grundbedürfnisse nicht befriedigt wurden. Es ist schwierig, im psychisch-psychosomatischen und psycho-sozialen Bereich einzelne Ursachen für Streßreaktionen festzumachen. Nach der Bootstrap-Theorie sind die zugrundeliegenden Faktoren mehrfach miteinander verknüpft (ähnlich wie die Schuhbänder = bootstrap). Die Mechanismen, mit denen Streßreize ihren Einfluß zur Geltung bringen, sind noch weitgehend unbekannt. Einigkeit herrscht darüber, daß Homöostase und Bedrohung eine entscheidende Rolle dabei spielen.

Unter Homöostase verstehen wir die Fähigkeit unseres Organismus, seinen inneren Zustand relativ konstant zu halten. Dies geschieht durch die Regulierung lebenswichtiger Körperfunktionen, wie z. B. der Atmung, der Blutzirkulation und der Körpertemperatur. Von Streß können wir sprechen, wenn das homöostatische Gleichgewicht gestört oder über das Normalmaß hinaus strapaziert wird.

In den dreißiger Jahren begann Hans Selye mit seinen berühmt gewordenen Untersuchungen über die Auswirkungen von Streß auf die Körperfunktionen, z. B. bei extremer Einschränkung der Bewegung. Neben den speziellen reizgebundenen Streßreaktionen fand er ein gleichbleibendes Syndrom von physiologischen Veränderungen. Die Funktionsveränderungen in einer Reizsituation stellen den Körper auf zwei Verhaltensweisen ein: die Kampf- oder die Fluchtreaktion:

- Das Herz beschleunigt seine Funktion und stellt für Gehirn und Muskulatur mehr Blut zur Verfügung.
- Die Blutgefäße direkt unter der Haut ziehen sich zusammen und reduzieren damit die Blutgerinnungszeit, so daß die Gefahr großen Blutverlustes bei Verletzungen verringert wird.
- Die Atmung wird schneller und tiefer und stellt dem Körper somit mehr Sauerstoff bereit.
- Speichel- und Schleimbildung versiegen; dadurch wird die Luftzufuhr in die Lungen verbessert.
- Die Muskulatur strafft sich, um den Körper für eine schnelle und kraftvolle Aktion vorzubereiten.
- Die Pupillen weiten sich und machen damit die Augen lichtempfindlicher.
- Zur Vermeidung von Infektionen werden verstärkt weiße Blutkörperchen produziert.
- Für die akute Situation unwichtige Funktionen und Signale des Körpers, etwa Nahrungsaufnahme (Hunger) oder Verdauung, werden vorübergehend suspendiert, um Energie zu sparen.

Alle Kräfte des bedrohten Individuums werden also mobilisiert, um sich entweder in der bedrohten Situation zum Kampf zu stellen oder sich durch Flucht in Sicherheit zu bringen. Selye nennt die Summe all dieser Körperreaktionen, die auf Konfrontation mit einem Stressor folgen, das *Generelle Anpassungssyndrom (GAS)*.

Das Anpassungssyndrom besteht aus drei Hauptstadien:

- Beim Auftauchen eines Stressors wird eine Alarmreaktion ausgelöst. Die meisten der beschriebenen physiologischen Veränderungen treten während dieses Anfangsstadiums auf.
- Halten die Streßbedingungen an, so folgt auf die Alarmreaktion das Stadium des Widerstands. Die Anzeichen aus der Phase der Alarmierung verschwinden, und die Widerstandsfähigkeit steigt beachtlich über die Norm an. Aber der Widerstand verbraucht Energien, die für andere lebenswichtige Organe benötigt werden. Der Anpassungsleistung des Organismus sind also Grenzen gesetzt.

- Die Phase des Widerstands wird schließlich vom Stadium der Erschöpfung abgelöst. Besteht der Streßreiz fort, so können erneut Alarmreaktionen aus der ersten Phase auftreten, die nun aber nicht mehr oder nur noch zum Teil rückgängig gemacht werden können, weil die Anpassungsenergien sich erschöpfen. Andauernder Streß führt also schließlich zur völligen Verausgabung der Anpassungsenergien und damit unweigerlich zum Tod.

Selyes Theorie vom Streß und Anpassungssyndrom hat in der Forschung weitgehend Zustimmung gefunden. Doch die Frage nach den internen Prozessen, die Stressor und Streßreaktionen miteinander in Verbindung bringen, ist noch nicht zureichend beantwortet. Denn wie kann man die Tatsache erklären, daß unterschiedliche Streßreize nahezu gleichartige Reaktionen auslösen?

Erregung und Bedrohung

Doch welcher Vorgang führt dazu, daß gänzlich verschiedene Auslösefaktoren alle in gleicher Weise das Signal Streß geben können?
Diese Frage hat John M. Mason untersucht. Nach seiner Meinung ist es eine emotionale Erregung, die Streß signalisiert und das Anpassungssyndrom aktiviert. Bedrohung und Angst spielen dabei eine Rolle. *Die Wahrnehmung einer Situation als Bedrohung scheint der kritische Faktor zu sein*, der zwischen Stressoren und Streßreaktionen vermittelt und das Entstehen von Angst sowie die Auslösung des Anpassungssyndroms zur Folge hat.
Ob jemand Bedrohung verspürt, hängt von seiner *subjektiven Einschätzung* einer Situation ab. Natürlich wird die Einschätzung auch von den objektiven Gegebenheiten der Situation beeinflußt; und objektiv gefährliche Stressoren werden im allgemeinen auch von den meisten Menschen als

bedrohlich empfunden. Aber die Gedanken und Erfahrungswerte, die jemand an eine Situation knüpft, die Fähigkeit eines Menschen, mit einer schwierigen Situation fertig zu werden, und die schon früher in ähnlicher Lage gemachten Erfahrungen können einen weitaus größeren Einfluß haben.
Die Einschätzung einer Bedrohung – sie hat in erster Linie etwas mit unserem Vorstellungsvermögen und Denken zu tun – weist zwei Hauptmerkmale auf:
- Sie ist zukunftsgerichtet, d. h. wir können uns eine Bedrohung durch ein Ereignis vorstellen, das real noch gar nicht eingetreten ist.
- Die Einschätzung einer Situation hat mit mentalen Prozessen, wie beispielsweise Wahrnehmen, Denken, Erinnern und Urteilen, zu tun.

Was wir wahrnehmen, ist in der Regel die „objektive Realität". Unsere Wahrnehmung kann aber auch durch Wünsche und Bedürfnisse, Erwartungen und Befürchtungen beeinflußt werden. Auch persönliche Eigenschaften und Emotionen können eine wichtige Rolle spielen. Ein mißtrauischer und argwöhnischer Mensch hört vielleicht bei zwei sich unterhaltenden Bekannten boshaften Klatsch heraus, wobei er befürchtet, daß über ihn gesprochen wird. Diese negative Vermutung verursacht in ihm Streß. Mit anderen Worten: Selbst wenn keine objektive Bedrohung vorhanden ist, wird die Fehleinschätzung „bedrohlich" dem Betreffenden Streß signalisieren. Der Streßalarm wird ausgelöst. Angst kommt auf, und das Anpassungssyndrom läuft ab.
Weil Menschen mit erhöhter emotionaler *L*abilität, *A*ngstbereitschaft und *U*nsicherheit, also Menschen mit dem LAU-Syndrom, alle möglichen Situationen als bedrohlich ansehen, sind sie in besonderem Maße streß-, psychosomatisch und depressionsanfällig.

Frustrationstoleranz und Selbstwertgefühl

Werden Bedürfnisse nicht befriedigt oder erfüllt, gerät der Mensch in einen Spannungszustand. Wir sprechen von vereitelter Bemühung oder Frustration.

Die Menschen reagieren sehr verschieden auf Frustrationen. Einige sind schon bei geringen Behinderungen sehr erregt und unsicher, andere ertragen solche Situationen leichter. Doch worin unterscheiden sich diese Lebenstüchtigen und Unverwundbaren von den anderen? Vor allem fünf Eigenschaften sind hier von Bedeutung: Einmal die *Beweglichkeit*, d. h. die Fähigkeit, sein Verhalten den jeweiligen Situationen und ihren Anforderungen anzupassen; weiter die *produktive Erlebnisverarbeitung* und *persönliche Integration*. Der erfolgreiche Mensch erfaßt die verschiedenen Aspekte der Situationen, denen er gegenübersteht, und setzt sie in Beziehung zu entsprechenden früheren Erfahrungen. Er ergreift die Chancen der Anpassung und Situationsbewältigung. Die dritte Eigenschaft des wohlgeordneten Menschen zeigt sich in der *sozialen Aktivität*, der Fähigkeit, sich in eine Gemeinschaft einzuordnen und sich darüber hinaus in ihr einzuleben. Diese drei Züge bedürfen noch eines übergreifenden und tragenden Moments: des Geöffnet- und Erschlossenseins für die inneren und äußeren Anrufe vom Gewissen und von Werten; *das Vernehmen* ist der allein sichere Kompaß der Lebensführung. Die letzte Eigenschaft stellt den Gegenpol der erstgenannten Kennzeichnung (Beweglichkeit-Anpassung) dar und kann mit den Begriffen *Festigkeit* und *Standort* umschrieben werden. Diese Charakterisierung bezieht sich vor allem auf die ethische Lebensorientierung; bei einer Bestimmung der Persönlichkeit ist die Psychologie nicht von der Ethik zu trennen.

Frustrationstoleranz

Ein und dasselbe Ereignis beeinflußt die Menschen auf ganz verschiedene Weise. Dieselbe Versagung, Beschränkung oder Bedrohung führt bei dem einen zu verstärkter Aktivität und Anstrengung, zur Bewältigung, den anderen verstrickt sie in unlösbare Konflikte. Jeder Mensch hat ein bestimmtes Maß an Widerstandskraft, eine verschieden große Belastungsfähigkeit entfaltet. Vor allem sind hier frühkindliche Erfahrungen von Bedeutung. Eine gute Erziehung fördert die Fähigkeit, Aufschub, Beschränkung, Vereitelung, ja auch Bedrohung zu ertragen, ohne mit „abnormen Reaktionen" zu antworten. Man bezeichnet die innere Konsistenz als *Frustrationstoleranz*.

Bei einem frustrierten Menschen sind die sonst wirksamen Steuerungskräfte der Besinnung, der Gefühlsgestimmtheit und der erworbenen Formen des sozialen Verhaltens mehr oder weniger gestört und im Extremfall ganz außer Kraft gesetzt. Durch das Innewerden der Aussichtslosigkeit einerseits und das Stehen in der Notwendigkeit, irgend etwas zu tun, andererseits kommt es zu einer affektiven Stauung, die den Kontakt mit der Umwelt stört und den Gestaltzerfall der Situationen und Intentionen herbeiführt.

Zu den eingangs gegebenen Kennzeichen einer lebenstüchtigen Persönlichkeit müssen wir also noch ein weiteres hinzufügen: die *emotionale Stabilität*. In ihr erfassen wir zugleich auch ein Wesensmerkmal der Frustrationstoleranz.

Selbstwertgefühl

Dem „Selbst" kommt in Struktur und Dynamik des Psychischen zentrale Bedeutung zu. Während alle anderen Gefühlsregungen sich auf etwas Gegenständliches im Außenbereich beziehen, wird im Selbstgefühl die zentrale Instanz der Persönlichkeit, das Selbst, in besonderer Weise erlebt.

Dem Selbstgefühl stehen Regungen nahe, die sich auf ein Tun oder eine Eigenschaft der Person selbst beziehen. So kann ich mich über eine Ungerechtigkeit, die ich selbst begangen habe, ärgern, ich kann auf mich zornig sein, mit einer meiner Leistungen, Handlungen zufrieden oder unzufrieden sein.

Von den auf einen äußeren Gegenstand, eine persönliche Leistung, ein Verhalten bezogenen Regungen und von den sich mehr ausbreitenden Stimmungen unterschieden ist die Gefühlsart, in der unser Selbst in einer ganz unmittelbaren Weise gestützt oder gestört wird: das *Selbstgefühl*. Die Unvollkommenheit ist ein Grundzug der menschlichen Daseinsverwirklichung. Immer wieder versucht der Mensch, diesen Mangel in der äußeren Leistung wettzumachen und sich in Leistungswerten, im Gewinnen materieller und ideeller Güter, im Schaffen und Wirken darzustellen. Oft bedarf es einer schicksalhaften Niederlage, damit er sich seines eigentlichen Wertes bewußt wird und darüber hinaus erfährt, daß letzten Endes der Schwerpunkt nicht im Haben, sondern im Sein zu suchen ist. Alle Erlebnisse, die unseren Selbstwert treffen, schließen sich zusammen zur Intimsphäre unseres seelischen Lebens. Wir wollen diese Sphäre, deren wir uns im Selbstwertgefühl innewerden, nach außen

hin verhüllen. Störende Konflikte sind dort gegeben, wo diese Sphäre der intimen Innerlichkeit erschüttert oder verwundet worden ist; schwerere Konflikte sind immer Selbstwertkonflikte. Zur Intimsphäre gehört auch das mit dem reifen Selbstwertgefühl aufs engste integrierte Ehrgefühl, ein Hinweis, daß unsere Existenzverwirklichung auf einen Wert- und Sinnhorizont hin entworfen ist. Rechts- und Ehrenkränkungen treffen uns bis in die intime Innerlichkeit. Jede psychische Störung beginnt mit einer Erschütterung dieser Sphäre des Selbstwerterlebens.

Erschütterung des Selbstwertgefühls und Neurotisierung sind funktional eng aufeinander bezogene Prozesse. Die Existenzeinschränkung, identisch mit der Einschränkung des Selbstwertgefühls, schreitet mit der Zeit über Spannung (I), Entmutigung (II) und Selbstwertkrise (III) fort (siehe Abbildung 7).

Die im Selbstwert fundierte emotionale Stabilität ist ein Wesensmerkmal der Frustrationstoleranz. Diese „tiefenpsychologische" Bestimmung ist gekennzeichnet durch eine Innerlichkeit und eine das Verhalten umgreifende Haltung, die *Erleidenskraft*.

Die „Philosophie der Seele" befähigt den Menschen, Widerstände und Hemmungen, auch Schmerzen zu ertragen. Damit

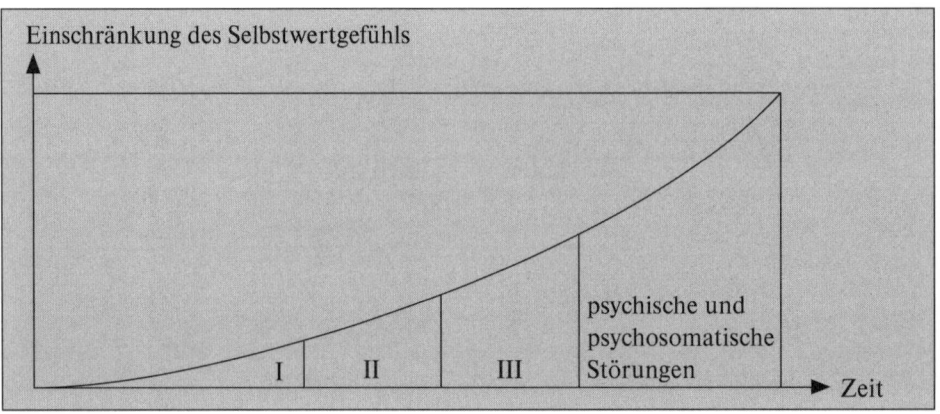

Abbildung 7

erweist sich die uns zunächst passiv anmutende Widerstandskraft als eine aktive Form der Lebens- und Konfliktbewältigung, als Erleidenskraft.

Der Mangel an Erleidenskraft fördert fehlgeleitete Erlebnisverarbeitung, d. h. psychische Störungen. Erleidenskraft ist nicht identisch mit Erleidensfähigkeit. Gerade der psychisch Gestörte zeigt oft eine außerordentliche Fähigkeit zum Leiden. Er verstrickt sich in das Leiden, ohne jedoch die positive Kraft der Leidensbannung zu entfalten.

Das Mißverhältnis von Lebensanspruch (Bedürfnissteigerung) und Weltgestaltung auf der einen Seite und Erleidenskraft und Selbstgestaltung auf der anderen ist zu einem typischen Symptom unserer Gesellschaft geworden.

Während das Tier auf eine Blockierung seiner Bedürfnisse in erster Linie mit vorgeformten Verhaltensweisen des Angriffs, der Verteidigung oder Flucht reagiert, sind die Reaktionsmöglichkeiten des Menschen außerordentlich vielfältig. Das Tier kehrt nach einer Frustration in höherem Maße zu einem stabilen Gleichgewichtszustand zurück. Der Mensch steht dagegen in einem sich viel intensiver verändernden Fließgleichgewicht. Nach jeder Spannungslösung erreicht er gewissermaßen eine höhere Ebene, auf der sich die Bedürfnisse und Gegenstände jeweils neu formieren und ihn zu neuen Tätigkeiten bewegen.

Spielarten der Angst

Es gibt zahlreiche Versuche, Ängste in Gruppen zu gliedern – sie sind meist unzureichend, da die Ängste der Menschen einmal individuell sehr verschieden sind, zum anderen sich mehrfach überschneiden. Am zweckmäßigsten ist die Gliederung in

- Existenzängste,
- Leistungsängste,
- soziale Ängste,
- Phobien einschließlich ihrer schwersten Form, der Agoraphobie (griech. agora = Markt, phobos = Furcht; Angst beim Überqueren von Straßen, Plätzen usw.)
- und den oft damit verbundenen Panikattacken.

Der Unterschied zwischen Grundangst und den freigesetzten störenden Ängsten – früher als „neurotische Ängste" bezeichnet –, zwischen der vorübergehenden aktuellen Zustandsangst und der zum Persönlichkeitszug gewordenen Eigenschaftsangst oder erhöhten Angstbereitschaft wurde auf Seite 27 erläutert. Man kann auch noch auf einen Unterschied zwischen Angst und Furcht hinweisen, wobei Angst mehr als von innen kommend, allgemeiner und unbestimmter angesehen wird, die Furcht dagegen durch einen bestimmten Bezug auf einzelne Objekte und Situationen als Auslöser bezogen wird.

Existenzängste

Drohende Einschränkung unseres Lebens, drohender Verlust eines Gutes oder eine drohende Überforderung können uns in Angst versetzen. Jede dieser Drohungen setzt jeweils besonders geartete Furchtzustände frei. Die Ängste unterscheiden sich also nicht nur in ihrer Intensität, sondern auch in ihrem Bezug. Die Furcht vor einer Bindung ist anders geartet als die Furcht vor der Freiheit, die Furcht vor der Prüfung anders als die vor der Übernahme einer Verantwortung.

Es sind vor allem fünf Ängste und Befürchtungen, die in Abwandlungen den Menschen immer wieder beunruhigen:

- Angst vor einer schweren Erkrankung,
- Angst vor Verarmung,
- Angst vor Einsamkeit,
- Angst vor dem Sterben und dem Tod,
- Angst vor Kontrollverlust und Wahnsinn.

Angst vor einer schweren Erkrankung

Streß und Angst sind stets mit körperlichen Veränderungen verbunden, z. B. mit nervösen Herz- und Atembeschwerden, Engegefühl in der Hals- und Brustgegend, gelegentlich auch mit Schwindelgefühlen und Unsicherheit auf den Beinen. Diese körperlichen Reaktionen treten oft in den Mittelpunkt des Erlebens, so daß ihr Zusammenhang mit Streß und Angst übersehen wird. Der Betreffende kontrolliert besorgt den Puls und fürchtet, einem Herzinfarkt zu erliegen. Benommenheit und Schwindelgefühle faßt er als Symptome einer Hirnerkrankung auf, Magenbeschwerden als Anzeichen einer Krebserkrankung usw. Durch wiederholt erfahrene leibliche Befindensstörungen wird der Körper für schon geringe Abweichungen vom normalen Funktionsablauf sensibilisiert. Zugleich werden durch die übertriebene Selbstaufmerksamkeit die Beschwerden einerseits leichter ausgelöst, andererseits aber auch vertieft. Menschen mit erhöhter Angstbereitschaft vermuten in vielen Situationen Gefahren oder Bedrohungen. Sie entwickeln leicht eine Furcht vor Krankheiten.

Angst vor Verarmung

Es gibt begründete Sorgen, den erreichten ökonomischen und sozialen Status durch Rückschläge im Geschäft oder in der Beschäftigung nicht mehr halten zu können. Manche Menschen verfallen jedoch – wenn der Gang der Geschäfte mal vorübergehend stagniert oder ein Abschluß nicht zustande kommt – in depressive Verstimmung und Besorgtheit und werden vom Gedanken an eine Verarmung geplagt. Diese Idee kann sich bis zu einem Verarmungswahn steigern, der auch in einer Therapie schwer zu beheben ist.

Zumeist sind es erfolgreiche und erfolgsgewohnte Geschäftsleute, die bei einem kleinen Rückschlag ihr seelisches Gleichgewicht verlieren und ihn als Ankündigung eines ökonomischen Zusammenbruchs auffassen. Auch wenn die Betreffenden nach einiger Zeit erfahren, daß ihre Sorgen völlig sinnlos waren, bleiben ihre Befürchtungen gleichsam ständig auf der Lauer.

Die Aufregung, Angst und Sorge führen zu einem Vermeiden von persönlichen Kontakten und einem Rückzug auf die eigene Person. Das Streben nach Macht, Anerkennung und Besitz steht im Gegensatz zum Liebesbedürfnis. Sich Liebe zu verschaffen bedeutet Beruhigung durch engeren Kontakt mit anderen; das Streben nach Macht, Ansehen und Besitz hingegen heißt, die Beruhigung durch eine Lockerung des Kontakts mit anderen und durch eine Sicherung der eigenen Person zu gewinnen.

Angst vor Einsamkeit

Es gehört zur Reife des Menschen, allein sein zu können. Allein zu sein bedeutet jedoch noch keine Einsamkeit. Diese beginnt erst, wenn wir mit unserer Zeit nichts anzufangen wissen, wenn wir nicht gelernt oder es verlernt haben, uns für etwas zu interessieren und zu engagieren. Die Angst vor Einsamkeit geht oft der Einsamkeit voraus, kann sie also herbeiführen. Für alleinstehende Frauen, seltener für alleinstehende Männer, kann der Zustand der Partnerlosigkeit sehr bedrückend sein. Viele von ihnen fürchten vor allem das Wochenende. Auf ihnen lastet die unerfüllte Sehnsucht nach Liebe, nach seelischer und körperlicher Zweisamkeit. Dazu kommt oft die Scham, vor aller Welt als ungeliebt und somit als minderwertig dazustehen.

Wer nach langjähriger Ehe, in der vieles gemeinsam unternommen wurde, den Partner verliert, erleidet eine schwere Verlustkrise, zieht sich oft von allen anderen zurück, versteckt sich in gramvollem Schmerz, fühlt sich von Gott und der Welt verlassen. Meist dauert dieser Zustand ein bis zwei Jahre. Einige der Betroffenen haben jedoch nicht mehr die Kraft, ein neues Leben aufzubauen. Sie bleiben in Resignation und Trauer gleichsam hängen und vereinsamen.

Angst vor dem Sterben und dem Tod

Die Todesangst gehört zur menschlichen Existenz. Nur der Mensch weiß um sein sicheres Ende. Die Todesangst gibt uns zu verstehen, daß wir Leben immer wieder schützen müssen und schätzen sollten. Der Tod ist eine dem Leben eingeborene Notwendigkeit. Die einzig sinnvolle Einstellung gegenüber dem Unabänderlichen ist nach meiner Überzeugung die Bejahung; sie ist mehr als ein Sichabfinden. Bejahung setzt aber auch voraus, daß wir uns mit dem Problem Sterben und Tod in seinen verschiedenen Aspekten vertraut machen. Wir unterscheiden zwischen der Angst vor dem eigenen Tod und vor dem Tod des anderen sowie zwischen der Angst vor dem eigenen Sterben und dem Sterben anderer. Die Forschung hat eine Reihe von Bedingungen herausgestellt, die die Angst vor dem Tod beeinflussen.

Die Angst vor dem eigenen Tod bezieht sich auf die nicht zurücknehmbare Auslöschung und Vernichtung des Individuums, auf die Auflösung aller innerweltlichen Beziehungen und auf die damit einhergehende Unmöglichkeit, weiter etwas zu tun und zu gestalten. Darüber hinaus kann sich die Angst vor dem eigenen Tod auch auf das Danach beziehen: die Angst vor der Bestrafung durch Gott (Jüngstes Gericht), die Angst vor dem Unbekannten, auch die Angst oder Sorge um das Schicksal zurückbleibender Angehöriger.

Die Angst vor dem Tod anderer Menschen richtet sich auf den Verlust persönlicher Beziehungen und Bindungen und auch auf das Fehlen von Anregungen und Bereicherungen, die vom Verstorbenen ausgegangen sind. Hinzu kommt noch die Angst vor Toten überhaupt. Der Anblick des Leichnams verweist den Betrachter auf die Möglichkeit des eigenen Todes. Die Angst vor dem eigenen Sterben wird durch die Vorstellung von Leiden und Schmerzen beim Sterben ausgelöst und aufrechterhalten. Dabei spielen auch Gedanken an die Hilflosigkeit und die Abhängigkeit eine Rolle.

Die Angst vor dem Sterben anderer hängt auch mit der Angst vor dem stellvertretenden Leiden und vor dem Mit-Leiden zusammen. Dazu kommt Angst vor der Unsicherheit und Hilflosigkeit im Umgang mit Schwerkranken.

Die Angst vor dem Tod und dem Sterben ist wie jede Angst eine Trennungsangst – die Trennung vom eigenen Leben und die Trennung vom anderen. Gelegentlich mischt sich in diese Angst noch Schuldangst oder Angst, etwas im eigenen Leben oder in der Beziehung zum anderen versäumt zu haben.

Die Angst vor dem Tod ist von verschiedenen Bedingungen und Einflüssen abhängig:

- *Lebensalter.* Es scheint so, daß zwischen 50 und 60 Jahren eine erhöhte Angstbereitschaft besteht. Am wenigsten Angst finden wir bei Kindern und Jugendlichen, aber oft auch im hohen Alter.
- *Geschlecht.* Männer scheinen sich im allgemeinen intensiver mit der Angst vor dem Tod zu befassen; doch weisen einige Untersuchungen darauf hin, daß Frauen emotional stärker bei der Begegnung mit Sterbenden und Toten aufgewühlt werden.
- *Risikotätigkeiten.* Verschiedene Untersuchungen haben ergeben, daß etwa Streifenpolizisten, Rennfahrer, Sportflieger oder Bergsteiger im alltäglichen

Leben die gleichen Ängste und Angst-
grade zeigen wie andere Menschen.

■ *Religiösität.* Die Untersuchungen zeigen,
daß auch religiöse Menschen zumeist die
gleichen Ängste wie die anderen haben.

■ *Gesundheitszustand.* Diese Variable spielt
insofern eine Rolle, als bei längerer
Krankheit oft die Lebenskräfte – und
damit auch die Angstintensität – geschwächt werden.

■ *Lebenszufriedenheit.* Die mit ihrem Leben
zufriedenen Menschen zeigen im allgemeinen weniger Angst als die Unzufrie-
denen. Wahrscheinlich hat der Tod bei
den Zufriedenen eher einen Sinn, weil
sie diesen Sinn auch im Leben erfahren
haben.

■ *Persönlichkeitsmerkmale.* Unter den Per-
sönlichkeitsmerkmalen spielt zunächst
das allgemeine Angstniveau eine Rolle.
Menschen mit erhöhter Angstbereitschaft haben im allgemeinen auch vor
dem Tod mehr Angst. Wahrscheinlich
bestimmt aber die Angst vor dem Tod
bereits das allgemeine Angstniveau.
Auch zwischen emotionaler Labilität
und Todesangst besteht ein Zusammenhang. Für emotional Labile bildet der
Tod eine starke Bedrohung.

Die Angst vor dem Sterben ist im allgemei-
nen größer als die Angst vor dem Tod.
Häufig denken wir beim Sterben an die
Schmerzen im Sterbeprozeß, an die Verein-
samung und Isolierung und letztlich an die
Hilflosigkeit und Abhängigkeit.

Angst vor Kontrollverlust und Wahnsinn

Ängstliche Menschen sind zumeist über-
erregt, angespannt und voller widerstrei-
tender Gefühle. In ihren Angstzuständen
haben sie häufig die Befürchtung, die Kontrolle über sich zu verlieren. Ihr Bemühen,
die lästigen Gefühle zu vertreiben und sich
zu konzentrieren, mißlingt. „Ich weiß nicht,
was mit mir los ist. Ich glaube, daß ich den
Verstand verliere." Diese Annahme vertieft
ihre Angst. Die Angst wird zwar durch
Wahrnehmungen, Gedanken und Vorstellungen erzeugt und durch Verhalten festgehalten. Ist die Angst aber erst einmal da,
dann erleben wir sie zumeist so, als hätte
sie spontan von uns Besitz ergriffen. Wenn
sie sich steigert, „haben" wir keine Angst
mehr, sondern die Angst hat uns.
Die Angstzustände können durch verschiedene funktionelle und psychosomatische
Störungen ausgelöst werden. Bei hoher
Erregung neigen wir dazu, schnell, kurz
und tief zu atmen. Dies führt zu einer ver-
mehrten Kohlendioxidabgabe und einer
chemischen Blutregulationsstörung, der
Sauerstoff-Kohlendioxid-Spannung im
Blut, begleitet von Schwindelgefühlen,
Lufthunger mit Seufzeratmung und
Angst. Bei Medikamenten-, Alkohol- und
Drogenabhängigkeit können schwere
Angstanfälle auftreten, welche die Abhän-
gigen in Verwirrung führen. Patienten, die
längere Zeit unter Schlaflosigkeit, Konzen-
trationsstörungen, Abgespanntheit und
depressiven Verstimmungen leiden und
trotz medikamentöser Behandlung keine
dauerhafte Besserung in ihrem Befinden
erreichen, entwickeln häufig negative
Zukunftsgedanken. Sie fürchten, verrückt
zu werden und in eine Nervenklinik zu
kommen.
Angstpatienten berichten oft, daß sie sich
wie von einer fremden Macht gefangen
vorkommen, die ihnen zur Entlastung
ihrer inneren Not feindselige Handlungen
gegenüber anderen nahelegt. Die Zwangsgedanken können bis zu Mordgedanken
führen.

Leistungsängste

Die Angst ist bei einzelnen Menschen sehr
verschieden stark ausgeprägt. Wir unterscheiden zwischen hochängstlichen und
niedrigängstlichen Menschen. Hochängst-

liche versagen im Gegensatz zu den Niedrigängstlichen oft bei der Lösung von komplexeren Aufgaben. Früher nahm man an, daß der erhöhte Erregungsgrad die Hochängstlichen daran hindert, sich auf die Aufgabe zu konzentrieren. Wie Untersuchungen jedoch ergeben haben, ist der physiologische Erregungsgrad bei beiden Gruppen annähernd gleich hoch.

Der Unterschied, der zur Leistungsbeeinträchtigung führt, liegt in der subjektiven Wahrnehmung (und Bewertung) der Erregung.

Leistungsangst ist die Besorgtheit und Aufgeregtheit bei Leistungsanforderungen. Sie werden als selbstwertbedrohlich eingeschätzt. Die Drei-Komponenten-Theorie der Angst mit Auslösersituation (spezifische Anforderung), subjektiver Einschätzung der Erregung (als Selbstwertbedrohung) und dem Kognitionsinhalt (Besorgtheit und Aufregung) vermittelt ein zureichendes Verständnis für die Entstehung vieler Ängste und gibt Hinweise für die Angstbewältigung.

Der hochängstliche Mensch wendet seine Aufmerksamkeit von den anstehenden Aufgaben teilweise ab und befaßt sich zu sehr mit sich selbst. Statt seine Aufmerksamkeit auf die Aufgabe zu konzentrieren (aufgabenrelevante Aufmerksamkeit), richtet er sie zu sehr auf sich selbst (selbstrelevante Aufmerksamkeit). Niedrigängstliche Personen behalten das Problem und seine Bewältigung im Auge; Hochängstliche sind eher auf die Bewertung ihrer Person durch andere ausgerichtet. Mißerfolge sind dabei für Hochängstliche schwerwiegender als für Niedrigängstliche.

Die Furcht zu versagen ist in unserer Leistungs- und Wettbewerbsgesellschaft weit verbreitet. Bereits die Furcht vor dem Versagen kann unsere Leistungsfähigkeit beeinträchtigen. Dies gilt für die drei großen Bereiche des Leistungs-, Kommunikations- und Sozialverhaltens einschließlich des Sexualverhaltens.

Wir sollten uns klarmachen, daß gelegentliches Versagen zu jedem Unternehmen gehört. In manchen Dingen kommt man nur über Versuch und Irrtum zum Ziel. Gelegentliches Versagen macht noch keinen Versager aus.

Gefährlich ist es dagegen, sich sein Versagen nicht einzugestehen und es zu verschleiern, sich in die Position des Perfekten und Unfehlbaren zu manövrieren. Wenn wir die Möglichkeit und Berechtigung gelegentlichen Versagens akzeptieren, nehmen wir dem Versagen den Stachel.

Eine große Rolle spielt die Furcht vor dem Versagen im Arbeitsbereich. Wir unterscheiden hier entsprechend den Aufgaben zwei Gruppen von Befürchtungen: die *Leistungsbefürchtungen* und die *Führungsbefürchtungen*.

Zu den Leistungsbefürchtungen gehört die Furcht,

■ den Anschluß an den fachlichen Fortschritt zu verpassen;

■ von den anderen besser vor- und ausgebildeten Nachwuchskräften überrundet zu werden;

■ daß bestehende Unsicherheiten und Unzulänglichkeiten in der Leistung (und der Führung) entdeckt werden;

■ durch die tägliche Routine- und Schreibarbeit die fälligen Entscheidungen zu verpassen;

■ überfordert zu sein oder zu werden, der nervlichen Belastung auf die Dauer nicht gewachsen zu sein.

Zu den Führungsbefürchtungen gehört die Furcht,

■ nicht den richtigen Führungsstil praktizieren zu können;

■ bei erforderlicher Delegation die Arbeiten der Mitarbeiter nicht ausreichend kontrollieren zu können;

■ in Krisensituationen nicht richtig zu reagieren;

■ mit problematischen Mitarbeitern nicht umgehen zu können.

Sowohl auf Leistungs- als auch auf Führungsaufgaben erstreckt sich die Furcht, krank und älter zu werden und damit in der Lernfähigkeit, Flexibilität und Leistungsfähigkeit nachzulassen.

Weiter kommt im Leistungsbereich heute oft die Furcht vor Verantwortung vor. Furcht vor Verantwortung und Heuchelei gehen häufig zusammen. Wir tun so, als wollten wir uns nicht einmischen; in Wirklichkeit haben wir Furcht, etwas für andere tun zu müssen. Die Furcht vor Verantwortung ist im Wirtschaftsleben und in der Politik weit verbreitet. Immer mehr Entscheidungen werden auf immer mehr Kommissionen verlagert.

Mit dem Streben nach Leistung ist oft das Streben nach Macht, Ansehen und Besitz verbunden, das zur Distanzierung von anderen und zur Rechtfertigung der eigenen Position führt. Die so zu erreichende Sicherheit soll den Betreffenden gegen Angst, Hilflosigkeit und Schwäche schützen. Ausgesprochene Leistungsmenschen folgen meist dem irrationalen Ideal von Kraft: „Ich muß imstande sein, jede noch so schwierige Situation auf der Stelle zu bewältigen." Solche Menschen klassifizieren sich und die anderen in Gewinner (Starke) und in Verlierer (Schwache). Sie müssen immer recht behalten, alles wissen, ihren Willen durchsetzen.

Der Besitz, der den Leistungsmenschen gegen die Furcht vor Verarmung und Abhängigkeit von anderen schützen soll, treibt ihn zu unermüdlicher Arbeit an. Er ist unfähig, das verdiente Geld für einen Lebensgenuß zu benutzen.

Menschen mit übersteigertem Streben nach Erfolg, Wirkung, Ansehen und dem Ehrgeiz, stets der Beste zu sein, reagieren sehr empfindlich auf Enttäuschungen. Meist können sie auch den Erfolg nicht genießen. Dabei wird ihnen manchmal sogar bewußt, daß es ihnen wichtiger ist, im Konkurrenzkampf andere zu besiegen als selber Erfolg zu haben. Die Furcht vor

Mißerfolg ist die Furcht vor der Demütigung: „Die anderen werden sich über meinen Mißerfolg freuen." Zugleich macht sich die Furcht vor dem Erfolg breit. Sie fürchten sich dann vor dem mißgünstigen Neid anderer. Dies führt dazu, daß sie vor dem Wettbewerb zurückweichen.

Soziale Ängste

Soziale Ängste sind weit verbreitet. Sie gründen in Selbstunsicherheit und einem Mangel an Selbstbehauptung. Viele Menschen sind sich dieser Ängste gar nicht bewußt; sie meinen, sie seien einfach gehemmt oder gelegentlich aggressiv. Soziale Ängste beziehen sich auf den Umgang mit anderen Menschen und die Furcht vor Verhaltensweisen, mit denen sie bei anderen auf Ablehnung stoßen könnten.

Die meisten sozialen Ängste kreisen um die Befürchtungen, von anderen nicht beachtet und anerkannt zu werden, von ihnen abgelehnt und zurückgewiesen zu werden, unsicher und unbeholfen aufzutreten, Angst, Gefühle, eigene Meinungen, eigene Bedürfnisse zu äußern. Zu den sozialen Ängsten gehören die Angst vor öffentlichen Reden, davor, berechtigte Forderungen zu stellen, Kritik zu üben; die Angst vor Konflikten, sich für einen Partner zu entscheiden oder sich von ihm zu trennen. Weit verbreitet ist die Angst vor Autoritätspersonen.

Die Ängste entstehen aus Vorstellungen, Einstellungen und durch Selbstaufmerksamkeit. Sozial Ängstliche fragen sich, ob sie in bevorstehenden Situationen akzeptiert oder abgelehnt werden. Durch negative Selbstbewertungen entstehen unangenehme Gefühle. Sie fürchten sich davor, schwach zu wirken oder zu versagen. Die Umweltanforderungen werden als bedrohlich eingeschätzt. Es handelt sich nicht um eine Bedrohung der körperlichen Unversehrtheit, sondern um eine Bedrohung des

Selbst. Beim Selbst unterscheiden wir das private Selbst und das soziale Selbst. Im privaten Selbstbewußtsein beziehen wir uns unmittelbar auf unsere Werte, Fähigkeiten, Fertigkeiten und Möglichkeiten; im sozialen Selbstbewußtsein beziehen wir uns auf das Bild, das andere sich von uns machen oder machen könnten.

Soziale Ängste werden durch verschiedene selbstschädigende Einstellungen ausgelöst und festgehalten. Diese Einstellungen gehen oft auf Kindheitserfahrungen zurück. Sie spiegeln sich vor allem in der Aussage „Ich bin, so wie ich bin, nicht in Ordnung." Diese Einstellung kann sich auf die äußere Erscheinung, Größe, Figur, aber auch auf geistige Fähigkeiten und soziale Geschicklichkeiten beziehen. Diese Einstellung führt dazu, daß der sozial Ängstliche sich an andere wendet, die ihm sagen und zeigen sollen, was zu tun ist. Er braucht ständig jemand, der ihn stützt und bei ihm ist. Solches Verhalten führt aber gerade dazu, daß das Befürchtete eintritt: Andere ziehen sich zurück. Diese Grundeinstellung äußert sich in einer Reihe weiterer Einstellungen:

- Ich muß bei allen beliebt sein.
- Ich muß unter allen Umständen Konflikte vermeiden.
- Ich darf meinen Ärger und meine Enttäuschungen nicht zeigen.
- Ich darf keine Schwäche zeigen und keinen Fehler machen.

Bei der sozialen Angst sehen wir uns selbst als soziales Objekt oder öffentliches Selbst. Wir achten darauf, wie wir bei anderen ankommen, wie sie uns sehen und bewerten werden; wir sind also fremdbestimmt. Die Grundlage der sozialen Angst ist daher die öffentliche Selbstaufmerksamkeit. Nach Ralf Schwarzer gibt es vier Arten sozialer Ängstlichkeit:

- Verlegenheit,
- Scham,
- Publikumsangst,
- Schüchternheit.

Verlegenheit

Die Verlegenheit äußert sich vor allem im Erröten, unsicheren Lächeln, im ungeschickten oder gehemmten Verhalten, im Abbruch oder Vermeiden des Blickkontaktes, im leiseren Sprechen und verzögerten Antworten.

Unmittelbare Ursache für die Auslösung von Verlegenheit ist häufig ungeschicktes und fehlerhaftes Verhalten: Man kommt falsch gekleidet zu einer Versammlung oder Veranstaltung. Es rutscht einem beim Reden eine Vertraulichkeit oder ein Geheimnis heraus. Man vergißt den Namen des Gesprächspartners. Eine weitere Ursache kann die soziale Hervorgehobenheit sein, beispielsweise wenn man einen Fahrstuhl betritt, in dem nur Personen des anderen Geschlechts sind, oder wenn man bei einer Geburtstagsrede übertrieben gelobt wird. Schließlich kann auch die Verletzung der Privatheit Verlegenheit auslösen, z. B. wenn sich deutlich hörbar Verdauungsgeräusche bemerkbar machen, man als Zuhörer eines Konzerts niesen muß usw.

Besonders anfällig für Verlegenheitsreaktionen sind Menschen mit hoher öffentlicher Selbstaufmerksamkeit. Sie fühlen sich ständig beobachtet, bewertet und hervorgehoben. Sie handeln nicht spontan, sondern nur mit Blick auf die anderen. Oft ist es aber einfach Mangel an sozialer Kompetenz, der zur Verlegenheit führt. Die Betreffenden haben wenig Gelegenheit gehabt, öffentlich aufzutreten oder vor einer Gruppe zu sprechen oder ähnliches. Menschen, die leicht in Verlegenheit geraten, neigen dazu, manche Situationen zu meiden. Darüber hinaus sind sie schnell bereit, Hilfe zu leisten und so ihre Verlegenheit zu überspielen. Viele der hier geschilderten Merkmale finden sich auch bei der vierten Form der sozialen Ängste, der Schüchternheit (siehe Seite 44), allerdings zum Teil in einem anderen Zusammenhang.

Scham

Während Verlegenheit kurzfristig auftritt und relativ unbedeutend ist, dauert Scham länger an; sie ist schwerwiegender und moralbezogener.

Scham ist ein unmittelbares Innewerden einer Wertminderung durch (selbstverschuldetes) Entblößtsein, Bloß-gestellt-Sein, und dies im tatsächlichen oder vermeintlichen Sinne. Ein leichtfertiges Sich-Öffnen, Sich-Mitteilen kann nachträglich als Preisgabe und Verletzung der Distanz in der Scham zum Bewußtsein kommen. Während das Schulderleben im allgemeinen zuerst durch ein dem anderen zugefügtes Leid entsteht, bezieht sich die Scham in erster Linie auf eine tatsächlich oder vermeintlich selbstverschuldete Entwürdigung unserer selbst – vom praktischen Handlungsbereich bis zu den geistigen Leistungen, z. B. die Verletzung intellektueller Redlichkeit.

Die Scham kann sich auch auf andersartige vermeintliche oder tatsächliche Minderleistung beziehen, so z. B. im Sport beim Verschulden der Niederlage der Mannschaft. Man empfindet dann ein Mischgefühl von Schuld und Scham.

In der Scham erlebt man einen Verlust an Selbstwertschätzung. Man ist über sich enttäuscht und/oder hat andere auch enttäuscht. Ralf Schwarzer hat auf einen wichtigen Unterschied zwischen Schuld und Scham hingewiesen. Die Richtung der selbstbezogenen kognitiven Prozesse ist bei beiden verschieden. Um sich schuldig zu fühlen, bedarf es der privaten Selbstaufmerksamkeit; um sich zu schämen, der öffentlichen Selbstaufmerksamkeit. „Wenn niemand das Fehlverhalten beobachtet hat, liegt keine Veranlassung für Scham vor. Unentdeckte Taten können Schuldgefühle, nicht aber Schamgefühle hervorrufen. Das nachfolgende Handeln der betreffenden Person ist in beiden Fällen verschieden. Schuld kann man vor sich selbst abbauen, indem man sich z. B. bestraft, sich besser verhält und alles tut, um das Selbstkonzept zu korrigieren. Scham erfordert dagegen öffentliches Handeln, indem man sich vor anderen als kompetent oder moralisch beweist." (Schwarzer, Seite 131 f.)

Zu den der Scham verwandten Phänomenen gehören Schuld- und Minderwertigkeitsgefühle, Hemmungen, Peinlichkeitsgefühle und die allen diesen Gefühlen zugrundeliegende und sie begleitende Angst. Scham-Angst ist die Angst vor möglichen Schamerlebnissen. Aber nicht nur tatsächliches oder vermeintliches Fehlverhalten können Scham auslösen, sondern auch die körperliche Erscheinung, wenn wir sie nicht akzeptieren: rote Haare, vernarbtes Gesicht, große abstehende Ohren, zu kleiner oder zu großer Wuchs, Fettleibigkeit, gelegentlich auch Herkunft, Partner- und Kinderlosigkeit.

Publikumsangst

Publikumsangst ist die Furcht, sich vor einer größeren Gruppe oder Gesellschaft zu exponieren, sei es durch eine Ansprache vor Gästen, ein Referat in einem Seminar, das Aufsagen eines Gedichts, Arbeitsproben vor den Augen der Mitarbeiter oder/und des Vorgesetzten, einen Vortrag oder eine Vorführung musikalischer, sportlicher oder anderer Art. Die Aufmerksamkeit des Handelnden ist gespalten. Einerseits ist sie auf das Können (private Selbstaufmerksamkeit), andererseits auf das Ankommen beim Publikum (öffentliche Selbstaufmerksamkeit) gerichtet. Selbst Profis berichten immer wieder von einer inneren Spannung, dem Lampenfieber. Wir unterscheiden wie bei allen Ängsten auch hier die überdauernde Ursache und die unmittelbaren Ursachen. Neben hoher allgemeiner Angstbereitschaft ist Publikums- oder Redeangst verbunden mit einer Reihe sozialer Ängste, z. B. der Angst, von anderen nicht beachtet, nicht anerkannt oder abgelehnt zu werden, Fehler zu machen oder lächerlich zu wirken. Hinzu kommt noch die Angst, was andere von dem Vortragenden – seiner Intelligenz, seiner Fachkundigkeit, seiner Redeweise – denken könnten. Die Publikumsängstlichkeit kann den Betreffenden so stark hemmen, daß er unfähig ist, vor einem Publikum zu sprechen.

Die unmittelbaren Ursachen der Publikumsangst liegen in der sozialen Hervorgehobenheit der eigenen Person. Schon die gedankliche Vorwegnahme des Auftretens führt zum Lampenfieber. Weiter spielt eine Rolle, ob der Betreffende gewohnt ist, einem Publikum ausgesetzt zu sein oder solche Situationen bisher nur als Zuschauer oder Zuhörer kennengelernt hat. Letztlich ist für den Publikumsängstlichen auch die Zusammensetzung und Reaktion des Publikums von Bedeutung. Ein Lehrer kann vor der Klasse sicher und gelassen sein, jedoch bei einem Bericht vor Kollegen oder den Eltern in Publikumsangst geraten. Bei einer kleineren Gruppe reagiert der Betreffende oft sicher, bei einer größeren unsicher. Wichtig ist beim Publikumsängstlichen auch die Reaktion des Publikums. Wenn keiner eine Miene verzieht und einige sich ihren Unterlagen zuwenden, kann er dies z. B. als Nichtbeachtung und Interesselosigkeit bewerten.

Schüchternheit

Schüchternheit ist eine Sonderform der sozialen Ängstlichkeit. Man erkennt sie an der Beeinträchtigung des Sozialverhaltens. Schüchternheit hindert den Betreffenden daran, eine Überzeugung, einen Wunsch auszusprechen, die eigenen Interessen durchzusetzen. Sie macht es ihm schwer, neue Kontakte zu knüpfen, soziale Erfahrungen zu machen und daraus Nutzen zu ziehen. Sie macht ihn nur begrenzt aufnahmefähig für das Lob anderer. Sie wird begleitet von Angst, depressiven Verstimmungen und Einsamkeit.

Im einzelnen äußern sich Schüchternheit und Gehemmtheit darin, daß der Betref-fende den Blickkontakt meidet, Abstand von anderen hält, sich in die Ecke setzt, um außerhalb der vermeintlichen „Schußlinie" zu sein und um schnell ausweichen zu können. Der Gehemmte spricht wenig und leise, macht lange Pausen, bleibt dabei ernst, zurückhaltend und reduziert seine Körperbewegungen.

Von der Schüchternheit ist die Höflichkeit zu unterscheiden. Der Höfliche setzt seine sozialen Verhaltensweisen gezielt und bewußt ein, er setzt seine Interessen durch. Der Schüchterne kann nicht anders, als schüchtern zu sein. Der Höfliche bleibt ruhig und gelassen. Der Schüchterne wird von sozialen Ängsten eingeengt und befindet sich im Zustand öffentlicher Selbstaufmerksamkeit. Er ist angespannt, fühlt sich belastet, kommt sich linkisch und befangen vor. Die Ursache der Schüchternheit liegt in der Fremdartigkeit der sozialen Situation und der eigenen Hervorgehobenheit.

Psychologen bedienen sich zum Erkennen von Schüchternheit häufig eines Fragebogens, der z. B. folgende Aussagen zur Selbstbeantwortung (trifft nicht zu, trifft zum Teil zu, trifft ganz und gar zu) enthält und den Sie auch für sich selbst benutzen können; wenn Sie die meisten Punkte mit „trifft ganz und gar zu" beantworten, sind Sie schüchtern:

- Ich bin angespannt, wenn ich mit Leuten zusammen bin, die ich nicht kenne.
- Ich fühle mich in sozialen Situationen befangen und beeinträchtigt.
- Im Beisein anderer bin ich etwas unbeholfen.
- Bei Parties und anderen geselligen Anlässen fühle ich mich oft unbehaglich.
- Bei einer Unterhaltung bin ich besorgt, daß ich etwas Dummes sagen könnte.
- Wenn ich mit einer Autoritätsperson spreche, bin ich ganz nervös.
- Ich bin schüchtern gegenüber Angehörigen des anderen Geschlechts.
- Es bereitet mir Schwierigkeiten, jemandem direkt in die Augen zu blicken.

- Ich vermeide Streit, Auseinandersetzungen und Konflikte.
- Mir fällt nach einer Unterhaltung meist erst nachher ein, was ich hätte sagen oder antworten sollen.

Gehemmte Personen haben oft den Wunsch und auch die Fähigkeit, etwas Bestimmtes zu tun; sie schreiten aber dennoch nicht zur Tat. Sie gehen z. B. auf eine Tanzveranstaltung, können tanzen, und dennoch hält sie etwas in ihrem Inneren davon ab, jemanden zum Tanz aufzufordern oder eine Aufforderung anzunehmen. Sie gehen zu einem Vortrag mit anschließender Diskussion mit dem Publikum. Sie hätten etwas Wichtiges zu sagen; doch melden sie sich nicht. Sie vermeiden Situationen, in denen sie ihrer Ansicht nach irgendwie bloßgestellt werden oder versagen könnten. Schüchternheit kann in sehr verschiedenen Graden auftreten. Besonders ausgeprägte Schüchternheit kann wie eine schwere körperliche Behinderung das Leben einschränken. Die Schüchternheit kann verhindern, den Bekannten- und Freundeskreis zu erweitern und den Betreffenden davon abhalten, seine eigenen Bedürfnisse, Wünsche und Interessen zu äußern und sich wirkungsvoll mit anderen auseinanderzusetzen. Schüchternheit erschwert klares Denken und Planen und verhindert, daß der Betreffende seine Fähigkeiten entwickelt und erprobt. Sie kann schließlich zur Vereinsamung, Mißtrauen und Depression führen.
Schüchterne sind vorsichtig im Reden und Handeln; sie scheuen sich vor Selbstbehauptung. Sie fühlen sich in Gegenwart anderer unbehaglich, besonders bei Fremden, Gruppen und Autoritäten. Sie sind besorgt darüber, daß andere ihre Schüchternheit, die körperlichen Symptome (z. B. Erröten) und letztlich die Unsicherheit im Umgang mit anderen wahrnehmen könnten.
Der schüchterne Mensch neigt dazu, sich auf seine körperlichen Symptome, wie z. B.

Pulsrasen, Herzklopfen, sichtbares Schwitzen, sein flaues Gefühl im Magen und auf das Erröten zu konzentrieren. Dabei wartet er oft nicht die Situation ab, in der er sich schüchtern fühlen könnte. Er spürt die Symptome schon im voraus, sieht unangenehme Ereignisse auf sich zukommen und bleibt den gefürchteten Situationen fern.
Man unterscheidet zwei Typen der Schüchternen, den öffentlich Schüchternen und den privaten Schüchternen. Der eine ist besorgt darüber, er könne sich schlecht benehmen, der andere, er könne sich schlecht fühlen. In beiden Fällen sind die Auswirkungen gravierend, da sich Schüchterne vom aktiven sozialen Zusammenleben immer mehr zurückziehen, so daß sie von anderen keine Aufmunterung und Anerkennung bekommen.
Einige persönliche und soziale Probleme können u.a. sowohl Ursache als auch Folge von Schüchternheit und Gehemmtheit sein: Alkoholismus, unpersönlicher Sex. Gewalttätigkeit und Unterwürfigkeit.
Das Trinken und oft der *Alkoholismus* lassen sich auf das Bedürfnis des Schüchternen zurückführen, seine Gefühle der Unzulänglichkeit zu überwinden, akzeptiert zu werden, Teil einer sozialen Gruppe zu sein. Im leicht aufgeheiterten Zustand ist der Schüchterne gesprächs- und mitteilungsbereiter.
Untersuchungen von Philip G. Zimbardo haben ergeben, daß Schüchterne in *sexuellen Belangen* unbeholfen sind, ungern die Initiative ergreifen, unfähig sind, ihre sexuellen Gefühle und Wünsche auszudrücken und Sex praktizieren, ohne sich emotional zu engagieren und sich um eine engere Beziehung zu bemühen.
Schüchterne unterdrücken vor allem negative Gefühle, wie Enttäuschung und Ärger. Dabei entwickeln sich gleichsam im Untergrund starke *aggressiv-feindselige Tendenzen.*
Bei vielen Schüchternen erzeugt die Selbstwahrnehmung bösartige Rache- und Vergeltungsgedanken, Schuldgefühle und wei-

tere Angst. Der Frustrationsärger wird zurückgehalten, bis er sich eines Tages durch irgendeine störende Kleinigkeit in einer mörderischen Raserei Luft verschafft. Schüchterne Menschen sind – sozial gesehen angenehme Mitmenschen, die zumeist das tun, was von ihnen erwartet wird. Sie halten sich an alle Regeln und Vorschriften. Vor allem haben sie gelernt, Autoritäten zu fürchten. Sie lassen sich deshalb in autoritären Gesellschaften leicht überreden, Sicherheit gegen Freiheit einzutauschen. Dabei entwickeln sie gegenüber ihren Mitmenschen Mißtrauen und gegenüber den Machthabern Loyalität.

Phobien

Es gibt über tausend bekannte und über zweihundert klinisch benannte Phobien. Manche sind weit verbreitet, andere seltener. Nachfolgend eine Auswahl von über vierzig Phobien:

■ *Furcht vor spezifischen Orten und Naturereignissen:* Höhen und Abgründe, z. B. Berge, Hochhäuser; Brücken; geschlossene Räume; Dunkelheit; Blitz, Donner und Sturm.

■ *Furcht vor spezifischen Situationen und Tätigkeiten:* von einer Menschenmenge umgeben zu sein; Kaufhausbesuch, besonders Schlangestehen an der Kasse; öffentliche Verkehrsmittel benutzen; Autofahren, besonders durch einen Tunnel fahren, neben Lastwagen fahren; Fliegen; Aufzug benutzen; vor einer Gruppe sprechen oder eine Rede halten, etwas vorführen; Besuch einer Party; Schreiben in Anwesenheit anderer; allein aus dem Haus gehen, auf die Straße,über einen Platz gehen.

■ *Furcht vor bestimmten Tieren:* Mäuse; Ratten; Schlangen; Insekten, speziell Bienen, Wespen; Spinnen; Katzen; Hunde.

■ *Furcht vor spezifischen Krankheitserregern, Krankheiten und vor allem, was mit Krank-*

heit und Krankenhausaufenthalt zusammenhängt: Ansteckung, Bakterien, Viren; Schmutz, Glasscherben; Herz-Kreislauf-Störungen; Krebs, Aids; Blut, Wunden; chirurgischer Eingriff, Operation; Zahnarztbesuch.

■ *Furcht vor bestimmten Körpersensationen, die auf Krankheit hindeuten können:* erhöhter Pulsschlag; Herzklopfen; Atembeschwerden; Globusgefühl (Kloßgefühl im Hals); Schwitzen der Hände; Schwindelgefühl; Magenschmerzen.

In der Therapie haben wir es hauptsächlich mit folgenden Phobien zu tun: Angst, sich in geschlossenen, engen Räumen aufzuhalten, eine verkehrsreiche Straße zu überqueren, von einer Menschenmenge umgeben zu sein, in einer Menschenschlange an der Kasse eines Kaufhauses zu stehen, durch einen Tunnel zu fahren, Lifte oder Rolltreppen zu benutzen, von einem hohen Balkon hinab zu blicken, auf einem schmalen Bergpfad zu gehen, mit dem Flugzeug zu fliegen, öffentliche Verkehrsmittel zu benutzen, mit dem eigenen Auto (allein) zu fahren, eine Injektion zu bekommen, Angst vor Mäusen, harmlosen Spinnen und Schlangen, fliegenden Insekten. Weit verbreitet ist auch die Furcht vor Bakterien und Schmutz.

In der Therapieforschung hat man herausgefunden, daß irrationale (unangemessene) Ängste gelernte Ängste sind. Was wir einmal gelernt haben, können wir aber auch wieder „entlernen". Durch nicht dem Willen unterworfene Lernprozesse kann man phobisch werden. Wir haben irgendwann in unserem Leben einmal eine negative Erfahrung gemacht und diese nicht gleich adäquat verarbeitet. Wir haben gleichsam in unserem Gehirn aufgrund fehlerhaften Lernens ein Warnsignal etabliert.

Eine jüngere Frau hat seit vielen Jahren eine Beziehung zu einem Mann. Zur Heirat kam es nicht, obwohl sie dies wünschte. In all den Jahren des

Zusammenlebens unterdrückte sie eigenständige Regungen aus Angst, ihn zu verlieren. Die Beziehung flachte daraufhin immer mehr ab, bis der Partner schließlich eine Trennung herbeiführte, was sie als sehr schmerzlich empfand.

In diesem Zustand der Verunsicherung und erhöhten Verwundbarkeit fuhr sie mit ihrem Auto Wochen nach der Trennung auf einer Landstraße. Es ereignete sich ein kleiner fremdverschuldeter Auffahrunfall. Kurze Zeit danach war es ihr zunehmend unbehaglich, mit ihrem Auto zu fahren. Sie vermied daraufhin das Autofahren. Nach einigen Wochen war es ihr überhaupt nicht mehr möglich, das Auto zu benutzen. Eine Fahrphobie hatte sich fixiert.

Wie im vorliegenden Beispiel, so zeigt sich in der Therapie bei Phobikern immer wieder, daß eine Auslösersituation aufgrund einer schon länger bestehenden Verunsicherung, Selbstunsicherheit oder emotionalen Labilität in ihrer Bedrohlichkeit zum Teil maßlos überbewertet und oft dann auch die Bedrohlichkeit auf andere, meist ausgesprochen harmlose Situationen und Handlungen ausgedehnt wird.

Angst kann nicht nur nach einem *einmaligen negativen Erlebnis* entstehen, sondern auch aufgrund *chronischer Frustration*. Neben den genannten Ursachengruppen – den negativen Erfahrungen und chronischen Frustrationen – spielen bei irrationalen Ängsten stets Befürchtungsgedanken eine Rolle. Eine genauere Analyse dieser Gedanken zeigt, daß wir oft gar nicht von tatsächlich gegebenen Bedrohungen geängstigt werden, sondern von selbst ausgedachten und erfundenen.

Eine ganz besondere Rolle spielen hier Selbstaufmerksamkeitsprozesse. Bei der erhöhten privaten Selbstaufmerksamkeit achten Phobiker auf ihre inneren Vorgänge, auf Veränderungen und Abweichungen ihrer normalen körperlichen und seelischen Befindlichkeit. Sie sehen darin Anzeichen kommender schwerer Störungen. Zu den inneren Veränderungen gehören Herzrhythmusstörungen, erhöhter Puls und Blutdruck, erhöhte Atemfrequenz, Schweißausbruch, Schwindelgefühle, Zittern, Globusgefühl im Hals, Magen-Darm-Verstimmungen usw. Hinzu kommt die erhöhte öffentliche Selbstaufmerksamkeit. Der Phobiker macht sich übertrieben Gedanken darüber, daß andere Personen seine Befindensveränderungen und ihn als unsichere Person, als Versager erkennen und beurteilen könnten. Dadurch können die angstbedingten Veränderungen bis zu einer Panik mit Ohnmachtsanfällen gesteigert werden.

Es ist nicht sinnvoll und weiterführend, nach einzelnen weiter zurückliegenden und kaum auszumachenden Bedingungen zu suchen. Für die Therapie wichtig ist die Feststellung der gegenwärtig bestehenden Auslöserbedingungen, die zugleich die Symptome festhalten. Allerdings sollte – wenn dies klar erkennbar ist – nach den Bedingungen und der Situation des ersten Angstanfalls gefragt werden.

Meistens wird irritierenden und bedrohlich erscheinenden Situationen – wenn möglich – ausgewichen. Durch dieses Vermeidungs- und Rückzugsverhalten wird zunächst zwar eine Erleichterung (Angstreduktion und damit Erregungsminderung) erreicht. Langfristig gesehen ist der Betreffende aber immer weniger in der Lage, sich Situationen und Anforderungen zu stellen. Er gerät in eine gelernte Hilflosigkeit und in depressive Verstimmungen. Oft schon nach kurzer Zeit entwickeln sich diverse psychosomatische Störungen. Auch hier bewirken diese körperlichen Symptome anfangs zumeist eine Erleichterung der psychischen Beschwerden; die Angst wird erträglicher, die depressiven Verstimmungen werden zunächst gedämpft.

Es gibt eine Vielzahl von Phobien. So können manche Menschen sich nicht in engen geschlossenen Räumen aufhalten; einige werden dabei von extremen Angstgefühlen bis zur Panik befallen. Wir bezeichnen diese Raumangst als *Klaustrophobie*. Die Angst kann z. B. im Bürozimmer, im Aufzug, bei einer U-Bahnfahrt, Schiffsreise oder im Flugzeug ausbrechen. In Fahr- und Flugzeugen kommt noch hinzu, daß die Phobiker ihre Beförderung nicht unterbrechen, ihren Platz während des Transports nicht verlassen können.

Viele haben schon einmal an einem Abgrund, im Hochhaus auf dem Flachdach oder am oberen Fenster stehend den seltsamen Drang verspürt, sich hinabzustürzen. Oft haben Menschen, die an einer Höhenphobie leiden, eine extreme Furcht zu fallen oder zu stürzen.

Durch Nachrichten von einem Flugzeugabsturz kann sich bei einigen Menschen eine Flugangst entwickeln. Es kann aber auch sein, daß sie während einer Flugreise von unangenehmen Gedanken, beispielsweise über einen Geschäftsabschluß oder eine bevorstehende Scheidung, geplagt werden und die sich daraus entwickelten unangenehmen Gefühle auf Flugzeuge übertragen. Oft wird die Angst auch dadurch ausgelöst, daß sie nicht Herr der Lage sind, keine Kontrolle auszuüben vermögen und sich ganz und gar auf die Besatzung verlassen müssen.

Die *Angst vor Schlangen und Spinnen* ist weit verbreitet. Es gibt verschiedene Erklärungen für die Entstehung dieser Ängste. Meist sind es unliebsame Geschichten, die man in der Kindheit aufgenommen hat. Diese Phobien können auch einfach bei den Eltern wahrgenommen und über Modelllernen erworben worden sein. Gelegentlich spielen auch symbolische Deutungen eine Rolle; so gilt z. B. die Schlange als böse und verführerisch, wie im biblischen Paradiesmythos beschrieben. Andererseits ist die Schlange – man denke an den Äskulap-

stab – aber auch ein Symbol der Heilkunst. In ähnlicher Weise werden Spinnen in verschiedenen Mythen als gefährlich oder aber auch heilkräftig dargestellt. Noch bis in die Mitte des 18. Jahrhunderts empfahlen Ärzte, bei Fieber Spinnen mit Butter aufs Brot zu streichen und zu verzehren. Wenn man die Phobiker fragt, was sie an Schlangen und Spinnen ängstigt, geben sie an, daß diese Tiere ihnen unheimlich und gefährlich vorkommen. Doch sind gefährliche Schlangen in unserer Umgebung kaum anzutreffen. Auch Spinnen sind hierzulande keineswegs gefährlich, im Gegenteil oft sogar nützlich.

Wie alle Phobien zeigt sich die Schlangenphobie bevorzugt bei Frauen. Eine Erklärung dafür könnte sein, daß Männer eher als Frauen ihr Leben lang dafür belohnt werden, daß sie die Initiative ergreifen. Auf die Frage: „Was würden Sie tun, wenn Ihnen eine gefährliche Schlange im Garten begegnete?" antworten Männer zumeist, sie würden das Problem dadurch lösen, daß sie die Schlange mit einer Hacke oder Latte töten, mit einem Wasserstrahl vertreiben oder mit einem Feuerlöscher ansprühen. Frauen geben häufig an, sie würden ihren Mann, einen Nachbarn oder sogar die Polizei herbeirufen.

Gelegentlich leiden Menschen an einer *Mäuse-* und *Rattenphobie*. Allein das plötzliche Auftauchen und schnelle Verschwinden dieser Tiere macht ihnen angst. Ratten gegenüber haben die meisten Menschen Abscheu. Die Ratten sind verhaßt, weil man sie mit der Verbreitung von Krankheiten und Seuchen in Zusammenhang bringt und sie sich an unappetitlichen Orten aufhalten. Mäuse kann man im Haus zwar schnell vertreiben. Mäusephobiker haben aber nicht nur Angst vor Mäusen in der Wohnung oder im Haus, sondern auch, wenn sie die kleinen Tiere auf der Terrasse oder im Freien sehen.

Die seltenere *Katzenphobie* geht oft darauf zurück, daß diese Tiere auf Tische springen und dort ihre Nahrung suchen. Doch scheint vor allem ihre „Sprunghaftigkeit" die Phobiker zu stören.

Zwischen (starken) Aversionen und Phobien gibt es gleitende Übergänge. Scheu und Abneigung gegenüber der Benutzung technischer Geräte bezeichnen wir beispielsweise noch nicht als „Technophobie", obwohl sie manchmal phobischen Charakter haben. Von Phobien sprechen wir erst dann, wenn die Betreffenden sich in den aversiven Situationen stark erregt, ängstlich, gehemmt und eingeschränkt fühlen.

Herr N., Bankkaufmann, 35 Jahre, unverheiratet, leidet seit Jahren an Zwangsgedanken und Phobien. Er muß, wenn er das Haus verläßt, meist mehr als viermal nachschauen, ob das Licht und der Elektroherd abgeschaltet sind und die Türe abgeschlossen ist. Aus Angst vor Schmutz und Bakterien steht er immer sehr früh auf, um sich duschen, rasieren, anziehen und frühstücken zu können, Prozeduren, die ihn etwa drei Stunden täglich in Anspruch nehmen. Eines Tages findet er auf dem Weg zum Büro eine größere Glasscherbe auf der Straße. Er nimmt sie mit, um sie im Büro in den Abfallcontainer zu werfen. Seine Gedanken kreisen seitdem darum, daß Autos durch die Scherben Pannen haben, Kinder sich verletzen könnten. Seitdem sucht er bei jedem Gang im Freien zwanghaft nach Scherben.

Wir sehen an diesem Beispiel, daß verschiedene psychische Störungen oft eng miteinander verbunden sind und sich gleichsam gegenseitig stützen. Auch treten Phobien nicht nur dann auf, wenn die Betreffenden etwas unternehmen sollen oder unternehmen. Sie können auch ständig und überall, ganz gleich wie die Betreffenden sich verhalten, ausgelöst werden. Phobien sind das Ergebnis eines fehlerhaften Lernens. Bekannt geworden ist der Versuch, den der amerikanische Psychologe John Broaders Watson Anfang der zwanziger Jahre mit dem elf Monate alten Albert durchführte. Er ließ das Kind einige Wochen lang mit einer weißen Ratte spielen. Eines Tages, als Albert gerade mit der Ratte spielte, erschreckte Watson das Kind durch einen plötzlichen lauten Gongschlag. Albert zuckte zusammen und begann zu schreien. Der Versuch wurde noch ein paarmal wiederholt. Das Kind zeigte von nun an Angstreaktionen, wenn es die Ratte sah. Dann übertrug Albert die Bedrohlichkeit auf ein Kaninchen, auf Hunde und bald auf alle Felltiere, sogar auf einen Bausch Watte. Auch der Anblick von Pelzmänteln versetzte das Kind seitdem in Angst. Wir erkennen, daß ein anfänglich neutraler Reiz durch ein zugleich stattfindendes Schrecksignal in ein Angstobjekt verwandelt werden kann.

Viele Aversionen sind durch solche Konditionierungen entstanden. Wir essen z. B. etwas, und es wird uns – aus welchem Grund auch immer – übel; dann neigen wir dazu, diese Speise und oft auch noch die Gaststätte, in der wir gegessen haben, zu meiden. – Oder wir fahren durch eine Unterführung, und unterwegs wird uns übel. Danach entwickeln wir eine Phobie vor dem Durchfahren von Unterführungen. Wir können aber auch, wie schon erwähnt, unangenehme Gefühle auf ein Flugzeug übertragen und eine Flugphobie entwickeln. Die Beschäftigung mit bedrohlichen Dingen, die uns in einer bestimmten Situation widerfahren könnten, führt zur seelischen Inkubation von Angst. Zumeist sind es vergangene negative Erlebnisse, Gehörtes, Gesehenes oder Gelesenes, gelegentlich sogar ein Traum, der eine Phobie auslösen kann. Jeder Angst- oder Panikanfall kann die Furcht verstärken.

Phobische Angstreaktionen reichen von milder bis panischer Furcht. Phobische Personen meiden in der Mehrzahl die Situationen und Dinge, vor denen sie sich

49

erschrecken und ängstigen. Das kann ihr tägliches Leben erheblich einschränken. So mußte z. B. ein erfolgreicher Angestellter, der im fünfzehnten Stock arbeitete, seinen Job aufgeben, weil er an Höhen- und Fahrstuhlangst litt. Andere suchen einen Arbeitsplatz in ihrer Nähe, weil sie Angst vor dem Autofahren und der Benutzung öffentlicher Verkehrsmittel haben. Ehen können gestört sein oder zerbrechen, wenn er eine phobische Impotenz hat und beide Partner der Auffassung sind, daß diese Phobie kaum zu beheben ist.

Menschen, die unter Phobien leiden, behalten dies meist für sich und verheimlichen ihre Ängste. So kommt es, daß sie oft glauben, sie seien nicht in Ordnung. Sie sehen andere, die in gleicher Situation keinerlei Furcht haben. Häufig bringt es den Betroffenen bereits Erleichterung, wenn sie erfahren, daß Phobien recht verbreitet sind oder ihre Störung als Phobie bezeichnet wird, die sich überwinden läßt.

Verschiedene Psychotherapeuten weisen darauf hin, daß Phobien durch Konditionierung gelernt werden und von daher auch wieder entlernt werden können. Dabei ist allerdings eine noch immer populäre Theorie der Klinischen Psychologie hinderlich, nach der eine Phobie das Symptom eines ihr zugrundeliegenden verborgenen Konflikts in den ersten sechs Lebensjahren sein soll. Solche psychoanalytischen Annahmen sind nicht zu beweisen, die sich darauf gründende Therapie langwierig und nicht selten erfolglos.

Jeder Mensch hat drei grundlegende negative Gefühle: Angst, Wut und Depression. Sie sind weitgehend unabhängig voneinander, was sich z. B. darin zeigt, daß Wut und Depression unter Umständen die Angst verringern können. Jede der Emotionen ist angeboren und nicht dem Willen unterworfen. Als genetische Ausstattung sollen sie Überleben sicherstellen. Das Gefühlszentrum des Gehirns kontrolliert automatisch unsere negativen Gefühle und alle Körper-

funktionen, die uns am Leben erhalten, die Drüsentätigkeit, den Blutkreislauf, Herzschlag, die Verdauung, Ruhe, das Schlafen und Wachsein. Das Denkzentrum des Gehirns ist für alles Denken, Wollen, Planen und Ausführen von Handlungen verantwortlich. Aber selbst bei aller Willensanstrengung können die grundlegenden Operationen des Gefühlszentrums nicht direkt kontrolliert werden. Wir können uns also nicht willentlich von unserer Angst befreien, wie wir auch Angst nicht willentlich erzeugen können.

Die Reaktionen auf eine plötzlich eintretende Gefahr führen dazu, daß das Gefühlshirn je nach der Schwere der Bedrohung zwei Strategien einsetzt. Einmal leitet es große Mengen von Blut aus den Verdauungsorganen ab und führt sie der Skelettmuskulatur der Arme und Beine zu, so daß wir in Wut geraten, uns mit gerötetem Gesicht verteidigen, kämpfen oder fliehen. Zum anderen entzieht das Gefühlshirn bei Situationen, in denen wir weder kämpfen noch fliehen können, dem Gehirn Blut. Es kommt zum Absinken des Blutdrucks im Gehirnbereich, dem dadurch Sauerstoff entzogen wird, so daß wir fröstelnd in Angst geraten und mit fahlem Gesicht in Starre oder Ohnmacht verfallen. Diese Ohnmacht hat nichts mit irgendeiner Krankheit zu tun. Die Ursache ist rein mechanischer Art. Wir kommen aus solcher Ohnmacht schnell heraus, wenn uns jemand einen Schmerzreiz – etwa einen Schlag ins Gesicht oder einen Stoß gegen die Brust – zufügt. Die Ohnmacht als Angstreaktion dient Überlebenszwecken. Die mit der Angst eintretende Blockade des Denkprozesses dient dazu, sich nicht müßigen Spekulationen hinzugeben, sondern die Gefahr abzuwehren oder wegzulaufen.

Für den Abbau der Angst ist u. a. die *Wut* von Bedeutung, steht doch in unserem Nervensystem die Wut mit der Angst in Konkurrenz. Wir können physiologisch nicht gleichzeitig ängstlich und wütend sein. Die Wut ist ebenfalls eine dem Überleben dienende Emotion. Die dabei ausgesandten Botschaften des Gefühlshirns an das autonome Nervensystem dienen dazu, bei Bedrohung maximale Anstrengungen unternehmen zu können. Die Wut beherrscht also die Angst; sie hilft, alles außer acht zu lassen, vor allem Dinge, die uns gewöhnlich in Angst versetzen.

Es gibt verschiedene Angst- bzw. Phobiekombinationen, so zwischen der Klaustrophobie und der Flugangst oder der Klaustrophobie und der Befürchtung, mit öffentlichen Verkehrsmitteln zu fahren. Erst durch eine genauere Analyse der Phobieentstehung und der -situationen lassen sich die Ausgangs- und Folgephobie oder -phobien feststellen. So hat z. B. die Mehrheit derjenigen Personen, die Angst vor einem öffentlichen Auftritt oder einer Rede haben, nicht Angst vor Menschenmengen, sondern Angst, in den Augen des Publikums schlecht oder schlechter als andere abzuschneiden (soziale Angst).

Nach dem Lebensbewältigungsmodell unterscheidet man leichtere und schwerere Phobien. Grundsätzlich sollte man von Phobie im klinischen Sinn erst dann sprechen, wenn sie sich im Alltag behindernd und einschränkend auswirkt. Neben leichteren und schwereren Phobien, Phobiekombinationen, Ausgangs- und Folgephobien gibt es auch noch eine äußerst schwere komplexe Phobie, die das Leben der Betroffenen extrem einschränkt – die *Agoraphobie*.

Agoraphobie

Die Furcht, über einen großen Platz zu gehen, bezeichnet man nach dem griechischen Wort agora für Marktplatz als Agoraphobie. Dieser Begriff ist jedoch mißverständlich. Der Phobiker könnte ja leicht ausweichen und um einen Platz herumgehen. Der Betroffene hat jedoch große Angst, über große Plätze zu gehen und besonders an hohen Gebäuden vorbeizuge-

hen, in Einkaufsläden, in Bürohäuser und insbesondere in überfüllte Kaufhäuser zu gehen, sich in einer Menschenmenge aufzuhalten, auf Bahnhöfen zu sein, Restaurants, Theater, Kinos, Veranstaltungen usw. zu besuchen oder öffentliche Verkehrsmittel zu benutzen. Die Ängste der Agoraphobiker beziehen sich allesamt auf Orte und Situationen außerhalb ihrer Wohnung. Die Betroffenen sind psychisch blockiert und befürchten, daß etwas Schlimmes passiert. Sie geraten in Panik, wenn sie nur an das Verlassen der Wohnung denken. Meistens können sie auch nicht allein in ihrer Wohnung bleiben. Sie brauchen immer eine Person um sich, Menschen, die bei einem Panikanfall Hilfe holen können.

Es gibt in Deutschland etwa 600 000 Agoraphobiker, über zwei Drittel sind Frauen. Interessanterweise leiden unter dieser Störung fast nur Mittelschicht- und Oberschichtfrauen. Sie können es sich „erlauben", agoraphobisch zu sein. Frauen, die für den Lebensunterhalt zu sorgen haben, auch alleinstehende Frauen, die arbeiten müssen, sind selten betroffen.

Die Agoraphobie ist eine Kombination aus allgemeinen sozialen Ängsten, Ängsten vor Menschen und vor Dingen und Orten außerhalb der eigenen Wände. Die Betroffenen können sich in Gesellschaft nicht bewegen, sich nicht mit anderen Menschen treffen, nicht mit ihnen sprechen, arbeiten, essen, Geschäfte machen oder die Freizeit mit ihnen verbringen. Viele Agoraphobikerinnen verlangen, daß ihr Ehemann oder Partner sich nach ihnen richtet, ihnen beisteht und hilft. Sie können nicht allein sein, geschweige denn allein ausgehen. Damit belasten sie die Ehe oder Partnerschaft und stiften Verwirrung in der Familie. Männer leiden gelegentlich auch an einer Agoraphobie; doch leben sie ihre Störung nicht so stark aus wie Frauen. Sie kämpfen unter großer psychischer Anstrengung dagegen an, weil sie größere Angst haben, als Weichlinge und Versager zu gelten.

Wenn jemand längere Zeit unter der Angst vor dem Verlassen der Sicherheit und Geborgenheit des Heims, also unter pathologischen Angstzuständen, leidet, gerät er allmählich in depressive Verstimmungen und in eine reaktive Depression. Manchmal folgen aber auch die agoraphobischen Befindlichkeitsstörungen einer Depression.

> Herr R., 42 Jahre, Postbeamter, litt zwischenzeitlich immer wieder an depressiven Verstimmungen. Als er eines Tages früh morgens zum Dienst gehen wollte, den Bus bestieg, wurde ihm nach kurzer Zeit übel; er geriet in Angst mit allen uns schon bekannten körperlichen Begleiterscheinungen, wie übermäßiges Herzklopfen, Schweißausbruch, Muskelschwäche. Er stolperte zum Fahrer, ließ anhalten, sich mit einem Taxi nach Hause fahren und konnte in den nächsten Tagen nicht mehr aus dem Haus gehen.

Bei der Entstehung einer Agoraphobie lassen sich oft fünf Stadien nachweisen:

- *Panikreaktion.* Der Betroffene erlebt meist in einer Phase körperlicher und seelischer Schwächung oder Labilität in einer bestimmten Situation eigenartige körperliche Zustände, wie einen Schwächeanfall oder Kreislaufstörungen. Damit geht eine Panikattacke einher. Gewöhnlich ist der erste Anfall der schlimmste.
- *Erwartungs- und Vermeidungsangst.* Der Betroffene ist verunsichert und erlebt den Panikanfall so bedrohlich, daß er von dem Gedanken beherrscht wird, einen solchen Zustand nie mehr erleben zu wollen. Er entscheidet sich, alles zu unternehmen, um diesen Zustand zu vermeiden. Zwei Fragen beherrschen sein Denken: Werde ich wieder einen Anfall bekommen? Wie kann ich dies verhindern? Gewöhnlich erkennt er keine Regel, warum Panikattacken auftreten oder nicht. Er ist zunächst bestrebt, die

Situation zu vermeiden. Erwartungsangst bestimmt den Tagesablauf. Die Vermeidung dehnt sich dann auf immer mehr Situationen aus. Schließlich fühlt er sich nur noch zu Hause sicher.
- *Furcht vor dem Verrücktwerden.* Der Betroffene glaubt, er leide an einer schweren geistigen Störung. Er lebt in der Furcht, eines Tages verrückt zu werden. Er fürchtet sich vor seinen Gefühlen, hat Angst vor der Angst und läuft von Arzt zu Arzt.
- *Auslöser Bedrohungsgedanken.* Mit der Zeit genügt schon die Vorstellung der bedrohlichen Situation und des dabei auftretenden Kontrollverlustes, um einen Panikanfall auszulösen.
- *Depression.* Da der Betroffene Angst hat, verrückt zu werden, befürchtet er, daß die Öffentlichkeit dies bemerkt. Er zieht sich in sich selbst zurück und wertet sich immer mehr wegen seiner Unfähigkeit ab. Dabei überbewertet er die Gefährlichkeit von Situationen sowie seiner körperlichen Reaktionen; er wird depressiv.

Die Agoraphobie wird vor allem durch vier Verhaltensweisen aufrechterhalten:

- *Zurückhaltung.* Agoraphobiker sind besonders streßanfällig. Sie reagieren intensiver als andere auf äußere und innere Reize, z. B. Schreck- und Schmerzreize, halten diese Reaktionen länger fest, mobilisieren bei Störungen weniger ihre Bewältigungsfähigkeiten und halten ihre inneren Nöte, negativen Gedanken und Gefühle zurück. Statt sie auszudrücken und anderen mitzuteilen, ergehen sie sich in Besorgtheitsgedanken.
- *Vermeidungs- und Rückzugsverhalten.* Die Betroffenen schränken ihre Aktivitäten zunehmend ein, gehen nicht mehr einkaufen, fahren nicht mehr mit öffentlichen Verkehrsmitteln und dem Auto, benutzen keinen Lift, gehen nicht zu Veranstaltungen, ziehen sich zuletzt ganz in ihre Wohnung zurück.

- *Inanspruchnahme von Helfern.* Agoraphobiker nehmen in verschiedenen Situationen Beistandspersonen in Anspruch. Sie brauchen beim Gang in die Stadt, z. B. beim Einkaufen, eine Begleitperson, beim Autofahren einen Beifahrer. Um in der Wohnung nicht allein sein zu müssen, laden sie sich jemanden ein. Sie haben ständig die Telefonnummer des Hausarztes bei sich.
- *Tabletten und Alkohol.* Die Einnahme von Medikamenten und Alkohol verschafft Ängstlichen vorübergehend eine Erleichterung. Die Mittel können übergangsweise das Ausmaß an Angst reduzieren, führen aber oft zusätzlich zu einer Abhängigkeitsstörung.

Panikanfälle

Mehrmals ist uns bei der Darstellung der Phobien, besonders der Agoraphobie, der Ausdruck *Panik* begegnet. Bei Panikgefühlen treten heftiges Herzklopfen auf, Schwitzen oder Frösteln, Erröten oder Erblassen, Zittern der Hände und weiche Knie, Schwindel, manchmal sogar Ohnmacht. Panikartige Anfälle treten nach Ansicht der Betroffenen plötzlich auf. Sie können sich diese Anfälle in den meisten Fällen nicht erklären. Sie befürchten, schwer krank zu sein und gleich zu sterben. Sie wissen nicht, daß sie von einer angstbedingten Fehldeutung gepeinigt werden. Normale Abweichungen der verschiedenen physiologischen Funktionen, wie etwa übermäßiges Herzklopfen, sind im allgemeinen keine Anzeichen einer gesundheitlichen Störung. Sie werden durch gesteigerte Ängstlichkeit, Befürchtungsgedanken und -vorstellungen erzeugt. Panikanfälle haben in sich die Tendenz zur Wiederholung. Wenn sie mehrmals aufgetreten sind, verfestigt sich dieses Reaktionsmuster wie im folgenden Beispiel:

„Auf dem Heimweg kurz vor der Ecke der Straße, in der sich meine Wohnung befindet, wurde mir schwindelig. Mich erfaßte ein panischer Schrecken. Ich kam nur mühsam zum Haus, schleppte mich bis zu meiner Wohnung, warf mich aufs Bett und war wie benommen. Als ich am nächsten Tag das Haus verließ, um einzukaufen, geriet ich bereits nach wenigen Schritten in Panik. Ich hatte dabei das Gefühl, gar nicht ich selbst zu sein. Alles um mich herum kam mir eigenartig fremd vor. Beim Zurückgehen ging mir dauernd der Satz ‚Ich werde verrückt' durch den Kopf."

Jürgen Margraf und Silvia Schneider haben sich eingehend mit Panikanfällen befaßt und ein fundiertes Buch darüber veröffentlicht (siehe Seite 161). Sie kommen zu folgenden Ergebnissen:
Bei Menschen mit Panikanfällen kann bei der ärztlichen Untersuchung fast nie eine körperliche Ursache für die Angsterlebnisse festgestellt werden. Betroffene berichten, daß sie in der Situation, in der sie panisch reagierten, zunächst gar keine Angst hatten, sondern sehr starke körperliche Symptome, die für sie Anlaß zu großer Sorge waren, sie aber dann in Schrecken und Angst versetzten.
Wenn Angstanfälle im Zentrum der Beschwerden stehen, bezeichnet man diese Störung als *Paniksyndrom.* Etwa 10 % der Deutschen, also etwa 8 Millionen, leiden im Laufe ihres Lebens an spontanen Angstanfällen. Die meisten überwinden sie ziemlich schnell, wiederum etwa 10 % von ihnen geraten in die sich selbst verstärkende Abwärtsspirale einer schweren Agoraphobie oder/und Depression.
Kurz vor und während des Angstanfalls, der durchschnittlich etwa eine halbe Stunde dauert, erleben die Betroffenen verschiedene somatische und kognitive Symptome.

Zu den *somatischen Symptomen* gehören verstärkter unregelmäßiger Herzschlag (Herzklopfen), Schwindel und Benommenheit, Atemnot, Übelkeit oder/und Magen-Darmprobleme, zitternde Hände, Beben des Körpers, Druck oder Schmerzen in der Brust.

Zu den *kognitiven Symptomen* zählen die Angst vor Kontrollverlust, die Angst, etwas Unangenehmes zu tun oder verrückt zu werden, die Angst vor katastrophalen Konsequenzen der wahrgenommenen körperlichen Symptome (Tod durch Herzinfarkt), Sturz bei Schwindel, Depersonalisation und Derealisation.

Nach dem ersten Anfall lenkt der Betroffene seine Aufmerksamkeit nach innen und sucht fortan den Körper nach möglichen Anzeichen drohender Gefahr ab. Diese gesteigerte Suchhaltung und private Selbstaufmerksamkeit lassen die Betroffenen das finden, was sie suchen. Das Herz arbeitet z. B. nicht im gleichmäßigen Takt wie eine Maschine, sondern in einem sensiblen Rhythmus, der auf Umweltveränderungen, deren Wahrnehmung und auf eigene Tätigkeiten anspricht.

Die körperlichen Symptome gehen den Angstanfällen voraus. Oft werden sie von den Betroffenen anfangs kaum bemerkt; sie meinen dann, der Anfall käme „aus heiterem Himmel". Im Durchschnitt treten die Anfälle in mittlerer Stärke auf. Margraf und Schneider haben bei ihrer Arbeit eine Liste von 14 Paniksymptomen in der Reihenfolge ihrer zunehmenden Stärke und entsprechenden Abnahme ihrer Häufigkeit aufgestellt:

Über 50 % der Betroffenen erfahren
- verstärkte beschleunigte Herztätigkeit (Herzklopfen),
- Benommenheit und Schwindel,
- Atemnot.

Bei etwa 30 % der Betroffenen kommt es zu
- Derealisation, depressiven Verstimmungen,
- Magen- und Darmbeschwerden,
- Zittern der Hände und Beben des Körpers,
- Schwitzen,
- Brustschmerzen und Beklemmungen.

Etwa 20 % der Betroffenen beobachten
- Hitze- und Kältewallungen,
- Todesangst,
- Kribbeln der Haut,
- Erstickungs- und Würgeempfindungen,
- Angst, verrückt zu werden,
- Ohnmachtsempfindungen.

Margraf und Schneider konnten bei Panikpatienten keine besonderen disponierenden Persönlichkeitsmerkmale, wie z. B. Passivität, Schüchternheit oder Abhängigkeit, nachweisen. Auch Belege für Ausgangsstörungen in der Kindheit, z. B. durch überbeschützendes Verhalten der Mütter oder instabile Familienverhältnisse, konnten nicht gefunden werden. Nach meinen Beobachtungen spielen eine erhöhte allgemeine Angstbereitschaft bzw. Selbstunsicherheit, eine höhere Sensibilität für äußere und innere Reize, eine Schwäche in der intrapsychischen Verarbeitung und eine geringe Ableitungsfähigkeit, kurz, eine schnellere Verwundbarkeit, eine Rolle. Der Beginn einer Agoraphobie und damit einer Panikreaktion hängt allerdings stets mit Belastungen und Lebensereignissen zusammen, z. B. eigener Krankheiten oder finanziellen Problemen.

Angst und Depression

In den vorigen Kapiteln war schon mehrmals von depressiven Verstimmungen und Depression die Rede. Diese werden nun näher behandelt. Zuvor befassen wir uns mit den Schutz- und Abwehrmaßnahmen der Angst sowie mit den die Angst oft begleitenden Gefühlsregungen des Mißmuts und Mißtrauens. Am Ende des Kapitels werden noch zwei Phänomene behandelt, die eng mit der Depression verbunden sind: die Schuldgefühle und die Suizidgefährdung. Abschließend nehme ich zur Frage der medikamentösen Krisenverordnung Stellung.

Masken der Angst

Bisher habe ich die Ängste, die sich offen im Erleben und Verhalten zeigen, dargestellt. Die meisten psychischen und psychosomatischen Störungen sind angstbedingt, oder sie haben die Angst als Leitsymptom. Klar erkennen läßt sich dies bei den Angststörungen, die man früher als Angstneurosen bezeichnete, und bei der Depression. Weniger offenkundig ist der Zusammenhang mit der Angst bei einer Reihe von anderen psychischen Haltungen und Störungen. Ich bezeichne sie deshalb als Masken der Angst. Mit ihnen schützen wir uns gegen das Ansteigen der Angst, wehren sie gleichsam ab.

Unterwürfigkeit

Die Unterwürfigkeit kann leicht als eine Abwehr der Beeinträchtigung durch Angst erkannt werden. Wir müssen uns in vielerlei Hinsicht auf die Eigenarten und Forderungen der Situationen und der Mitmenschen einstellen und uns ihnen auch anpassen. Ohne ein gewisses Maß von Anpassungsleistungen geraten wir ständig in Schwierigkeiten. Wir müssen einen Kompromiß zwischen unseren eigenen Bedürfnissen und Auffassungen und denen anderer eingehen, sonst ist ein geregeltes

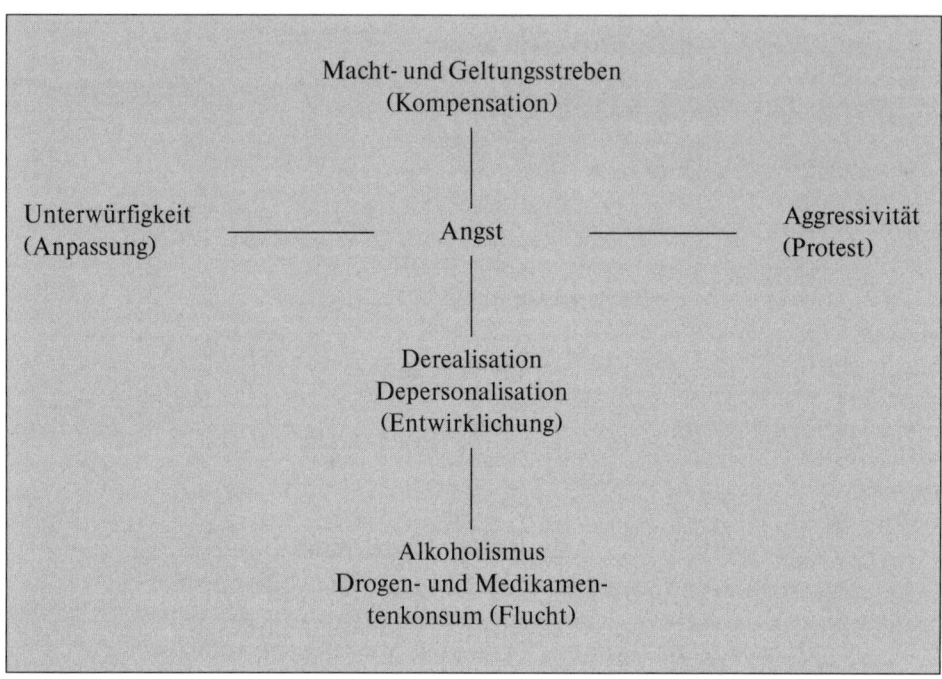

Macht- und Geltungsstreben
(Kompensation)

Unterwürfigkeit   Angst   Aggressivität
(Anpassung)   (Protest)

Derealisation
Depersonalisation
(Entwirklichung)

Alkoholismus
Drogen- und Medikamen-
tenkonsum (Flucht)

Abbildung 8

Zusammenleben erschwert. Wenn hier aber von Anpassung gesprochen wird, dann im Sinne des ständigen Nachgebens, der Unterordnung und Unterwürfigkeit. Der Unterwürfige betont seine angstbesetzte Persönlichkeitsschwäche durch den dauernd akzentuierten Hinweis auf die Wertüberlegenheit der anderen. Bei seiner Geste eigener Herabsetzung schielt er zugleich nach einer Anerkennung für seine Selbstabwertung und dienernde Haltung. Aus der Sozialpsychologie wissen wir, daß Kommunikation unter „Ungleichwertigen" komplementär verläuft, d.h. unterwürfiges Verhalten führt regelmäßig zu sich steigerndem dominantem Verhalten auf der anderen Seite.

Die Unterwerfung schützt die ängstliche Person vor körperlichen und seelischen Verletzungen. Indem der Betreffende sich Menschen und Institutionen im Verzicht auf Eigenbestimmung unterwirft, die eigenen Wünsche zurückstellt und sich den Verhaltensregeln einzelner Gruppen, Insti-

tutionen oder autoritärer Personen blind unterordnet, erreicht er die Sicherheit des Mitläufers.

Unterwürfigkeit und Machtstreben stehen als Versuche, die eigene Schwäche, Angst und Isolation zu überwinden, in einem hintergründigen Zusammenhang. Gefügigkeit und Unterwürfigkeit können als Schutzmaßnahme gegen die Verwundbarkeit des erschütterten Selbstwertgefühls und als Flucht vor der Verantwortung und eigenen Selbstgestaltung angesehen werden.

Mit dem fortschreitenden Rückzug der Selbstbestimmung und Selbsttätigkeit sind bestimmte Gefühlszustände verbunden. Ausgangsstimmung ist eine sich ausbreitende Unsicherheit gegenüber den Anforderungen der Mitwelt und des Lebens überhaupt. Von der Verhaltensmaxime „Was nützt mir schon alle Anstrengung?" bis zur völligen Lethargie gibt es mannigfache Spielarten des resignierenden Verhaltens. Hierher gehört die Flucht in die *Trägheit.* Der Mensch rafft sich immer seltener dazu auf, sich den Anforderungen der Umwelt und Gemeinschaft zu stellen. Er flüchtet in das unverbindliche Erinnerungsfeld der Vergangenheit. Durch diese Verlegung des Lebensschwerpunktes entgeht er den Gegenwartsproblemen. Das Refugium der eigenen Vergangenheit ist aber bald nach allen Richtungen hin durchschritten. Es bietet keinen Anreiz zum Aufenthalt und zu neuen Entdeckungen mehr. Nun wird auch dieses Stück Welt schaler, und mit der Verödung der Welt verarmt auch das Innenleben weiter.

Solange der Mensch noch auf dem Wege und aktiv ist, die reale Möglichkeit eines Erfolgs seiner Bemühungen erfaßt, begleitet ihn das Gefühl der Hoffnung. Anders ist es, wenn er die Unüberwindbarkeit der Hindernisse erkennt, sich von der Aussichtslosigkeit des Suchens, der Nutzlosigkeit des Bemühens überzeugen muß, dann macht sich das Gefühl der Hoffnungslosigkeit breit. Im ersteren Falle spornt ihn das Gefühl an, im letzteren verstärkt es seine Tendenz zum Aufgeben, zur *Resignation*. Während wir bei dem resignierenden Menschen immer noch die gefühlsmäßige Beteiligung, wenn auch im Sinne der Enttäuschung, der Unlust oder des Mißmuts, feststellen, finden wir bei den in *Apathie* verfallenen Menschen bereits einen fortgeschrittenen Abbau der Teilnahme, Aktivität und eigenen Lebensgestaltung. Ein solcher Mensch wird zunehmend antriebs- und teilnahmslos. Er fühlt sich leer und ausgebrannt. Doch auch den geistig Schaffenden überfällt gelegentlich eine solche Zeit der Leere, des Ausgebranntseins. Es sind Tiefpunkte des Erlebens, aus denen ihn dann meist plötzlich und unvorhergesehen der Lichtstrahl einer neuen Erkenntnis, einer neuen Konzeption, eines neuen Werkes zu neuem Leben erweckt und emporhebt.

Durch den Abbau eigenverantwortlicher Lebensgestaltung verarmt der Unterwürfige innerseelisch. Oft geht der Abwärts-

prozeß bei länger andauernder Selbstverleugnung weiter. Über die Resignation verfällt er der Apathie, Gefühlsverarmung und Depression, ein Prozeß, der in seinem Endstadium zum „lebenden Leichnam" führt.

Menschen, die von einem Gefühl der Zwecklosigkeit des eigenen Lebens erfüllt sind, können aus dieser Haltung heraus auch leicht sadistische Züge entwickeln. Solche vom Ressentiment bestimmten Menschen können anderen ihr Glück nicht verzeihen. Der Triumpf über andere ist die erstrebte Betäubung der eigenen Niederlage und Leere. Andere zu unterjochen, Macht über die Opfer zu gewinnen, ist für sie von größerer Bedeutung als das Interesse am eigenen Leben.

Viele der hier aufgezeigten Prozesse können akut, vorübergehend, zyklisch oder chronisch, d.h. sich über längere Zeit erstreckend, auftreten.

Macht- und Geltungsstreben

Die Macht, im äußeren Erfolg des Besitzes oder in der sozialen, politischen oder geistigen Überlegenheit, ist ein mächtiger Schutz gegen Angriffe und damit selbst eine Angriffswaffe. Dieses Streben sollte nicht mit den Grundbedürfnissen nach Erfolg und sozialer Beachtung verwechselt werden. Alle sekundären, abgeleiteten, reaktiv entstandenen Tendenzen zeichnen sich durch die Momente der Übersteigerung und des Scheins aus. Bei der Macht kommt es also weniger auf die tatsächlich erlangte Machtstellung, sondern in erster Linie auf die mit ihr verbundene Geltung an; die Gebärde wird hier zum eigentlichen Motiv. Von daher ist auch das andere Moment der Übersteigerung zu verstehen, das Theatralische. Die außerbewußte Regie treibt uns in die Pose dessen, der von sich sagen kann, daß alles ihm zu Füßen liegt. Im Hintergrund einer solchen Haltung stehen die Angst, das Gefühl der Minderwertigkeit, die Schwäche. Im Hintergrund des

Machtstrebens steht die Befestigung der eigenen Position, sie führt notwendig zur Lockerung oder Auflösung des mitmenschlichen Kontaktes.

Das Streben nach Macht ist auf dieser Ebene jedoch nicht nur eine Abwehr, sondern zugleich eine Ableitung der unterdrückten Feindseligkeit. Eine solche Macht schützt den Menschen gegen seine Hilflosigkeit, sie verschafft ihm den Schein der Selbstachtung. Diese Menschen sind nicht mehr frei in ihrem Handeln und Sich-Geben; ein innerer Zwang bestimmt ihr Tun; sie müssen Eindruck machen, bewundert werden. Dabei befürchten sie dauernd Demütigungen; und diese Befürchtungen lassen sie nie zur Ruhe kommen. Das Prestigebedürfnis hält sie in gespannter Wachheit. Besitz ist nicht mehr etwas, das zur Verantwortung aufruft, sondern nur noch ein Mittel zur Machterlangung. Hinter dieser Tendenz steht die Furcht vor Verarmung und Entbehrung.

Das Machtstreben dehnt sich auch auf Bereiche aus, die ursprünglich der Macht grundsätzlich fern stehen. So wird unter dem Zugriff des Machtstrebens die Liebe zur Liebesforderung, zur despotisch-egoistischen „Liebe". Der Mensch liebt nicht mehr aus einer inneren Freiheit und einem inneren Überfluß heraus. Kennzeichen seiner Liebeszuwendung ist nicht mehr die schenkende Begegnung, sondern der durch sie zu erreichende Machtgewinn. Liebe, die in ihrer höchsten Form freilassende Liebe ist, wird zur fordernden Liebe. Sie hat wie alle Psychismen zwanghaften Charakter. Oft sind die frei hingebende Liebe und diese zwanghafte Liebeszuwendung im äußeren Verhalten nicht gleich zu unterscheiden. Erst die genauere Beobachtung zeigt dann das Fordernde, Aufdringliche, aber auch die ängstliche Besorgtheit und Kleinmütigkeit der zwanghaften Liebeszuwendung.

Menschen, die unter solchem Zwang Liebe verlangen, sind ängstlich darauf bedacht, überall zu gefallen und beliebt zu sein. Hinter der großen Empfindlichkeit steht die latente Feindseligkeit, die keine echte Liebesbeziehung gestattet. Der andere wird gleichsam liebend vereinnahmt. Im Gegensatz zu der echten Liebe, die sich durch ein Gefühl warmer Zuneigung, Verläßlichkeit und Beständigkeit des Gefühls auszeichnet, ist dieser Liebesbezug leicht irritierbar, unberechenbar und maßlos. Solche Menschen leben in der ständigen Furcht vor Verlust des „Besitzes", das Gefühl der Eifersucht läßt sie nie zu einem beglückenden Vertrauen kommen. Ängstlich überwachen diese Menschen das Leben und die Beziehungen des von ihnen „geliebten" Partners. Sie verlangen von ihm, alle Beziehungen abzubrechen und sich nur noch ihnen zu widmen. Das Motto „Ich liebe Dich innig, darum mußt Du mich auch lieben und mir zuliebe alles aufgeben" ist der Versuch, durch Bestechung Liebe zu erlangen. Aber auch in der Berufung auf das Mitleid oder die Gerechtigkeit kann sich die Forderung geltend machen: „Du sollst mich lieben; denn ich leide und bin hilflos" oder „Ich habe so viel für Dich getan. Wenn Du ein guter Mensch sein willst, mußt Du Entsprechendes für mich tun." Am deutlichsten zeigt sich die Forderung in der Erpressung, in der Drohung, sich etwas antun zu wollen: „Wenn Du mich nicht liebst, dann nehme ich mir das Leben."

Aggressivität

Die meisten Forscher nehmen an, daß die Aggression kein (angeborener) „Trieb" ist. Vielfältige Untersuchungen, vor allem an Kindern, haben ergeben, daß eine ganze Reihe von Situationen, z. B. länger andauernde Demütigungen, Nichtbeachtung oder autoritäre lieblose Erziehung, die Frustrations- und Aggressionsbereitschaft erhöhen und zu aggressiven Handlungsweisen drängen können. Die Aggressionsbildung vollzieht sich nicht bewußt.

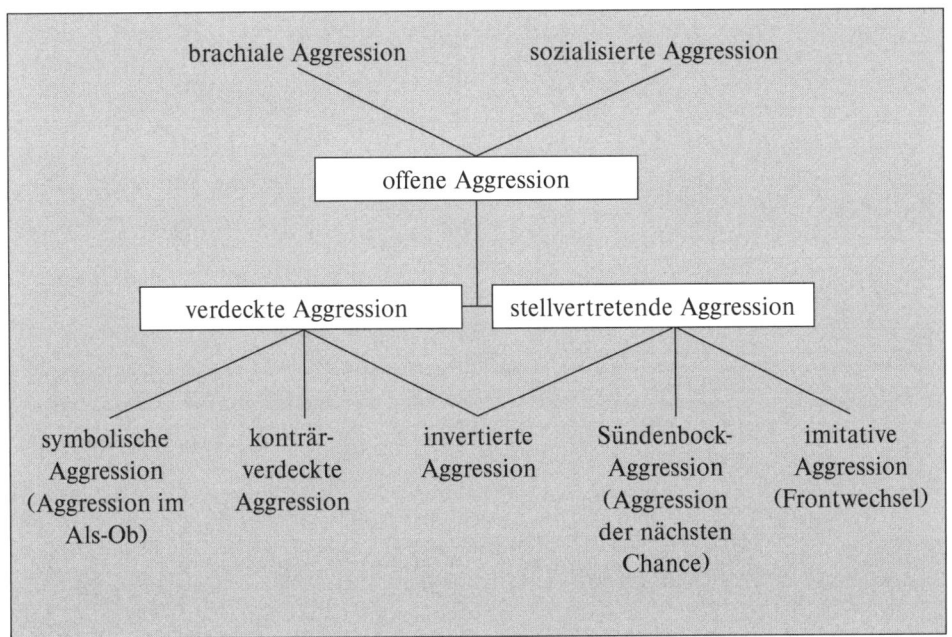

Abbildung 9

Der *offenen* Aggression stehen die *verdeckte* und die *stellvertretende* Aggression mit ihren jeweils spezifischen Formen gegenüber. Die Reihenfolge der Aggressionsformen ergibt sich aus Abbildung 9.

Unter einer *offenen Aggression* versteht man alle Handlungen, die sich als direkter Angriff auf Bestand und Wert einer Person oder Sache erweisen, die als Hindernis der Selbstentfaltung erlebt werden.

Auf primitiver Stufe steht die Anwendung von Gewalt. Wir sprechen von *brachialer Aggression* und fassen darunter alle körperlichen Aktionen wie Schlagen, Stoßen, Treten, Zerstampfen, Zerreißen, Beißen usw. zusammen. Im Kindesalter und im Affekt des Erwachsenen sind dies natürliche Formen der Spannungslösung. Es sollte jedoch zwischen blinden Aggressionen und gezielten Aggressionen unterschieden werden. Oft sind die ersteren als reine Entladung, als Folge einer Affektsummierung zu verstehen. Häufig wird der innere Druck am nächstbesten Objekt ausgelassen. Bekannt ist bei familiären Szenen das Zerschlagen des Geschirrs und Mobiliars. Die Sinnlosigkeit des Tuns wird dadurch offenbar, daß der Aggressive nach einem solchen Anfall selbst für die Zerstörung seines Eigentums aufkommen muß und nach der augenblicklichen Entspannung meistens das Vorgefallene bedauert oder sogar bereut.

Durch die Erziehung übernimmt der Mensch die kollektiven Verhaltensnormen, welche die brachiale Gewalt im allgemeinen verurteilen. Es kommt zu den *sozialisierten Aggressionen*, d.h. die aggressiven Tendenzen werden in die verbale Sphäre transformiert.

Diese verbalen Aggressionen können offen, aber auch eher verdeckt und letztlich unter der Maske des Wohlwollens versteckt sein. Wir kennen die Drohung, Beschimpfung, Verwünschung und Verfluchung; zur zweiten Gruppe rechnen wir das Bewitzeln, Sticheln, Kritisieren, Heruntersetzen und, mehr getarnt, das Gerüchte-Verbreiten und die anonyme Mitteilung. Durch eine „wohlgemeinte" Nebenbemerkung versteht es der Aggressive, getarnt und hintenherum der Stellung und dem Ruf des anderen zu schaden. Nur die erste Gruppe gehört zu den offenen Aggressionen.

Als zweite Aggressionsgruppe sind die *verdeckten Aggressionen* zu nennen. Bei ihnen ist die Richtung oder Spitze der Aggression nicht so klar erkennbar. Wenn eine Freundschaft oder Partnerschaft für jemanden enttäuschend verläuft, zerreißt er manchmal ein Erinnerungsfoto, zerstört ein erhaltenes Geschenk, tilgt alle angenehmen Erinnerungen, sieht den anderen – gleichsam in symbolischer Vergeltung – in schwierigen Lagen (Krankheit, Unfall, Tod). Wir bezeichnen solche Vorstellungen als *symbolische Aggressionen*.

Während bei der symbolischen Aggression das Aggressionsziel zum Teil verdeckt erscheint, ist bei der nächsten Form – der *konstär verdeckten Aggression* – auch die Aggressionstendenz selbst verhüllt, ja darüber hinaus äußerlich (d.h. im Verhalten) geradezu in ihr Gegenteil abgewandelt. So ist die verzärtelnde, überängstliche Erziehung recht häufig der Ausdruck einer verborgenen Ablehnung. Eine junge Mutter ist beispielsweise durch ihr Kind zu stark an das Haus gefesselt und kann den Verlust ihrer Selbständigkeit nicht verwinden. Von dem entfremdeten Mann kann sie sich wegen des Kindes nicht so leicht trennen. Alle diese Momente bestimmen sie, das Kind abzulehnen. Das Bewußtsein und die Moralität lassen jedoch nicht zu, daß sich diese Regungen frei äußern. Sie verstärken die sozial anerkannten Formen der Mütterlichkeit, so daß die zugrundeliegende Ablehnung von der Mutter selbst nicht mehr erkannt werden kann. Es entwickeln sich in der Persönlichkeit Haltungen und Verhaltensweisen, die gewissen, teilweise verdrängten Neigungen oder Wünschen entgegengesetzt sind. Auf diese Weise wird die Verdrängung getarnt.

Stets, wenn wir im Gespräch feststellen, daß ein sozial anerkannter Zug übertrieben wird (übertriebener Moralkodex, peinliche Ehrlichkeit, übertriebene Rücksicht auf andere, betonte Demut, übertriebene Freundlichkeit, übertriebene Ordnung usw.), liegt der Verdacht nahe, daß ein entgegengesetzter, teilweise verdrängter Zug wirksam ist.

Die Aggression kann sich aber nicht nur in ihrer Thematik, sondern auch in ihrer Richtung umkehren und auf das Subjekt beziehen. Vorformen dieser *invertierten Aggression* kann man gelegentlich schon früh im Kindesalter erkennen, wenn das Kleinkind die Nahrungsaufnahme und -verwertung verweigert. Die Aggression richtet sich hier also gegen das eigene Wachstum. Auch Mißgeschicke, wie Krankheiten und Unfälle, sind nicht lediglich nur auf äußere Umstände zurückzuführen; sie sind häufig außerbewußt gewählt und erweisen sich oft als Selbstbestrafungen.

Warum der eine Mensch in der gleichen oder ähnlichen Situation mehr auf die ausgreifende, der andere mehr auf die selbstzerstörende Aggression verfällt, ist noch nicht geklärt. Sicher spielen hier konstitutionelle Momente und die Art und Weise der frühkindlichen Erziehung (Härte – Verwöhnung) eine bedeutende Rolle.

Der extremsten Form einer invertierten Aggression begegnen wir in der *Selbsttötung*. Diese kann einmal durch den Verlust eines geliebten Menschen oder Objekts, andererseits durch den lastenden Druck der Umwelt ausgelöst werden. Im ersten Fall läßt sich der Suizid als Ergebnis einer Identifizierung mit dem Verlorenen, im zweiten als eine gegen die eigene Person gerichtete Aggression interpretieren. So beweisen ethnologische Erhebungen, daß bei vielen Stämmen die Selbsttötung mit dem Ziel verübt wird, ein verlorenes Liebesobjekt wiederzugewinnen. Die beiden Hauptmotivationen der Selbsttötung sind in Abbildung 10 (nach A. Garma) veranschaulicht.

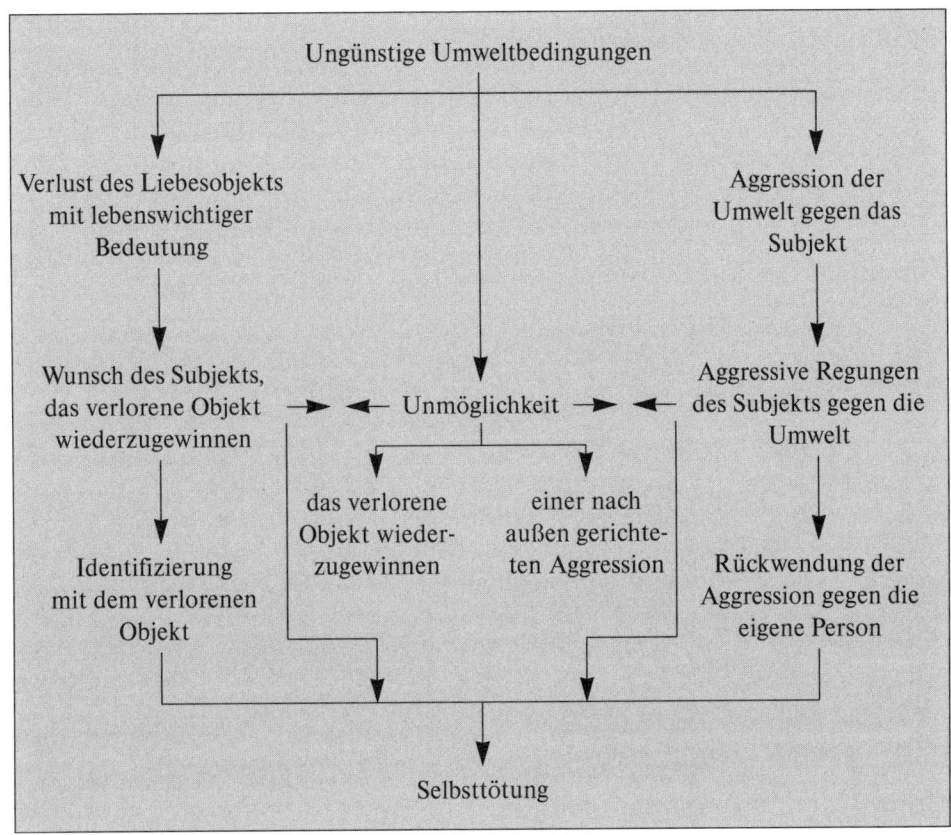

Abbildung 10

Die invertierte Aggression mit ihrem Grenzfall des Suizids ist eine Sonderform der verdeckten Aggression. Verdeckt ist sie insofern, als normalerweise die Aggression nach außen auf die beeinträchtigende Sache oder Person gerichtet ist. Andererseits tritt aber hier die Eigenperson als stellvertretendes Angriffsobjekt leidend in Aktion, so daß die invertierte Aggression zugleich als eine Sonderform der nun zu behandelnden dritten Gruppe von Aggressionen – der *stellvertretenden Aggression* – erscheint.

Wo die Aggression durch verschiedene Umstände nicht zu ihrer ursprünglich adäquaten Entäußerung, zum Angriff auf die beeinträchtigenden Personen und Sachen, gelangt, läßt sie sich häufig an leichter zu erreichenden anderen Objekten aus.

Wir bezeichnen diese Aggression als stellvertretende Aggression. Beispiele sind der von seinem Vorgesetzten Zurechtgewiesene, der seinen Ärger und seine Verbitterung an der Familie ausläßt, oder der abgewiesene Freier, der sich an anderen Mädchen rächt oder – beeinflußt durch die symbolische Entsprechung von Liebe und Feuer, Liebesbrunst und Feuersbrunst – das nächstgelegene Gehöft oder Haus anzündet. Oft richtet sich die Aggression gegen ein Kollektiv, gegen Anders- und Fremdartige, und hier wieder – nach dem Prinzip der nächsten Chance – gegen eine Minorität (*Sündenbockpraxis*).

Wenn der Aggressionsdrang kein geeignetes Objekt findet, so kann das vielleicht anlaßgebende Objekt im Sinne eines Aggressionszieles umgeformt werden.

Recht häufig finden wir diese Art der selbstveranstalteten Aggressionsszene im Bereich geistiger und ideeller Auseinandersetzungen. Der Gegner wird unvollständig zitiert, seine Argumente und Bedenken werden unterschlagen, um ihn dann leichter angreifen und „fertigmachen" zu können. Einer eigenartigen Form begegnen wir in der *imitativen Aggression*. In Gefangenenlagern kann man immer wieder beobachten, daß nach einiger Zeit einige Gefangene das Gebaren der Wachmannschaften übernehmen (Frontwechsel). Sobald neue Gefangene eintreffen, schikanieren sie diese und übernehmen die brutale Haltung ihrer Quäler. Die überstarke Aggression gegen die Wachmannschaft hat sich umgekehrt und von ihnen selbst Besitz ergriffen. Die innere Dynamik dieses Vorgangs ist zur Zeit noch nicht restlos geklärt.

Derealisation

Unter diesem Begriff versteht man einige psychische Prozesse, die die Wirklichkeit jeweils besonders in Richtung einer subjektiven Paßform ab- und verwandeln. Wenn wir ein erstrebtes Ziel nicht erreichen, empfinden wir dies als Niederlage, und unsere Selbstachtung ist bedroht. Gegen die Gefährdung verteidigt sich der Mensch sehr oft durch das *Rationalisieren*. Dieser Prozeß ist nicht mit der Lüge zu verwechseln, denn die Personen sind sich der Unwahrheit ihrer Einstellung und Aussage nicht bewußt. Sie täuschen sich selbst. Eine Täuschung anderer muß dabei nicht notwendig mitgegeben sein. Im Gespräch erkennen wir die Rationalisierung vor allem daran, daß die vorgebrachten Gründe der Überzeugungskraft entbehren, daß sie überhaupt nur zögerlich geäußert, dann aber oft im Brustton der Überzeugung angeboten werden.
Am bekanntesten sind zwei Formen des Rationalisierens, die man anschaulich mit den Kennworten Saure-Weintrauben- und Süße-Zitronen-Einstellung bezeichnet hat.

Ein Mädchen wird beispielsweise von seinem Freund „versetzt", die Kränkung bedroht das Selbstwertgefühl. Die rationalisierende Verteidigung befreit von dem Druck: „Die Heirat in einer so unsicheren Zeit wäre ein zu großes Wagnis", „überhaupt hat man als alleinstehende Frau viel mehr Freiheiten" usw. Das nicht erreichte Ziel wird also verkleinert. Die Weintrauben, die der Fuchs nicht erreichen kann, sind ja sowieso sauer. Als der Fuchs nun tatsächlich saure Trauben findet, erklärt er, sie seien in Wirklichkeit süß; gerade diese Sorte habe er gesucht: die Zitronen sind süß. Hier wird also nicht nur die Erwünschtheit des Ziels verkleinert, sondern gerade umgekehrt wird auch noch die Erwünschtheit der augenblicklichen Lage überhöht.
Wir haben im allgemeinen die Tendenz, unsere augenblickliche Lage, Stellung und Bedeutung zu überschätzen. Die meisten Menschen sind davon überzeugt, daß ihr Heimatort, ihre Schule, ihre Konfession, ihr Land in der besten Verfassung sind. Diese Vorurteile versteifen sich im Laufe der Zeit immer mehr und machen die Betroffenen blind für eine gerechte Beurteilung des Fremden.
Das Positive des Rationalisierens liegt in der Anpassung an die augenblickliche Situation; ihre Gefahr liegt im Erschweren der Selbstfindung und des echten sozialen Kontakts. Bewirkt der vorübergehende Anpassungserfolg, daß die Anpassung bei immer mehr auftauchenden Situationen in Aktion tritt, daß sich die vorübergehende Anpassungsweise zu einem verfestigten Anpassungsstil oder Reaktionssystem ausformt, so wird die Persönlichkeit im Laufe der Zeit in ihrer Beweglichkeit immer mehr beschränkt. Es bilden sich Reservate unaufhebbarer „Überzeugungen" und Vorurteile, die den Menschen in seiner Freiheit zunehmend einschränken.
Im Rationalisieren messen wir begrenzten Erfahrungen und Erlebnissen eine Bedeu-

tung bei, die sie an sich nicht haben. Die eingebildeten Erklärungen und Verallgemeinerungen sichern unser gefährdetes Selbstgefühl.

Eng verwandt mit dem Rationalisieren ist die *rationale Verabsolutierung*. Gerät ein Mensch bei Auseinandersetzungen mit anderen häufig außer Kontrolle, dann ist er geneigt, diese Schwäche auf eine allgemeine These zu bringen: Der Mensch ist eben ein Triebwesen.

Das Ziel der *Identifikation* – einer der ursprünglichsten Psychismen überhaupt – liegt im Umgang mit bzw. in der Abwehr von angsterregenden Objekten der Außenwelt. Bei der Identifikation übernimmt der Mensch etwas von der gefürchteten Person und verarbeitet auf solche Weise ein eben vorgefallenes Angsterlebnis. Der Bedrohte verwandelt sich auf diese Weise zum Bedroher.

Aufgrund der Identifizierung ist es dem Menschen auch möglich, eine Unzulänglichkeit auszugleichen, indem er sein Verhalten an einem bewunderten Menschen ausrichtet. Auf diese Weise gelingt es ihm gleichzeitig, sein Minderwertigkeitsgefühl zu überwinden und sein Selbstwertgefühl zu steigern. Auf der anderen Seite bewirkt die Identifizierung oft eine stellvertretende Befriedigung blockierter Bedürfnisse.

Weit verbreitet ist trotz – oder vielleicht gerade wegen – oft vorliegender Ehestörungen die Identifizierung der Frau mit ihrer Ehe. Solchen Frauen fehlt die Eigengestalt, sie sind die Ehe, was sich nach außen darin kundtut, daß sie nur in der Wir-Form von sich sprechen. Andere Identifizierungen liegen dort vor, wo sich eine Frau mit ihrer Kleidung, ein Mann mit seiner Krawatte, seinem Titel, seiner Partei identifiziert.

Bei der *Projektion* übertragen wir eigene negative Einstellungen, Absichten, Gefühle und Eigenschaften auf andere. Zur Projektion neigen vor allem mißtrauische, eifer-süchtige und fanatische Menschen. Pathologisch gesteigert finden wir die Projektion im Beziehungswahn oder in der Paranoia.

Die Projektion spielt im zwischenmenschlichen Kontakt eine große Rolle. Sehr oft werden eigene Unzulänglichkeiten, z. B. die eheliche Untreue oder der geheime Wunsch dazu, in den Partner hineingesehen. Auf diese Weise wird eine außerbewußte Schuldenentlastung inszeniert, oder das eigene Tun wird als Antwort und Vergeltung gerechtfertigt. Zu welchen Folgen die unerlöste Verstrickung in die sexuelle Sphäre führen kann, zeigen die grausigen Hexenverbrennungen des Mittelalters und der beginnenden Neuzeit.

Außer bei tiefer gelagerten Projektionen, wie z. B. der Rechtfertigung des Verhaltens (besonders des Versagens) durch den Hinweis auf die Vererbung, die „Verführung durch die Frau", die Ungerechtigkeit des Prüfers, konstatieren wir den Vorgang der Projektion bei allen möglichen Mißgeschicken. Hier wird dann auch oft die Schuld einem unbelebten Gegenstand zugeschoben. Beispielsweise stoßen wir an einen Stuhl und sind geneigt, nicht uns selbst, sondern den Stuhl dafür verantwortlich zu machen. Oder wir schlagen beim Tennisspiel daneben, schauen dabei fragend auf den Schläger oder den Ball.

Die Projektion ist in vielen Fällen eine Scheinverteidigung; sie gestattet dem Menschen eine oberflächliche Seelenruhe, behindert aber die Selbstfindung und echte soziale Anpassung.

Bei der Projektion benutzen wir die Mitwelt als Spiegel unserer Wesenszüge, wobei wir die Spiegelung für das Wesen der anderen halten; wir setzen im anderen Menschen die eigene Psychologie voraus, sind der Ansicht, daß alle unsere Vorlieben und Abneigungen, Sympathien und Antipathien zu teilen haben. So wie der Verliebte überall sein Echo vernimmt, so bewegt sich der projizierende Mensch im Grunde nur in seiner Eigenwelt, ohne je den Eigengehalt des ihn Umgebenden zu erkennen.

Das Phänomen der Projektion ist im Zusammenleben der Menschen und Menschengruppen von sehr großer Bedeutung. Im primitiven Erleben wird kein besonderer Unterschied zwischen Körperlichem und Gedanklichem gemacht. So kommt es, daß man hier ohne Unterschied körperliche und seelische Lasten einem anderen aufladen kann. Ein berühmtes Beispiel einer solchen Zeremonie findet sich in der Bibel: Am Tage des Versöhnungsfestes wurden einem lebendigen Bock durch einen Priester die Missetaten der Kinder Israels aufgeladen. Nach dieser symbolischen Schuldübertragung wurde der Bock in die Wüste geführt und seinem Schicksal überlassen; das Volk fühlte sich von der Schuld befreit (3. Mose 16). Diese Tendenz, unsere eigene Schuld auf andere, den Sündenbock, abzuladen, ist auch in der heutigen Gesellschaft weit verbreitet.

Der amerikanische Psychologe Gordon W. Allport ist diesem Phänomen nachgegangen. Er stellt fest, daß die Tendenz, andere für unsere Mißgeschicke verantwortlich zu machen, in Zeiten der Depression, bei Krieg, Hungersnot, Revolution oder schlechter Geschäftslage außerordentlich verstärkt wird. Die Treibjagd auf Sündenböcke hat ihre Vorstufe in der Parteilichkeit, dem Vorurteil und der Diskriminierung. In der Diskriminierung wird das Vorurteil bereits in die Tat umgesetzt; die Abgelehnten werden ausgeschlossen. In der Treibjagd kommt es dann zu Angriffshandlungen in Wort und Tat.

Den Hintergrund für diese Praktiken bilden stets Schuldgefühle, Furchtzustände und ein kompensierendes übersteigertes Selbstbewußtsein. Ihrem Einsatz liegt die primitive verallgemeinerte Denkweise zugrunde, die das stets komplexe Geschehen und Ursachennetz auf einige wenige Hauptfäden reduziert. Damit wird es für die Gruppe zugleich greif- und angreifbarer.

Einer anderen Form der Entlastung begegnen wir beim Pläneschmieden, Projektemachen und *Tag- und Wachträumen*. Was in der realen Wirklichkeit nicht ausgelebt werden kann, findet seine Nachholung im Traum. Aber auch im Tageserleben – in der phantasierenden Erledigung – kann sich diese Entlastung vollziehen.

Wie im Schlaftraum, so finden wir auch im Wachtraum eine Abkehr von der Außenwelt. Der Träumer versinkt in sich, gibt sich der eigenen Erlebniswelt hin. Im Unterschied zum Schlafträumer hat der Wachträumer meist noch ein Situationsbewußtsein, d.h. er weiß, wo er ist und daß die aufsteigenden Bilder Phantasieprodukte sind. Das Wachträumen ist dem hellen Tagerleben näher; die Motive sind durchsichtiger als im Traum; es kommt selten zu unlogischen Bildverbindungen. In der Regel sind die wachgeträumten Situationen real möglich, wenn auch gelegentlich Übersteigerungen vorkommen. Der Wuscherfüllungscharakter läßt sich bei den meisten Wachträumen deutlich aufzeigen. Situationen, in denen die Klarheit des wachen Erlebens herabgemindert ist, sind wachtraumfördernd (Dämmerung, Dunkelheit, Müdigkeit, einförmige, vor allem rhythmische Geräusche wie Wellen, Eisenbahnfahren, sanfte Musik, langweilige Vorträge).

Das Tagträumen kann sich nach einer Reihe von Entmutigungserlebnissen einstellen. Die reale Bedürfnisbefriedigung findet in Tagträumen ihren Ersatz in der seelischen Selbstbefriedigung.

Wie alle Erlebnisweisen des Menschen stellt diese eine Gefahr, aber zugleich auch eine Chance dar. Zur Gefahr wird diese Erlebnisweise, wenn der Tagtraum zur Flucht wird. Die positiven Möglichkeiten liegen in der schöpferischen, ekstatischen oder denkerischen Versunkenheit, aber auch dort, wo der Wachtraum als eine vorübergehende Erscheinung die Anpassung an die Realität vorbereitet und ermöglicht.

Der Wachtraum hat in Notzuständen eine bedeutende lebenserhaltende Funktion. Wenn sich beispielsweise einige Leute in der Gefangenschaft zusammentun und sich wochenlang mit der Konstruktion von Einfamilienhäusern befassen, bei denen alles Gemütliche und Behagliche von ganz besonderer Bedeutung ist, so läßt sie diese Arbeit leichter über ihr Los hinwegkommen.

Depersonalisation

Der Begriff der Depersonalisation wird hier nicht im engen psychiatrischen Sinne verwendet. Die so geartete Persönlichkeitsspaltung ist gleichsam der letzte Schritt im stufenreichen Prozeß der Entpersönlichung. Die Depersonalisation reicht mit vielen ihrer Besonderheiten in das normale Alltagsleben. Sie ist ein Psychismus der Spannungsreduktion und darüber hinaus ein allgemeiner seelischer Vorgang, der die Existenz der Persönlichkeit, ihren Selbstwert in tatsächlich oder scheinbar bedrängender oder bedrohender Situation aufrechtzuerhalten und zu retten vermag. Während sich der Mensch in der Derealisierung durch die Entwirklichung seine Welt sichert, versucht er es in der Depersonalisation durch die Entwirklichung seiner Person. Beide Formen sind Ausdruck eines gleichen Grundvorgangs; einmal liegt der Akzent der Verwandlung mehr im Objekt, das andere Mal mehr im Subjekt.

Eine erste Art, der inneren oder äußeren Bedrängnis bzw. Angst auf diesem Wege zu entfliehen, kennzeichnen wir als *Betäubung*. Um der inneren Auseinandersetzung auszuweichen, kann man sich in die kleinen und großen Abenteuer des Alltags stürzen, in die Ablenkung und Zerstreuung. Eine gänzlich andere Form der Selbstflucht liegt dann vor, wenn man sich von jeglicher Beziehung, Teilnahme an außenweltlichem und mitmenschlichem Geschehen auf die isolierte Existenz der eigenen Person zurückzieht. Daß solches Tun „Selbst-flucht" ist, obwohl sich der Mensch doch gerade auf dieses „Selbst" zurückzieht, wird verständlich, wenn man bedenkt, daß seelisches Leben sich nur in der Kommunikation mit anderen vollzieht, ja in dieser Kommunikation selbst begründet ist. Der Abbau der Beziehung zu anderen ist also im tieferen Sinne eine Flucht, ja eine Selbstflucht, die stets mit Angst gekoppelt ist. Die soziale Beziehung wird völlig aufgegeben, der Mensch flüchtet in künstliche Paradiese, wie z. B. in den Drogenrausch oder in die Fernseh- und Videosucht, einer heute weit verbreiteten Form der Betäubung. Diese Betäubung löst den Konflikt jedoch nicht, sondern verstrickt uns nur noch tiefer. Wir können der Auseinandersetzung mit uns selbst auf die Dauer nicht entfliehen. Die Betäubung ist nur Aufschub, Flucht vor uns selbst.

Das Leben des französischen Malers Henri de Toulouse-Lautrec war eine einzige Flucht vor sich selbst. Von Kindheit an verkrüppelt und entstellt, opferte er sein adeliges Erbe für eine Künstlerlaufbahn. Seine erstaunliche Begabung und Energie machten ihn früh berühmt. Doch alles dies brachte ihm nicht das, wonach er sich bis zum Ende sehnte: erfüllte und erwiderte Liebe. Rastlos jagte er dem Glück in einem wilden Leben voller Arbeitswut und Ausschweifungen nach – ein ruheloses Leben in den Ateliers, Nachtlokalen und Bordellen des Montmatre. Immer wieder rettete er sich mit sinnloser Betrunkenheit über die traurige Gegenwärtigkeit seines Unglücks.

Neben der massiven Betäubung steht die sublimere Form der Depersonalisation, die *Flucht in das Unverbindliche*. Das Leben und die eigene Existenz werden nicht mehr ernst genommen. Durch die Verwandlung der Lebensbezüge in das Spielerisch-Marionettenhafte schützt sich der Mensch vor wirklichen Angriffen und entzieht sich zugleich der Pflicht einer bemühenden Welt- und Selbstgestaltung.

In lebensbedrohenden Situationen kann es auch zu einer vorübergehenden *Emotionslähmung* kommen. Eine solche Ausschaltung des Gefühlslebens kann sich speziell auf die höheren Wertgefühle beziehen. Eine zeitweilige Änderung und totale Eliminierung der Wertschätzungsgefühle (Mitleid, Pflicht, Fürsorge usw.) können unsere Grundorientierung stören.

Der Arzt Baetz berichtete in diesem Zusammenhang von seinem Erleben bei einem Erdbeben 1894 in Tokio. Die Stadt war in großer Gefahr und Baetz wollte zu seiner Familie eilen und nachsehen, ob alles in Ordnung sei. Auf dem Weg ging eine plötzliche Veränderung in ihm vor: bei klarem Verstand erlosch sein Gefühlsleben, und er beobachtete in kalter Aufmerksamkeit das Geschehen. Ebenso plötzlich, wie er gekommen, verschwand dieser abnorme Zustand wieder, er war wieder er selbst.

F. Panse betont die Zweckmäßigkeit der Emotionslähmung. Er sieht in ihr eine Reaktionsform, die „es dem Menschen ermöglicht, auf der Höhe der Gefahr, nachdem ihm die Angst ‚Signal‘ gegeben hat, nun doch mit konzentriertester, auf das Objekt der Furcht stark eingeengter Aufmerksamkeit ohne Störung durch die Emotion zu handeln.“
In ausweglosen Situationen kann der Mensch der *Ohnmacht* verfallen. Durch die Aufhebung aller Emotionen beseitigt er in radikaler Weise den unlösbaren Konflikt. Nichts geht ihn mehr etwas an. In der Ohnmacht steht das Nichts im Dienste des Lebens. Sie hebt die Emotionen auf, die das Leben blockieren, und entrückt damit die drückende Gegenwart in die Vergangenheit. Die Wirkmächtigkeit der Hemmung kann aber nur wirklich verstehen, wer selbst einmal – wenn auch nur im Ausnahmezustand – in einer solchen Situation gestanden hat.

Zwar sind auch Alkohol-, Drogen- und Medikamentenkonsum unter dem Gesichtspunkt einer Flucht vor der Auseinandersetzung mit der frustrierenden, ängstigenden und schmerzvollen Welt- und Selbsterfahrung – als Derealisation und Depersonalisation – zu sehen. Trotzdem will ich diese Probleme hier noch einmal eigens behandeln.

Alkoholismus, Drogen- und Medikamentenabhängigkeit

Der *Alkoholkonsum* sollte nicht nur unter dem Aspekt der Angst gesehen werden. Er gehört bei uns zu vielen gesellschaftlichen Anlässen. Er kann aber auch schweren Schaden anrichten. Bei rund der Hälfte aller Autounfälle und bei einem Drittel aller Selbsttötungen spielt erhöhter Alkoholkonsum eine entscheidende Rolle. Von der Alkoholisierung oder Trunkenheit sind der Alkoholmißbrauch und die Alkoholabhängigkeit zu unterscheiden.
Die Suchtentwicklung wird durch Mißbrauch, Gewöhnung (Toleranzerwerb) und Abhängigkeit gefördert. Mißbrauch liegt vor, wenn häufig zu viel Alkohol zu unangemessener Zeit konsumiert wird (z. B. während der Arbeit, vor einer Autofahrt). Die Motivation spielt eine besondere Rolle: Zum Mißbrauch und zur Abhängigkeit neigen Personen, die Alkohol als Angst- und Spannungslöser, also zur Lockerung und zur Aufhellung ihrer Stimmung, aber auch zur Überwindung ihrer Langeweile und Einsamkeit brauchen. Hier spielt der lernpsychologische Effekt der Sofortverstärkung eine entscheidende Rolle. Jedes Verhalten, das zunächst und unmittelbar zu einer Erleichterung und einem gewünschten Erfolg führt, wird verstärkt, d.h. festgehalten, und entwickelt sich zu einer psychischen und pharmakologischen Gewöhnung, zu einer Abhängigkeit und einem Toleranzerwerb.
Die psychische Abhängigkeit zeigt sich darin, daß der Betreffende ein unwider-

stehliches Verlangen nach Alkohol hat, ihn zur Lösung seiner alltäglichen Probleme braucht und sich von diesem Verhalten nicht mehr befreien kann. Die pharmakologische Abhängigkeit zeigt sich darin, daß der Körper bei häufiger Zufuhr Alkohol schneller verarbeitet und der Betreffende, um die gleiche Wirkung zu erzielen, mehr Alkohol braucht. Letztlich kommt es zu Organfunktionsstörungen mit einer einhergehenden Toleranzverminderung, so daß der Abhängige nun immer weniger Alkohol verträgt.

Der Alkoholabhängige trinkt täglich Alkohol, um ausreichende Leistungen erbringen zu können. Er ist unfähig, das Trinken zu reduzieren oder damit aufzuhören. Die wiederholten Bemühungen, das Trinken tageszeitlich und in der Menge zu begrenzen oder ganz mit dem Trinken aufzuhören, haben keinen Erfolg. Der Alkoholabhängige setzt meistens trotz schwerer körperlicher Schäden das Trinken fort. Dabei wird er im Rausch oft gewalttätig, läßt in seinen Leistungen nach und bleibt der Arbeit fern. Häufig sind der Verlust des Arbeitsplatzes und eine Zerrüttung der Familie die Folge. Das sexuelle Bedürfnis der Betroffenen läßt nach; dabei entwickelt sich häufig Eifersucht. Der ständig überhöhte Alkoholkonsum hat neben den körperlichen Störungen, besonders der Leber, vor allem auch Störungen der Gedächtnis- und Denkleistungen und eine massive Beeinträchtigung des Selbstwertgefühls zur Folge.

Die Rückfallquote nach einer Therapie ist hoch. Etwa 80 % der Behandelten bleiben weiter alkoholabhängig. Rund 15 % von ihnen bleiben abstinent und etwa 5 % können mit Abstinenzphasen kontrolliert trinken. Der Mißbrauch von *Drogen* und *Medikamenten* dient zur Linderung von Schmerz, Angst, Anspannung und zur Lösung von Konflikten, aber auch zur Herbeiführung von angenehmen Zuständen. Da sich die Wirkung der Substanzen durch die Anpassung des Stoffwechsels verringert, werden immer größere Mengen konsumiert, es entsteht eine Abhängigkeit. Beim Absetzen der Mittel treten teilweise sehr schwere Entzugserscheinungen auf, wie z. B. Fieber, Schüttelfrost oder Gliederschmerzen. Die körperlichen, psychischen und sozialen Folgen der Abhängigkeit sind beträchtlich. Neben Magen- und Darmerkrankungen wird das Immunsystem geschwächt, so daß Abhängige im höheren Maße anfällig für Infektionen sind. Psychisch gesehen kommt es zum Abbau der für die Lebensbewältigung wichtigen Gedächtnis-, Konzentrations-, Motivations- und Leistungsfunktionen und zum Abbruch von Beziehungen, so daß letztlich die Fähigkeit zur selbständigen Lebensführung verlorengeht. Die Behandlung Drogen- oder Medikamentenabhängiger findet am zweckmäßigsten stationär statt. Dabei gewinnen verhaltenstherapeutische Methoden immer mehr an Bedeutung. Abbruchraten und Rückfallquoten sind allerdings hoch. Neuerdings gibt es auch ambulante verhaltenstherapeutische Behandlungen von etwa zehn Monaten Dauer. Ein Drittel derjenigen, die die Therapie planmäßig beenden, kann mit einer Heilung rechnen. Unter Umständen kommt es zwischendurch zum Rückfall, der dann aber in einer kurztherapeutischen Behandlung verarbeitet werden kann – Rückfälle sind als Lernprozesse und nicht als endgültige Niederlagen aufzufassen; Rückschritte und Umwege können Heimwege sein.

Mißmut und Mißtrauen

Mißmut ist eine unfrohe Stimmungslage, die sich aufgrund von Enttäuschungen, schlechten Erfahrungen und Versagen entwickelt. Während Unzufriedenheit und Ärger vorübergehende Gefühlsregungen sind, entwickelt sich der Mißmut oft zu Persönlichkeitszügen der Furchtsamkeit und Verbitterung. Im Mißmut empfindet der Mensch eine innere Leere, zugleich aber auch eine Gereiztheit gegenüber Mitmenschen. Er neigt ihnen gegenüber zu Aggressivität und Mißgunst.

Mißmutige Menschen sind sozial ängstliche Menschen. Sie ziehen sich oft von ihren Mitmenschen zurück; sie mißtrauen ihnen. Eine gesteigerte Form des Mißtrauens ist der Argwohn. Im Mißtrauen fehlt der Glaube an die Gunst der Verhältnisse und das Wohlwollen der Mitmenschen.

Häufig kommt ein Mensch zu dieser Abwehrhaltung, der vorher unkritisch ein zu großes Vertrauen zu anderen hatte. Eine Enttäuschung kann dann zu der verallgemeinernden Auffassung führen, daß man keinem Menschen trauen kann.

Der Mißtrauische sieht überall Bedeutungen in an sich bedeutungslosen Ereignissen. Es gibt für ihn keinen belanglosen Zufall, sondern nur Absichten. Alles kann seine Aufmerksamkeit erregen und für uns kaum verständliche Gefühle bei ihm wachrufen. Alles erscheint ihm so, als sei es gerade auf ihn gerichtet. Wenn sich beispielsweise Menschen in seiner Umgebung unterhalten, meint er, daß sie über ihn sprechen. Der Mißtrauische steht unter einem ständigen Druck öffentlicher Selbstaufmerksamkeit: „Was könnten die anderen jetzt über mich denken?", „Was werden sie gegen mich unternehmen?" Er quält sich mit selbstschädigenden Vermutungen, wie z. B. „Mein Mann hat sicher eine Freundin und wird mich bald verlassen.", „Meine jüngere, attraktive, diensteifrige Kollegin wird mich bald von meiner Stelle verdrängen" oder „Mein Vorgesetzter will mich sicher bei nächster Gelegenheit loswerden". Der Mißtrauische kommt sich wie in Feindesland vor. Durch vorausgerichtete negative Vermutungen versucht er, sich gegen weitere Verletzungen und Niederlagen zu schützen. In der Therapie spielt der Abbau der selbstschädigenden Vermutungen eine besondere Rolle.

Zwei Grundhaltungen und Lebensanschauungen sind Abkömmlinge des Mißtrauens und der Enttäuschung: Pessimismus und Nihilismus.

Pessimismus bezeichnet zunächst keinen Gefühlszustand, sondern Urteile über Verhältnisse und Umstände des Lebens – auch im Hinblick auf das, was in der Zukunft zu erwarten ist. Die Beurteilung künftiger Möglichkeiten beruht immer auf einer subjektiven Gewißheit, und diese entspringt einer Gefühlslage. Der Pessimismus enthält sich mißtrauisch jeder Hoffnung; er rechnet nur mit der schlechtesten Möglichkeit. Für den Pessimisten ist die Welt unzulänglich; ihr Verlauf läßt nichts Gutes erwarten, und das Dasein in dieser Welt ist nur eine Kette von Not und Leid. Je nach sonstiger Persönlichkeitsstruktur neigt der eine Pessimist eher zur Resignation, der andere eher zum Mißmut.

Nihilismus reicht weiter als die Enttäuschung, die im Pessimismus zum Ausdruck kommt. Der Nihilist sieht hinter allem, was Menschen vom Leben erwarten können, die trostlose Leere absoluter Sinnlosigkeit. Der Nihilismus ist extremer Ausdruck des verängstigten Menschen. Auch hier gibt es individuelle Spielarten von der Resignation bis zur Auflehnung.

Der Lastcharakter der Depression

Die Bezeichnung „Depression" ist von dem lateinischen Begriff depressus (niedergedrückt) abgeleitet. Die herabgesetzte Stimmung ist das auffälligste Merkmal der Depression.

Der Depressive empfindet sich total verändert gegenüber seinem früheren Leben und von der Teilhabe an seiner Umwelt abgeschnitten. Es fällt ihm sehr schwer, seinen Zustand zu beschreiben und anderen seine Notlage zu schildern.

Wie können Angehörige und Bekannte ihn verstehen? Sie sind ratlos und außerstande, die Qualen der Krankheit zu begreifen. Aufmunterungen wie „Reiß Dich doch zusammen, Du kannst schon, wenn Du willst!" bestätigen den Depressiven in seiner Auffassung, daß die anderen sich nicht in seine Lage hineinversetzen können – selbst wollen kann er ja nicht mehr. Die Angehörigen geben mit der Zeit ihre Appelle auf und ziehen sich von dem Kranken zurück, wodurch dieser nur noch unglücklicher wird: „Keiner versteht mich; keiner kann mir helfen. Ich bin von Gott und der Welt verlassen."

Die depressive Erkrankung hat nichts mit den depressiven Verstimmungen zu tun, der Niedergeschlagenheit, der Trauer, den Sorgen, dem Kummer, der Ratlosigkeit und Verzweiflung, die den gesunden Menschen gelegentlich nach einer Enttäuschung, einem Verlust oder einer schweren Niederlage befallen können.

Eine Reihe von Problemen wird oft als Ursache von Depressionen angesehen, z. B. geschäftlicher Bankrott, hohes Alter, Körperbehinderung, schwere Krankheiten, Scheidung oder Verlust eines geliebten Menschen. Es gibt aber keine „realistischen Depressionen". Depressionen sind stets das Ergebnis eines verzerrten Denkens, und zwar zunächst bei der weit überwiegenden Zahl der *neurotischen* oder *reaktiven* Depressionen, die durch Lebensumstände hervorgerufen sind.

Auf Verlusterlebnisse reagieren Menschen zumeist mit *Traurigkeit*, einem normalen Gefühlszustand, der durch realistische Wahrnehmungen ausgelöst wird. Durch das Erlebnis und die Erinnerung daran wird die Selbstachtung nicht angegriffen. Im Gegensatz zum Traurigen wird der Depressive durch verzerrte Gedanken niedergedrückt. „Ich werde nie wieder auf die Beine kommen. Ich werde nie wieder glücklich sein können." Solche Gedanken wecken Gefühle der Ausweg- und Hoffnungslosigkeit, die festgehalten werden und ständig wiederkehren. Depressive können sich an nichts mehr freuen.

Komplizierter ist die Beurteilung der *endogenen Depressionen*, bei denen gewisse höhere Erkrankungsbereitschaften durch Abweichung biologischer, d. h. neurologischer und hormoneller Art, vorliegen. Dies läßt sich oft erst an der Schwere der Erkrankung, ihrer Unbeeinflußbarkeit durch eine Psychotherapie sowie an ihrer phasenhaften Wiederkehr ohne auszumachende Situationsbelastung erkennen.

Allerdings gibt es eine Reihe noch ungelöster Probleme. So ist z. B. noch nicht ausreichend erforscht, wie weit eine psychisch bedingte depressive Störung nicht auch zu einer neurologisch-hormonellen Störung führen kann. Zumindest legen neuere Untersuchungen der sogenannten Psychoneuroimmunologie die Wahrscheinlichkeit dieser Annahme nahe.

Weiter sind die Bedingungen der Verfestigung und Hartnäckigkeit von Depressionen weitgehend unbekannt. Gelegentlich zeigt sich, daß selbst bei optimaler Anwendung der Medikamente (Wahl, Reihenfolge, Dosierung) kein Erfolg zu verzeichnen ist. Unsicherheit besteht auch in der Kombination verschiedener antidepressiver Behandlungsverfahren, besonders im Hinblick auf eine Kombination von Antidepressiva mit anderen Medikamenten.

Die Wahrscheinlichkeit, an einer Depression zu erkranken, beträgt bei Männern rund 10 %, bei Frauen etwa 25 %. Depressionen können in jedem Alter auftreten, am häufigsten zwischen dem dreißigsten und vierzigsten Lebensjahr.

Die Depression zählt nicht zu den Geisteskrankheiten, sondern zu den affektiven Störungen (von der Norm abweichende Veränderungen in der Ansprechbarkeit, Verarbeitung und Äußerung der Gefühle). Wegen der zentralen Stellung der Gefühle in unserer Lebensorientierung werden bei einer Affektstörung alle Erlebnis- und Verhaltensweisen massiv beeinträchtigt. Die Depression kann also als eine komplexe psychische Grundstörung bezeichnet werden.

Erscheinungsbild und Symptome der Depression

Folgende Symptome lassen sich unterscheiden:

- *Körperliche Symptome*: Schlafstörungen, Appetitverlust, schnelle Ermüdbarkeit und Abgespanntheit, verschiedene psychosomatische Beschwerden, wie z. B. Kopfschmerzen, Herzrasen, Atem- und Verdauungsbeschwerden.
- *Motorische Symptome*: Veränderung des Aktivationsniveaus, meist absinkend in Richtung eines Vermeidungs- und Rückzugsverhaltens, einer Passivität (seltener steigernd, dann jedoch ruhelose Antriebslosigkeit), kraftlose, gebeugte, spannungslose Körperhaltung, weinerlichbesorgter oder maskenhaft-erstarrter Gesichtsausdruck, leise, monotone, langsame Sprechweise.
- *Emotionale Symptome*: gedrückte Stimmungslage, Niedergeschlagenheit, Gefühl der Gefühllosigkeit, Erleben von Kontrollverlust, Hilflosigkeit und Hoffnungslosigkeit, Verlassenheits- und Einsamkeitsempfindungen, sich an nichts mehr freuen können.
- *Motivationale Symptome*: Antriebs- und Energieverlust, Interesseverlust und Lernbehinderung, Verlust der Liebesfähigkeit, Empfinden einer ständigen Überforderung, ein Nicht-wollen-Können.
- *Kognitive Symptome*: Selbstvorwürfe, Selbstbeschuldigungen, zirkuläre Grübeleien, Empfindungen der Wertlosigkeit, negative Einstellung anderen gegenüber (zum Beispiel Mißtrauen, Feindseligkeit), Empfindung von Ausweglosigkeit, Suizidgedanken, sich nicht konzentrieren können.

Erscheinungsformen

Es werden verschiedene Typen der Depression unterschieden, so vor allem reaktive und endogene Depression. Bei der *reaktiven Depression* stehen äußere Auslöser, belastende Lebensereignisse, Verluste oder Kränkungen im direkten Zusammenhang mit ihrer Entstehung. Diese zumeist unzureichend verarbeiteten Belastungen entsprechen dem Schweregrad der depressiven Störung.

Bei der *endogenen Depression* können zwar auch Lebensereignisse als Auslöser eine Rolle spielen; sie verursachen die Depression jedoch nicht. Nachweislich besteht ein Zusammenhang mit neuro-vegetativen Störungen.

Die Unterscheidung dieser beiden Formen kann oft erst aufgrund des Verlaufs mit wiederholten depressiven Episoden getroffen werden, bleibt aber selbst dann noch meist fragwürdig. Da es noch weitere Formen gibt, vermeidet man neuerdings diese Unterscheidung und spricht nur von „typischer Depression" und „spezifischen Depressionen". So stehen bei der *agitierten Depression* Angst und Unruhe im Vordergrund; bei der *larvierten Depression* konzentrieren sich die Beschwerden auf das gestörte Körperleben.

Verlauf und Dauer

Vor Einführung der medikamentösen Therapie vor rund dreißig Jahren zog sich die Depression über drei bis sechs Monate hin, bei medikamentöser Behandlung verläuft sie in kürzerer Zeit und in wesentlich milderer Form.

Etwa ein Viertel der endogenen Depression tritt in den mittleren Jahren von zwanzig bis fünfzig und darüber erstmals auf. Die endogene Depression hat also mit der Kindheit relativ wenig zu tun.

Viele endogene Depressionen klingen nach einer einzigen Phase ab und treten nicht wieder auf. Einige erstrecken sich über längere Zeit mit einem Zykluswert von etwa zwei bis drei Jahren. Ein Drittel aller depressiven Phasen hält nicht länger als zwei Monate an. Weit über die Hälfte aller depressiven Phasen klingt nach vier Monaten ab.

Die vorherrschenden reaktiven Depressionen beginnen bereits häufig in der Pubertät oder in den darauffolgenden Jahren. Weniger als 10 % treten jenseits des fünfzigsten Lebensjahres auf.

Entstehungsbedingungen und Auslöser

Die Depressionsforschung hat vorwiegend die Verwundbarkeit von Personen untersucht, die später als Patienten unter psychisch bedingten und besonders unter endogenen Depressionen leiden. Der Begriff „endogen" bedeutet keineswegs – wie man früher annahm – nur angeboren und/oder die vererbte Bereitschaft, die zur Erkrankung führt, sondern auch und vorzugsweise physiologische Abweichungen neurologischer und hormoneller Art, die durch Infektionen und Immunschädigungen zustande kommen können. Auch bestimmte Charakterzüge können zu einer Depression disponieren.

Besondere Risikofaktoren bestehen für Alleinstehende, getrennt lebende oder geschiedene Personen, solche, die Schwierigkeiten im Berufsleben haben oder durch besondere Lebensereignisse belastet sind, z. B. den Tod eines nahestehenden Menschen. Dem Dauerstreß im Berufs- und Familienleben kommt große Bedeutung zu (Erschöpfungsdepression).

Es gibt zwei grundsätzlich verschiedene Erklärungsmodelle für die Entstehung von Depression: das biologische und das psychologische bzw. psychosoziale Modell.

Im Zusammenhang mit der *biologischen* Erklärung ist von Bedeutung, daß Depressive häufig ein funktionelles Defizit des Neurotransmitters Norepinephrin an kritischen Stellen der zentralen nervösen Reizübertragung aufweisen. Einige Forscher weisen darauf hin, daß bei Depressionen eine erniedrigte Konzentration des Neurotransmitters Serotonin eine Rolle spielt. Depressive und ängstliche Patienten zeigen häufig psychophysiologische Abweichungen von der Norm. Die Erregung äußert sich in der Beschleunigung der Puls- und Atemfrequenz, in der Erhöhung des Muskeltonus und in der Verminderung des Speichelflusses. Zugleich treten verlängerte Reaktionszeiten und psychomotorische Verlangsamung auf. Besonders hervorzuheben sind die Schlafstörungen: Die Einschlafzeit ist bei den betroffenen Personen verlängert, die Patienten klagen über einen zerhackten Schlaf.

Die biologisch-medizinischen Hypothesen erklären jedoch nicht, warum es bei einigen Menschen zu den physiologischen Veränderungen kommt, bei anderen unter den gleichen äußeren Bedingungen allerdings nicht. Wir wissen also noch nichts über die speziellen Entstehungsursachen, sondern können nur einiges über die biologisch-organischen Störungen selbst aussagen. Allerdings reicht dies aus, um auch von medizinischer Seite her die schweren Depressionen anzugehen und mit gezielter Behandlung zu ihrer Heilung beizutragen.

Beim *psycho-sozialen Modell* lassen sich vier einander ergänzende Erklärungsmodelle, die von vier Autoren stammen, unterscheiden:

Martin E.P. Seligman weist darauf hin, daß Menschen, die subjektiv bedeutsame Ereignisse nicht kontrollieren können, zur Depression neigen. Sie erfahren, daß ihr Verhalten und die Konsequenzen ihres Verhaltens in der Umwelt voneinander unabhängig sind. Daraus entwickeln sie die Erwartung, auch zukünftig über ihr Verhalten keine Kontrolle zu haben. Es entsteht ein Gefühl der Hilflosigkeit. Der Depressive erlebt aber, daß er für das Mißlingen der Kontrolle verantwortlich ist, und dies führt zu sich verfestigenden Veränderungen seiner gestörten psychischen und körperlichen Funktionen. Durch die Erwartungen zukünftiger Mißerfolge kommt es zusätzlich zu einer Verschlechterung und Verfestigung des depressiven Befindens.

Aaron Beck sieht in der depressiven Erkrankung eine kognitive Störung. Die negative Sichtweise der Welt, der eigenen Person und der Zukunft und die damit gegebene Verzerrung der Realität führen zu den diversen depressiven Symptomen. Die kognitive Störung zeigt sich u. a. in willkürlichen Schlußfolgerungen, in Übertreibungen, Verallgemeinerungen und in der eingeengten Wahrnehmung (Tunnelphänomen). Diese Denkweisen führen zu sich wiederholenden Rückmeldungen und bestätigen damit die depressiven Annahmen, wodurch die depressiven Symptome aufrechterhalten, verfestigt und vertieft werden.

F.M. Lewinsohn hebt hervor, daß bei Menschen, die für ihr Verhalten wenig Beachtung und Anerkennung (Verstärkung) erhalten, dieses Verhalten schrittweise gelöscht wird, die Betreffenden also inaktiv und passiv werden.

G.W. Brown weist darauf hin, daß der Depression drei Faktoren zugrunde liegen, und zwar die Verwundbarkeitsfaktoren (Mangel an intensiven, emotional-positiven und unterstützenden Sozialbeziehungen, drei und mehr Kinder unter 14 Jahren im Haushalt, Verlust der Mutter durch Tod in der Kindheit, keine Berufstätigkeit außerhalb des Haushalts), die auslösenden Faktoren (belastende Lebensereignisse, chronische Lebensschwierigkeiten) und die symptombestimmenden Faktoren (Art der frühen Verlusterlebnisse, Lebensalter, frühere depressive Episoden).

Weitere neuere Theorien heben bestimmte Persönlichkeitseigenschaften hervor, die zu einer depressiven Störung führen können, z. B. dispositionelle Faktoren, wie Introversion und Neurotizismus (erhöhte Angstbereitschaft, emotionale Labilität), erhöhte Selbstaufmerksamkeit, besonders in Bereichen, wo Kompetenzabnahme wahrgenommen wird, erhöhtes Anspruchsniveau, also hohe Selbstanforderungen in bestimmten Lebensbereichen, begrenzte soziale Fertigkeiten oder ein erhöhtes Ausmaß an Selbstkritik.

Das Erleben

Depression ist eine schwere psychische Krankheit, die in rund 5 % sogar zum Suizid führt. Sowohl Angehörige als auch Bekannte, die den Kranken in seinen gesunden Tagen kennen, verwechseln die Krankheit mit ihnen vertrauten vorübergehenden „depressiven Verstimmungen", der Traurigkeit, Langeweile oder Verzweiflung und ähnlichem. Die meisten Depressiven sind unfähig, ihre verwirrte Erlebnislage auch nur annähernd zu beschreiben und plausible Gründe für ihre veränderte Befindlichkeit anzugeben. Auch nach der Depression vermögen die Depressiven sich kaum in ihren quälenden Zustand zurückzuversetzen.

Depressive empfinden ihren Zustand unausdrückbar, unerklärlich und mit ihrem früheren Leben und Erleben und dem anderer nicht vergleichbar. Es gibt für sie nur die Möglichkeit, sich der für die gesunde Umwelt plausiblen Bezeichnungen zu bedienen, wie „traurig", „Es ist alles in mir abgestorben", „Ich kann nicht mehr", „Ich traue mir nichts mehr zu", „Ich bin nicht mehr in mir selbst", „Ich bin nichts mehr".

Die vermeintliche Traurigkeit hat aber nicht das geringste mit der normalpsychologisch verständlichen Traurigkeit zu tun. Das Nicht-traurig-sein-Können ist ein wesentliches Merkmal der Depression. Dagegen kommen sich Depressive wie von einer Mauer eingeschlossen, wie in einer Höhle eingesperrt vor. Wir können uns dem Erleben oft nur über solche bildhaften Vergleiche nähern.

Schuldgefühl und Suizidgefährdung

Unsere Lebensführung und unser Verhalten werden weitgehend von Regeln und Normen bestimmt, die wir über die Erziehung von unseren Eltern und darüber hinaus von der Gesellschaft übernommen haben. Verstoßen wir absichtlich oder aus Unachtsamkeit gegen diese Regeln, dann melden sich mehr oder weniger deutlich Schuldgefühle. Dabei wird offenkundig, daß wir als erwachsene Menschen uns selbst die Verantwortung für unser Verhalten, Handeln oder Unterlassen zusprechen. Interessanterweise stimmen einzelne Ausdrucksweisen der Depressiven mit denen von Menschen überein, die sich schuldig fühlen: gesenkter Kopf, abgewandter Blick, also Vermeiden von Blickkontakten mit anderen Menschen. Was veranlaßt den Depressiven zu seinen Selbstvorwürfen? Es ist doch kaum ein Grund für sein quälendes Empfinden, im Unrecht zu sein, auszumachen. Er kann doch nicht dafür verantwortlich gemacht werden, daß er seiner gesellschaftlichen Rolle nicht mehr nachkommen kann. Und doch übernimmt er die Verantwortung für seine Krankheit oder seine krankheitsbedingte Selbstabwertung. Die Schuldgefühle des Depressiven, die sich auf die Nichtverwirklichung seiner körperlichen und geistigen Möglichkeiten beziehen, sind Symptom und Verstärkung seiner Krankheit.

Die Schuldgefühle des Depressiven, die seinen Leidensdruck massiv verstärken, sind vielleicht ein Appell des dem Menschen eingeborenen Lebenswillens, alles zu tun, um aus der bedrückenden Lage herauszukommen. In den meisten Fällen können sich Depressive durch medikamentöse und/oder psychotherapeutische Behandlung von ihrer Krankheit befreien. Doch vereinzelt kann der Appell nicht vernommen und befolgt werden.

Angst und Depression führen dazu, daß die Betroffenen sich in ihrem Erleben, Verhalten und damit in ihrer Lebensgestaltung und ihren Beziehungen zu anderen immer mehr eingeschränkt fühlen. Dies kann soweit gehen, daß sie keinen Ausweg mehr sehen. Als einzige „Rettung" aus ihrer inneren Not und Isolierung bleibt ihnen die Selbsttötung. Nach dem Gedankenspiel über die Art der Vollstreckung kann kurz vor der Abschlußhandlung bei den Betroffenen eine „unheimliche Ruhe" eintreten, die von den Angehörigen oft falsch gedeutet wird.

Da bei Depressiven alle nach außen gerichteten Aktivitäts- und Aggressionsimpulse gehemmt sind, kommt es zur Umkehr der Aggressionsrichtung auf die eigene Person. Neben der Einengung der persönlichen Möglichkeiten spielen beim Selbsttötungsentschluß die Selbstmordphantasien eine besondere Rolle. Dabei werden anfangs einige Möglichkeiten noch abwägend durchgemustert, bis sich dann aber die gefundene Lösung geradezu zwangartig aufdrängt und den Betroffenen zur letzten Handlung zwingt.

Eine Suizidgefährdung besteht besonders bei folgenden vier Konstellationen:

■ *Situative Panikreaktion.* Bei plötzlich hereinbrechender situativer Bedrängnis, z. B. bei der Absage einer Stellenbewerbung, dem Arbeitsplatzverlust, der Partnerenttäuschung; nach einem Autounfall reagieren bestimmte Personen mit einer Panikreaktion. Die hochgradige Angst führt zu einer Situationsverkennung, Wahrnehmungsverzerrung und zu unbedachten, blinden Kurzschlußhandlungen. Manche Fahrerflucht und die meisten Selbsttötungen finden im Zustand eines herabgesetzten Bewußtseins und in einer akuten Krise (vom Entschluß bis zur Tat weniger als sechs Stunden) statt. Allerdings können die Betreffenden schon längere Zeit mit dem Gedanken „gespielt" haben.

- *Agitierte endogene Depression.* Sie ist gekennzeichnet durch ein erhöhtes Erregungsniveau. Solche Patienten sind durch ihre motorische Enthemmung besonders suizidgefährdet.
- *Gehemmte endogene Depression.* Sie tritt als Schwermut oder Melancholie in Erscheinung. Bei ihr ist die Dynamik keineswegs versiegt, sondern nur zurückgehalten, so daß Aggression, Motorik und Zuwendung zu anderen stark gebremst sind. Dadurch kann der Eindruck entstehen, daß diese Patienten nicht suizidgefährdet sind. Es ist aber nur eine Frage der Zeit, bis die zurückgehaltene (retardierte) Angst die Hemmung durchbricht und sich in einer Selbsttötung entlädt.
- *Existenzängste.* Wer mehrfach in seinem Leben schwere Enttäuschungen und Mißerfolge erlebt, dann noch seinen Arbeitsplatz und durch Tod den geliebten Partner verloren hat und/oder chronisch krank wird, gerät in eine existentielle Verzweiflung und Entmutigung. Die Trümmer der leidvollen Vergangenheit verstellen dem Ängstlichen den Blick auf eine mögliche Zukunft. Die Bilanzkrise steigert seine Angst vor dem Leben, so daß er sich letztlich nicht mehr im und am Leben halten kann.

Verordnung von Medikamenten

Psychopharmaka sollten *nur in Notfällen mit zeitlicher Begrenzung* bei Agoraphobie und Panikattacken, bei extremen Angstzuständen und Depressionen verschrieben werden. Die Medikation sollte speziell auf die jeweilige Störung abgestimmt und eingestellt sein und laufend kontrolliert werden. Längerer bzw. wiederholter Gebrauch ist allerdings bei Patienten mit endogener Depression, bei Suchtkranken und psychotisch Erkrankten angezeigt.

Befürchtungen und Ängste gehören zum Leben und haben eine wichtige Warnfunktion. Gelegentlich setzen sie Kräfte zur Überwindung von Schwierigkeiten und Konflikten frei. Es zeugt daher von Unkenntnis und Unverantwortlichkeit, zur Überwindung von Lebensschwierigkeiten Tranquilizer, Psychopharmaka, z. B., einzunehmen oder zu verordnen. Die Konsumenten können zwar dadurch ihre Erregungen und Spannungszustände leicht und schnell dämpfen; sie nehmen sich selbst aber damit die Kraft und Zuversicht autonomer Lebensmeisterung. Sie nehmen mit den Tranquilizern ihrer Emotionalität den affektiven Wind aus den Segeln. Sie können zwar gut funktionieren, doch sind sie in ihrer Kreativität und ihrem persönlichen Ausdruck behindert.

Da die Erregung leicht und schnell durch die Einnahme von Tranquilizern behoben werden kann, wird dieses Verhalten nach dem Gesetz der Sofortverstärkung beibehalten und in Zukunft schon bei geringeren Unpäßlichkeiten fortgesetzt. Der Betreffende entwickelt eine selbstschädigende Abhängigkeitskrankheit.

Tranquilizer führen zu einer affektiven Entspannung, die meist mit erhöhter Ermüdung verbunden ist. Da die Emotionen und besonders die Angst adäquate Reaktionen auf eine bedrückende Lage sind, lindern sie den Leidensdruck und unterdrücken die Empfindungen der Ratlosigkeit und Hoffnungslosigkeit. Sie reduzieren die Angst, indem sie deren Erregungs- und Antriebskraft herabsetzen.

Viele Menschen unserer Gesellschaft nehmen über Jahre, ja Jahrzehnte Psychosedativa (Beruhigungsmittel) ein, um nach der Hetze des Tages abschalten zu können. Sie vernehmen dann aber durch diese emotionale Amputation und Konfliktverschleierung den Appell zur Korrektur ihrer Lebensweise nicht mehr.

Tranquilizer sind kein Auffangnetz für normale oder streßbedingte Lebensschwierig-

keiten und Konflikte. In den letzten Jahrzehnten leiden viele Menschen unter psychosomatischen Beschwerden, die nicht generell durch Medikamente beeinflußt werden können. Leider entsprechen viele Ärzte den Erwartungen der Patienten und verordnen Medikamente anstelle einer erforderlichen psychotherapeutischen Beratung oder Behandlung. Sie entlasten damit ihre Patienten von der sicher mühsameren Umstellung ihrer Lebensgewohnheiten. Oft sind Ärzte auch, da sie nur die langwierige Psychoanalyse kennen, über die Möglichkeiten der neueren Psychotherapie nicht ausreichend informiert. Medikamente sollten nur bei krankhafter Angst verordnet werden. Von den normalen Ängsten unterscheidet sie sich nach Paul Kielholz wie folgt: „Krankhafte Angst … ist eine überschießende, unangepaßte, gewöhnlich länger anhaltende Gemütsreaktion, die meist weder objekt- noch realitätsbezogen ist und sich im psychischen, somatischen und sozialen Bereich manifestiert. Sie lähmt die intellektuellen Funktionen und läßt sich weder durch Vernunft noch durch Willensimpulse bekämpfen. Derartige Angstzustände sind deshalb grundsätzlich behandlungsbedürftig, und zwar psychotherapeutisch und in der Regel medikamentös."
Sollten Sie die folgenden Fragen (die ersten vier Fragen sind von Kielholz übernommen) überwiegend mit ja beantworten, leiden Sie wahrscheinlich unter einer krankhaften Angst.

- Fühlen Sie sich dauernd in Spannung, überfordert und innerlich unruhig?
- Haben Sie Schwierigkeiten, ein- und durchzuschlafen?
- Empfinden Sie Angst vor bestimmten Situationen oder/und Tieren?
- Haben Sie gelegentlich heftige, plötzlich auftretende Angstzustände, für die Sie keinen Anlaß angeben können?
- Werden Sie manchmal durch Herzrasen und -springen, würgende Erstickungsgefühle und Benommenheit oder Schwindelgefühle beunruhigt?
- Neigen Sie dazu, Konflikte und Auseinandersetzungen mit anderen zu vermeiden, sich bei Gesprächen in einer Gruppe zurückzuhalten?
- Grübeln Sie lange darüber nach, wenn Sie eine Enttäuschung erlebt haben, wenn etwas nicht so verlief, wie Sie es erwartet haben?
- Fühlen Sie sich durch Ihre Angst in Ihrer Leistungs-, Kommunikations- und Liebesfähigkeit beeinträchtigt?
- Haben Sie manchmal das Gefühl, nicht ganz bei sich zu sein, empfinden Sie sich dabei selbst und die Umgebung fremdartig, wie von Ihnen abgehoben?
- Haben Sie manchmal das Gefühl, die Kontrolle über sich zu verlieren und verrückt zu werden?

Überschießende Ängste und schwere oder länger anhaltende depressive Verstimmungen bezeichnen wir als „affektive Störungen". Die pharmakologische Behandlung ist deshalb auf einige Komponenten der Affekte und Gefühlsregungen gerichtet, vor allem auf die *Erregungskomponente* mit den Polen Aufgeregtheit und Beruhigung, weiter auf die *Antriebskomponente* mit deren zu schwacher und zu starker Ausprägung (Motivation) und auf die *Stimmungskomponente*, zumeist auf die herabgesetzte Stimmung. Damit wird zum Teil auch die *kognitive Bezugskomponente* beeinflußt: der Bezug des Betreffenden einerseits zu sich selbst, zu anderen Personen und zur Umwelt (zu Situationen, Tieren, Gegenständen), andererseits zur Gegenwart, Zukunft und Vergangenheit.
Die Phychopharmaka wirken hauptsächlich erregungsdämpfend, antriebsfördernd und stimmungsaufhellend. Zum Teil werden durch diese Medikationen auch die positiven Bezugsmomente erschlossen und gefördert. Die Hauptaufgabe hat aber hier die kognitive Verhaltenstherapie zu leisten

oder genauer gesagt, der Klient unter Anleitung der hier einzuübenden Umorientierungen im kognitiven Bereich (Wahrnehmung, Denken, Vorstellen, Selbstgespräche) und im Bereich der Verhaltensweisen (Ausdrucks-, Leistungs-, Kommunikations- und Liebesverhalten).

Eine *kombinierte Therapie* bei massiven Depressionen und Angstzuständen ist sinnvoll, weil eine medikamentöse Begleitung oft erst die Voraussetzungen für psychotherapeutische Ansprechbarkeit des Klienten schafft und weil die Störungen eine organische und eine psychische Ausprägung, in einzelnen Fällen auch Ursache und Auslöser in der einen oder anderen Richtung, haben.

Der Patient sollte allerdings wissen, daß mit der Einnahme von Psychopharmaka mehr oder weniger gravierende *Nebenwirkungen* verbunden sind. Verschiedene Medikamente zeigen erst dann ihre Wirkung, wenn Nebenwirkungen vom Arzt festgestellt werden können. Da sich diese Nebenwirkungen jedoch kontrollieren lassen, die medikamentöse Therapie auch *zeitlich begrenzt* sein sollte und sich danach die unangenehmen Begleiterscheinungen auflösen, besteht für den Patienten kein Grund zur Beunruhigung.

Die meisten Betroffenen sind durch die Einnahme von Psychopharmaka in ambulanter Praxis zumeist nur in geringem Maße in ihren intellektuellen Funktionen beeinträchtigt. Sie können also den Anregungen und Anleitungen des Psychotherapeuten folgen. Auf die schnellere Ermüdbarkeit können sich beide – Therapeut und Patient – einstellen.

Wichtig ist, daß der Patient die Medikamente als notwendige *vorübergehend* benötigte Hilfsmittel betrachtet und sie nicht als jederzeit erforderliche Heilmittel ansieht. *Die Medikamente können in keinem Falle die Arbeit des Patienten an sich selbst ersetzen.* Pharmakotherapie wird von manchen Psychotherapeuten oft als reine Symptomtherapie mit gravierenden Nebenwirkungen und der Gefahr des Rückfalls sowie der Gefahr der Abhängigkeit angesehen. Ich halte diese pauschale Abwertung für nicht gerechtfertigt, zumal die Pharmaindustrie in den letzten drei Jahrzehnten unleugbare Fortschritte gemacht hat.

Einer der vier häufigsten Vorwürfe ist der *Vorwurf der Symptomtherapie*. Er wird vor allem von Vertretern der Psychoanalyse und tiefenpsychologisch orientierten Therapeuten geäußert. Sie wollen die psychischen und psychosomatischen Störungen auf unbewältigte Kindheitskonflikte zurückführen und sehen auch die Wurzeln der Angst- und Depressionssymptome darin. Nur durch die Verarbeitung dieser weit zurückliegenden Konflikte wird ihrer Meinung nach Heilung möglich. Der Patient kommt aber doch nicht wegen seiner Kindheitsprobleme, sondern wegen seiner gegenwärtigen Probleme zur Therapie. Diese sind seine Krankheit. Hier und nur hier können Arzt und Psychotherapeut wirksam helfen. Hinzu kommt, daß es nicht möglich ist, Vergangenheitsursachen (frühkindliche Konflikte, durch Krankheit, traumatische Erlebnisse, ungünstige Familienkonstellation, falsche Erziehung usw. zustande gekommen) noch zu ändern, auch nicht durch eine nachholende Erlebnisverarbeitung. Dagegen verlieren durch die Behebung der Symptome und den Abbau der Gegenwartsursachen (unzulängliche Lebensgestaltung, verzerrte Wahrnehmung, selbstschädigende Einstellung, unrealistische Erwartungen usw.) die eventuell weiter zurückliegenden tatsächlichen oder auch nur vermuteten Schädigungen an Bedeutung und Wirksamkeit.

Nebenwirkungen treten bei den einzelnen Patienten und von Medikament zu Medikament recht unterschiedlich auf. Sowohl Wirksamkeit als auch Nebenwirkungen hängen von der Dosierung und der Dauer der Einnahme ab. Gelegentlich muß das Medikament daher gewechselt werden. Der

Arzt hat die Feineinstellung des Präparats, die Nutzens- und Belastungseffekte, laufend zu prüfen. Im allgemeinen schwinden die Nebenwirkungen nach allmählichem Absetzen des Mittels. In einer erfolgreich verlaufenden Psychotherapie sind normalerweise spätestens bei Therapieabschluß keine Medikamente mehr erforderlich. Durch eine *langfristige* Behandlung mit Psychopharmaka (besonders Thymo- und Neuroleptika), vor allem, wenn die Symptomüberwachung vernachlässigt wurde, können allerdings schwerwiegende Zusatzstörungen auftreten, z. B. ein medikamentös ausgelöstes Parkinson-Syndrom (mangelhafte oder fehlende Mimik, sogenanntes Maskengesicht, zusätzliche Antriebsschwäche, Verlangsamung und Störung der Bewegungen, gebückte Haltung, kleinschrittiger, schlurfender Gang, leise und monotone Stimme usw.).
Die *Rückfallgefahr* ist bei der isolierten medikamentösen Therapie tatsächlich hoch. Sie wird auf 70 bis 80 % geschätzt.

Von daher ist das kombinierte Behandlungsmodell – Psychopharmakabehandlung und Psychotherapie – dringend geboten. Selbst dann aber kann es in dem einen oder anderen Fall einmal zu einem Rückfall kommen. Meine Erfahrungen zeigen allerdings, daß ein solcher Rückfall nicht den Schweregrad der anfänglichen Erkrankung aufweist und durch eine kurze psychotherapeutische Nachbehandlung behoben werden kann.
Auch bei der *Abhängigkeitsgefahr* hängt, wie bei den Nebenwirkungen, vieles von der Art des Medikaments, der Art der Dosierung und der individuell verschiedenen Verarbeitung ab. Wichtig ist, daß die Verabreichung der Medikamente mit niedrigen Dosen beginnt, das Ergebnis stets überprüft, die Dosis nur langsam gesteigert wird und, nachdem der Erfolg während der Psychotherapie dann voll einsetzt, wieder ebenso langsam „ausgeschlichen" wird. In fast allen Fällen läßt sich dann die Abhängigkeit vermeiden.

Therapie der Angst

Die meisten Menschen, die unter Angst, Phobien, Panikanfällen, depressiven Verstimmungen, Depressionen und psychosomatischen Beschwerden leiden, können diese Störungen gut beschreiben. Sie verstehen sie jedoch nicht, weil sie selten etwas über die Entstehung und nichts über eine mögliche Bewältigung wissen. Die meisten glauben, daß ihre psychischen Beschwerden, die sich ja auch in körperlichen Störungen zeigen, körperliche Ursachen haben.

Hinzu kommt, daß die wenigsten über die neueren Entwicklungen der psychologisch orientierten und fundierten Therapie informiert sind. Bei Psychotherapie denken die meisten an Psychoanalyse mit ihrer aufwendigen und langwierigen Behandlung. Sie wissen nicht, daß es seit über zehn Jahren auch in Deutschland eine andere (kürzere und effektivere) Therapie gibt, die *kognitive Verhaltenstherapie* bzw. *Aktivationstherapie*, wie ich sie bezeichne, um die enge Beziehung zur neuropsychologischen Forschung zu betonen.

Viele Betroffene haben alles mögliche unternommen, um von ihren Schwierigkeiten und Beschwerden loszukommen. Sie haben Allgemein- und Fachärzte, Heilpraktiker und sonstige Heiler aufgesucht und verschiedene Medikamente ausprobiert. Zwar zeigt sich anfänglich oft eine Besserung, die aber zumeist nur vier bis sechs Wochen anhält, so daß der alte Leidenszustand wieder auftritt. Wen kann es da wundern, daß die Betroffenen meinen, es könne ihnen nicht geholfen werden? Doch diese Resignation ist nicht angebracht.

Es gibt fünf Wege, auf denen sie schrittweise die Befreiung von ihren Beschwerden und Störungen erreichen können:

- Entspannung und Gelassenheit,
- neues Denken und Vorstellen,
- Selbstsicherheit und Kommunikation,
- Selbstkontrolle und Selbststeuerung,
- Imagination und Kreativität.

Diese Wege führen die Betroffenen aber nicht nur zum Abbau ihrer angstbedingten Einschränkungen, sondern auch zu einer Stärkung und Erweiterung ihrer Persönlichkeit, so daß sie ein aktives, erfolgreiches und befriedigendes Leben führen können.

Entspannung und Gelassenheit

Angst hängt mit physiologischer Erregung, Unruhe, Anspannung und Hemmung zusammen. Ängstliche verbrauchen deshalb für alle Tätigkeiten übermäßig viel seelische Energie. Die Spannungen erstrecken sich einerseits auf das willentlich zu steuernde muskuläre System und andererseits auf die dem Bewußtsein schwer zugänglichen Bereiche leiblicher Funktionen, wie Kreislauf, Verdauung, hormonelle und immunologische Regulation. Dabei können verschiedene psychosomatische Beschwerden, wie z. B. Bluthochdruck, Herz-Rhythmus-Störungen, Schlafstörungen und Magenbeschwerden auftreten.

Lernziel ist das Erreichen einer Entspannung, Beruhigung und die Haltung besonnener Gelassenheit auch in Streß- und Konfliktsituationen. Wir sprechen von verfügbarer Beruhigung, weil der Betroffene diese Fähigkeit lernen und jederzeit anwenden kann. Man erreicht durch verschiedene Übungen, schnell eintretende Erregungen und Aufregungen zu dämpfen und selbst in kritischen Situationen ruhig und besonnen zu bleiben.

Da sich die Erregung in den drei Symptomen der muskulären, vegetativen und mentalen Verspannung äußert, ist es zweckmäßig, die Übungen zunächst nach diesen Bereichen getrennt in der angegebenen Reihenfolge durchzuführen. Nach meiner Erfahrung kann das jeweilige Entspannungsziel gemäß dem steigenden Schwierigkeitsgrad in einem Monat, in drei und sechs Monaten erreicht werden. Danach lassen sich die drei Übungen kürzen und miteinander zu einer Übung verschmelzen. Häufig haben Patienten schon Entspannungsübungen, vor allem autogenes Training, in speziellen Kursen oder Seminaren kennengelernt und dann an sich selbst ausprobiert. Viele geben die Einübung jedoch nach einiger Zeit zumeist aus zwei Gründen auf: Einmal glauben sie, die Entspannung nach kurzer Zeit erreichen zu können. Da sie keine anhaltende Wirkung verspüren, geben sie, enttäuscht und gelangweilt durch die gleichbleibenden Anweisungen, ihre Bemühungen auf. Zum anderen empfinden sie bei zwischendurch einmal erreichter Tiefenentspannung eine ihnen unverständliche störende Erregung und Angst, so daß sie die Übungen dann auch abbrechen.

Schnelle Wirkungen bei einer Auflösung alter Gewohnheiten, einer Veränderung gewohnter Erlebens- und Verhaltensweisen sind nicht zu erwarten, dauert doch Um- und Entlernen im allgemeinen länger als Neulernen. Beim Lernen und Einüben von Bewältigungsfertigkeiten tritt normalerweise zwischendurch ein Stillstand ein, gelegentlich kommt sogar ein Rückfall vor. Beim Stillstand sollen der erreichte Lernfortschritt und das Lernniveau verankert oder gefestigt werden. Beim Rückfall werden wir, weil uns die Prozedur mühselig, langweilig oder fragwürdig wird, vorübergehend provisorisch entlastet, aber auch deutlich daran erinnert, unsere Bemühungen engagierter fortzusetzen. Eventuell vorkommende Stillstände und Rückfälle gehören also zum Lern- und Heilungsprozeß.

Der Erfolg eines Entspannungstrainings hängt weitgehend von folgenden Bedingungen ab:

- Die Patienten sollten vor Beginn ausreichend über die Grundlagen und Ziele, die Durchführung und den persönlichen

Nutzen des Trainings informiert werden. Das Lernen verläuft bei einer so zu erreichenden Erwartungshaltung am besten.

■ Ebenfalls sollte vor Beginn des Trainings über Übungen zur sensiblen Körperwahrung und zu bildhafter Vergegenwärtigung der sich während des Trainings im muskulären, vegetativen und mentalen Bereich abspielenden Vorgänge informiert werden.

■ Die Patienten sollten nach einigen Übungen, die unter der Leitung des Therapeuten stattfinden, schrittweise die Übung in eigener Regie durchführen, eventuell mit einer Kassette, die der Therapeut in den ersten Sitzungen für den Klienten erstellt.

■ Die Übungen sollten regelmäßig über einen längeren Zeitabschnitt bei gleich-

bleibender (Selbst-)Anweisung durchgeführt werden.

■ Die Übungen sollten möglichst zu gleicher Tageszeit, am besten morgens nach dem Erwachen oder/und abends vor dem Schlafengehen, stattfinden. Sollte die Übung am Abend unmittelbar vor dem Schlafengehen stattfinden, dann ohne die „Rücknahme" (siehe Seite 89).

Abbildung 11 gibt einen Überblick über die verschiedenen Entspannungsmethoden. Die Entspannungsmethoden richten sich gegen:

■ *Muskuläre Verspannung* und die damit oft verbundene Unfähigkeit, die körperlichen Empfindungen und gefühlsartigen Zustände angemessen wahrzunehmen (Alexithymie).

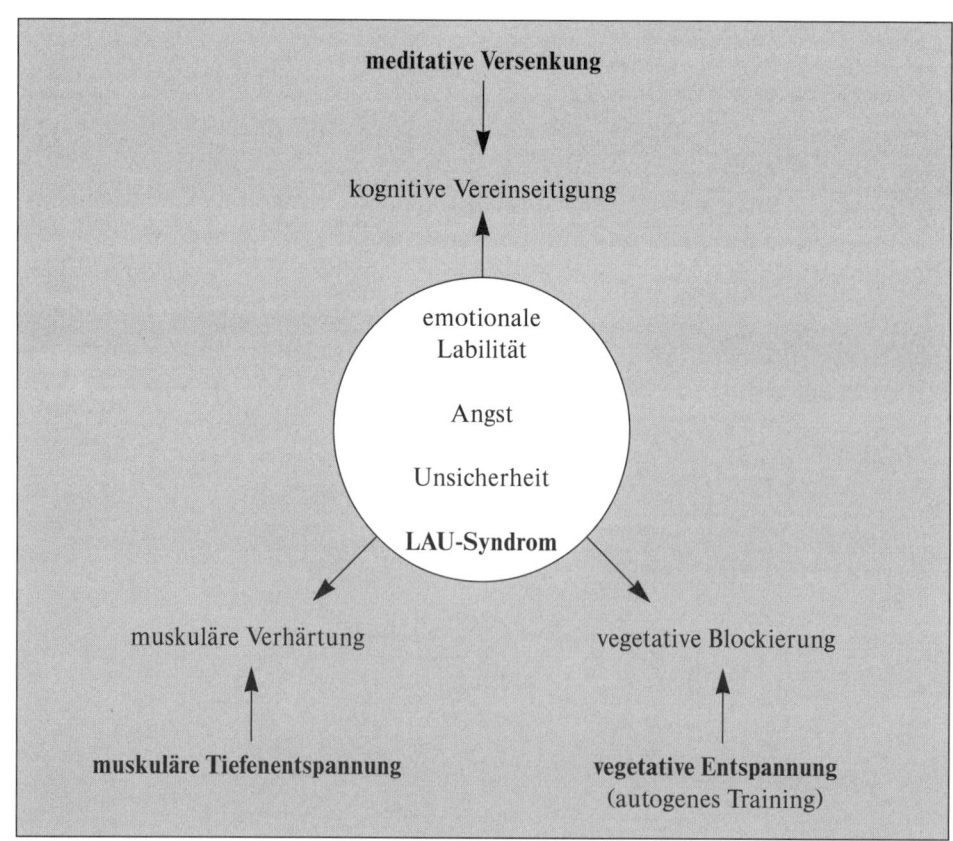

Abbildung 11

■ *Vegetative Störungen*, die Regulationsstörungen der Lebensfunktionen und
das damit gestörte Organbefinden.
■ *Kognitive Einseitigkeit,* die Überbetonung
logischen und rationalen Denkens
und gegen die Geringschätzung von
Gefühl, Phantasie, Sensibilität und
Kreativität.

Muskuläre Tiefenentspannung

Die muskuläre Tiefenentspannung richtet
sich gegen muskuläre Verspannungen.
Häufig ist schon am Gesichtsausdruck, der
Gangart, den Bewegungen des Kopfes, am
Hinsetzen usw. zu erkennen, daß Menschen
in ihrem Bewegungsspielraum gehemmt
und eingeengt sind. Ganz besonders auf-
fällig ist dies bei ängstlich oder erregt
Depressiven und Aggressiven.
Woher kommen diese Verspannungen?
Wir haben vielfach nicht gelernt, unseren
Gefühlen Ausdruck zu geben. Auch ver-
leugnen wir häufig unsere Bedürfnisse.
Wir vertreten unsere Meinungen und
berechtigten Forderungen nicht offen.
Jede Verleugnung von Bedürfnissen und
Gefühlen erhöht jedoch die innere Span-
nung und führt zu Muskelverkrampfungen.
Wir lernen schon früh, unsere Gefühle zu
unterdrücken: „Reiß Dich zusammen!"
„Laß Dir nichts anmerken!" Wir scheuen
uns dann, wenn unsere Gefühle nach
Ausdruck verlangen, halten sie zurück.
Das führt zu einer Anspannung der Mus-
kulatur, die im Laufe der Zeit zu einer
Gewohnheit und in einem entsprechenden
Verhaltensmuster festgehalten wird. Der
Betreffende gewöhnt sich dann so an die
Spannung, daß er sie gar nicht mehr
bemerkt.
Erst wenn die Spannung schmerzhaft wird,
wird der Betreffende auf sie aufmerksam.
Später übersieht er auch noch diesen
Schmerz, so daß es zu psychosomatischen
Störungen, wie Kopfschmerzen, Hals-Wir-
bel-Syndrom, Brust-Wirbel-Syndrom usw.,
kommt.

Die Verkrampfung der Skelettmuskulatur
bringt zunächst eine gewisse Erleichterung,
eine Lösung vom psychischen Druck.
Angenehme unmittelbare Konsequenzen –
auch wenn sie nur von kurzer Dauer sind –
halten das Fehlverhalten nach dem Gesetz
der Sofortverstärkung fest und machen es
resistent gegenüber Veränderungen.
Die Skelettmuskulatur erfüllt mehrere
Funktionen:
■ Die Entwicklung von Kraft durch Anspannung (Kontraktion der Muskeln), so
daß sich der Mensch aktiv mit seiner
Umwelt auseinandersetzen kann.
■ Die Äußerung der Gefühle, aber auch
ihre Unterdrückung mit Hilfe der
Gesichtsmuskeln. Gefühle sind immer
mit gewissen Ausdrucksbewegungen
gekoppelt.
■ Die Stützung des Körpers durch die
Skelettmuskulatur. Sie hält den Körper
aufrecht. Die Muskeln sind im Normal-
zustand nicht völlig entspannt. Beispielsweise ist der Mund normalerweise
geschlossen.

Alle Muskeln haben einen Tonus, eine
Spannung. Der Muskeltonus ist abhängig
von
■ der momentanen Körperhaltung
(Liegen, Sitzen, Stehen),
■ dem allgemeinen Grad „gespannter" Aufmerksamkeit. In einer gefährlichen Situation kommt es zu einer erhöhten Grund-
spannung aller Muskeln. Sie macht den
Körper reaktionsbereit. Wir sprechen
von einer Orientierungsreaktion und
Erwartungsspannung. Die Motorik ist
auf Kampf- und Fluchtreaktion eingestellt. Für den vorgeschichtlichen Menschen war diese schnelle Umschaltung
lebenswichtig; denn alles Neue in ver-
trauter Situation bedeutete Gefahr.

Der Mechanismus unseres Nervensystems
hat noch vorgeschichtliche Züge. Wir reagieren bei jeder auffälligen Reizverände-

rung in unserer Umwelt noch so wie unsere Vorfahren – auch wenn sich die Umwelt völlig gewandelt hat. Im allgemeinen ist nur noch der Straßenverkehr ein gefährdendes Überraschungsfeld. Reize haben normalerweise keine lebensbedrohende Bedeutung mehr. Sie erzeugen aber im Organismus Muskelspannung – auch wenn wir die Reize gar nicht deutlich bemerken.

Unser Organismus ist ständig Abertausenden von Minireizen ausgesetzt. Sie treffen auf die Sinnesorgane. Sie sind nicht schädlich, weil wir uns an sie gewöhnt haben. Man nennt diesen bionomen, ja lebensrettenden Vorgang Habituation (Gewöhnung).

Völlig anders ist die Lage, wenn die Reize aus der Umgebung intensiv und bedeutsam sind. Hier erfolgt keine Habituation. Der Körper reagiert immer wieder mit einer Erhöhung des Muskeltonus und anderen vegetativen Prozessen. Das kann einmal dazu führen, daß wir entsprechend reagieren: zur Seite springen, angreifen, zupacken, zuschlagen, abwehren, uns zurückziehen, aus dem Wege gehen, unsere Lage verändern, fliehen usw.

Häufig kommt es aber zu einer inneren Abwehr des Reizes mit der damit einhergehenden Unterdrückung von äußeren Verhaltensreaktionen. Dabei kann sich eine zusätzliche Sensibilisierung auf diese Reize entwickeln, so daß die Abwehrreaktion immer stärker und intensiver wird. Erscheint dann ein neuer Reiz, bevor die alte Reaktion abgeklungen ist, setzt die neue Reaktion auf einem höheren Erregungsniveau und Spannungszustand an. Nicht abgebaute Einzelreaktionen summieren sich damit zu einer sich steigernden Reaktionskurve.

Die Übergänge zwischen Orientierungs- und Abwehrreaktion sind fließend. Ob ein Organismus sich an Umweltreize gewöhnt oder immer empfindsamer reagiert, hängt von verschiedenen Faktoren ab:

- Der objektiven Intensität der Reize.
- Der allgemeinen Erregbarkeit und Labilität.
- Dem individuellen Organismus.
- Der subjektiven Bedeutung, die wir selbst den Reizen zuschreiben.

Die Tonuserhöhung der Spannungszunahme wird hervorgerufen durch ein zentrales Erregungszentrum im Hirnstamm, das *retikuläre Aktivationssystem (RAS)* oder die *Formatio reticularis*.

Dieses Erregungszentrum wird zum einen durch Reize aus der Umgebung, zum anderen durch Reize aus dem Körperinnern, wie z. B. dem momentanen Spannungszustand der Muskeln, beeinflußt. Reize, die von der angespannten Muskulatur und dem übrigen vegetativen System an das Aktivationssystem abgegeben werden, können rückwirkend zu einer weiteren Spannungs- und Erregungszunahme führen. Wenn wir unsicher sind und uns ängstigen, wird die körperliche Komponente dieser Unsicherheit und Angst – die allgemeine physiologische Erregung – durch das Retikulärsystem vermittelt.

Die meisten Menschen befinden sich ständig in einem erhöhten Erregungs- und Spannungszustand. Die Entspannung der Muskulatur wirkt hemmend auf das Retikulärsystem und bewirkt eine allgemeine Entspannung, die sich auch im vegetativen System auswirkt. Nach dem Entspannungstraining sinken Pulsfrequenz und Blutdruck, nimmt die Herzfrequenz ab, ebenfalls die Atemfrequenz und die Muskelspannung. Wir fühlen uns entspannt.

Es gibt verschiedene Entspannungstechniken (siehe Seite 80). Für die muskuläre Entspannung eignet sich ganz besonders die von Edmund Jacobson eingeführte und vielfach bewährte *progressive Muskelentspannung* oder *muskuläre Tiefenentspannung*. Im folgenden gebe ich Ihnen eine etwas abgewandelte Form der muskulären Tiefenentspannung an die Hand, die sich in mei-

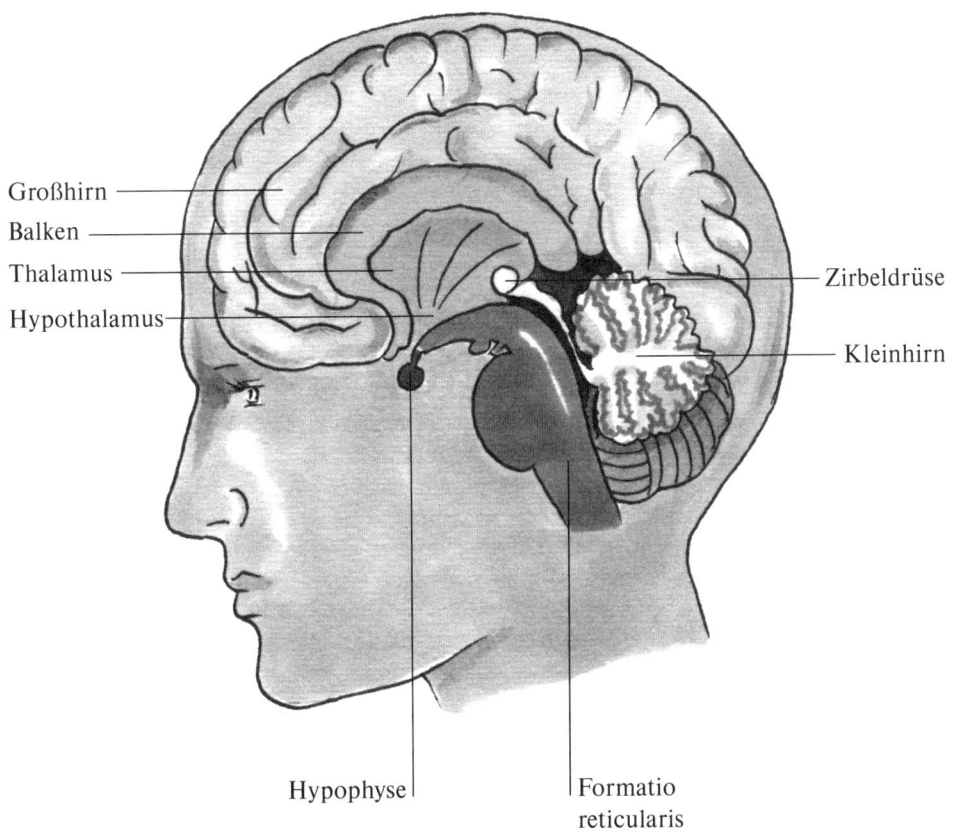

Großhirn
Balken
Thalamus
Hypothalamus

Zirbeldrüse
Kleinhirn

Hypophyse
Formatio reticularis

Abbildung 12

ner Praxis bewährt hat. Sie setzt sich aus drei Abschnitten zusammen: der Einleitung, dem Hauptteil mit seinen sieben Schritten und dem Ausklang mit seinen fünf Schritten. Die Entspannung kann im Sitzen oder Liegen durchgeführt werden. Manche Personen reagieren leichter auf die Anweisung, wenn im Hintergrund leise, langsame Musik ertönt.

Einübung in die muskuläre Tiefenentspannung

Vor den regulären Übungen zur muskulären Tiefenentspannung empfehlen sich einige Vorübungen, damit Sie erfahren, was Muskelentspannung ist. Setzen oder legen Sie sich hin, und heben Sie beispielsweise einen Arm etwas an; spannen Sie die Muskeln dort an, und lassen Sie dann den Arm entspannt fallen. Während das Anspannen leicht fällt, haben einzelne Personen Schwierigkeiten, den Arm zu entspannen, was leicht daran zu erkennen ist, daß sich deren Arm nur relativ langsam senkt. Solche und ähnliche Vorübungen sind sehr wichtig, um das Ziel Entspannung zu verdeutlichen.

Im folgenden sind Anweisungen zur muskulären Tiefenentspannung aufgeführt, die Sie sich z. B. auf eine Kassette sprechen können. Die Sterne vor dem Text zeigen die jeweils neue Übung an, die einzelnen Quadrate zwischen den Texten die Pausen (■ = 3 Sekunden).

83

Setzen oder legen Sie sich bequem hin, und schließen Sie die Augen.

■

Konzentrieren Sie sich auf Ihren Körper.
Spüren Sie seine Schwere.

■ ■ ■

*Atmen Sie bei geschlossenen Augen langsam und tief ein.

■

Spüren Sie, wie sich beim Ausatmen die Spannungen verflüchtigen.
Sagen Sie zu sich selbst: Entspanne!

■ ■ ■

Atmen Sie wieder langsam und tief ein

■

und jetzt aus.
Spüren Sie beim Ausatmen, wie die Spannungen mit Ihrem
herausgelassenen Atem entweichen.

■ ■ ■

Atmen Sie wieder langsam und tief ein

■

und nun wieder aus.
Stellen Sie sich jetzt vor, wie die Spannungen aus Ihren Muskeln entweichen.
Sagen Sie zu sich selbst: Entspanne!

■ ■ ■

*Strecken Sie Ihre Beine so weit wie möglich von sich fort und
ziehen Sie Ihre Zehen so weit Sie können zum Schienbein hin.
Halten Sie diese Anspannung ein wenig.

■ ■

Entspannen Sie Ihre Beine und Füße wieder. Lassen Sie sie ganz locker werden.
Fühlen Sie die Entspannung.

■ ■ ■

*Spannen Sie jetzt Ihre Beine mit Oberschenkeln, Knien, Waden, den Füßen und
Zehen an, so fest wie möglich. Spüren Sie die Anspannung.

■ ■

Entspannen Sie all diese Muskeln. Fühlen Sie,
wie Ihre Muskeln nachgeben und locker werden.

■ ■ ■

*Spannen Sie Ihre Gesäßmuskeln an. Halten Sie die Anspannung.

■ ■

Entspannen Sie Ihre Gesäßmuskeln.
Fühlen Sie die Entspannung.

■ ■ ■

*Spannen Sie Ihre Bauchmuskeln an, indem Sie Ihren Bauch stark herauspressen,
daß er ganz hart wird. Machen Sie sich das gespannte Körpergefühl bewußt.
Spannen Sie die Muskeln noch etwas mehr an.

■

Spüren Sie die Spannung.

■ ■

Entspannen Sie die Bauchmuskulatur. Lassen Sie Ihren Bauch ganz locker werden.
Fühlen Sie die Entspannung.
Machen Sie sich das Gefühl der Entspannung bewußt.

■ ■ ■

*Ziehen Sie Ihre Schultern so hoch Sie können zum Kopf hin.
Halten Sie die Anspannung.

■

Spannen Sie noch mehr, und spüren Sie die Spannung.

■ ■

Entspannen Sie die Schultermuskeln. Fühlen Sie die Entspannung.

■ ■ ■

Atmen Sie tief ein und aus.

■

Spüren Sie, wie alle Muskeln in der Brust und im Rücken sich entspannen.
Spüren Sie, wie die Muskeln sich lockern und die Spannung nachläßt.

■

Lassen Sie Ihre Muskeln ganz locker.

■ ■ ■

*Spannen Sie jetzt Ihre Arme an und ballen Sie die Fäuste.
Machen Sie sich das Gefühl der Anspannung bewußt.

■ ■

Entspannen Sie die Arme und Hände.
Genießen Sie die Lösung der Spannung.

■ ■ ■

*Spannen Sie jetzt alle Gesichtsmuskeln, so gut Sie es können, an: Spannen Sie Ihren
Kiefer an. Beißen Sie die Zähne fest aufeinander. Kneifen Sie die Augen zusammen.
Halten Sie die Spannung ein wenig.

■ ■

Lassen Sie Ihre Gesichtsmuskeln wieder locker. Entspannen Sie Augen,
Mund und Kiefer. Lassen Sie die Spannung des Kopfes abklingen.
Machen Sie sich die Entspannung bewußt.

■ ■ ■

*Strecken Sie Ihre Arme und Beine so weit Sie können nach vorne
von sich weg. Spannen Sie Ihren gestreckten Körper stark an.
Fühlen Sie die Anspannung.

■ ■

Entspannen Sie Ihren Körper.

■

Die Entspannung durchströmt Ihren Körper.
Genießen Sie das Gefühl der Entspannung.

■ ■ ■

Ihr Körper ist jetzt entspannt.
Sie sind ruhig, entspannt, ruhig, entspannt.

■

Sie atmen ruhig und regelmäßig ein und aus – ohne jede Anstrengung.

■ ■

Sie fühlen sich wohl, ganz wohl. Sie sind ganz ruhig und entspannt,
ruhig, entspannt, ruhig, entspannt.

■ ■

Wellen der Entspannung strömen durch Ihren ganzen Körper.
Genießen Sie dieses Gefühl.

■ ■ ■

Sie sind ruhig, entspannt, ganz ruhig, entspannt, ruhig, entspannt.

■ ■ ■ ■ ■ ■

Verweilen Sie noch ein wenig in dieser Lage.
Sie fühlen sich ganz wohl, entspannt, ruhig, entspannt.

■ ■

(Ruhezeit 2 bis 3 Minuten)

■ ■

(Es folgt die Rücknahme der Entspannung.)

■ ■

*Ich werde jetzt bis 5 zählen.
Wenn ich bei 5 angelangt bin, werden Sie wieder ganz da sein:
1. Sie sind ruhig und entspannt,

■

2. ruhig und entspannt,

■

3. entspannt und frisch,

■

4. erfrischt und ganz wach.

■

5. Augen auf! Wach und frisch. Recken und strecken wie eine Katze!

■

Es ist sinnvoll, die Anweisungen auf Kassette aufzunehmen und die muskuläre Tiefenentspannung täglich zu praktizieren. Sie kann natürlich auch in Du- oder Ich-Form aufgenommen werden (mache es Dir bequem / ich mache es mir bequem; ...).

Die *Rücknahme*, die bei „Ich werde jetzt bis 5 zählen ...“ beginnt, sollte nicht am Abend vor dem unmittelbaren Schlafengehen vorgenommen werden, da eine Person, die sich besonders gut entspannen kann, sonst hellwach bliebe. Die Rücknahme ist also nur für den Tag gedacht.

Die muskuläre Entspannung kann, nachdem sie ausreichend eingeübt wurde, in zwei Kurzformen fortgeführt werden: Entweder spannt man im Sitzen oder Liegen den ganzen Körper mehrmals an und entspannt ihn wieder, oder man spannt beim Gehen, z. B. beim Gang durch ein Zimmer, während man regelmäßig ein- und ausatmet, von unten nach oben schrittweise alle Muskeln an, geht dann wie ein Roboter noch einige Schritte und lockert danach von oben nach unten wieder alle Muskeln und vollzieht am Ende noch einige Tanzfiguren.

Vegetative Entspannung

Viele Vorgänge in unserem Körper, wie z. B. die Atmung, die Körpertemperatur, der Herzschlag, der Blutdruck usw., senden so schwache Signale, daß wir sie normalerweise nicht bemerken. Es funktioniert alles von selbst, automatisch. Das sind die vegetativen Vorgänge. Sie lassen uns leben. Diese Vorgänge werden von einem besonderen Nervensystem gesteuert. Man nennt es autonomes Nervensystem. Bisher sah man es als völlig eigenständig und unbeeinflußbar durch unseren Willen an. Das autonome Nervensystem ist auch für die Beschwerden sehr vieler Leibfunktionen verantwortlich, z. B. für erhöhten Blutdruck, Herz-Kreislauf-Beschwerden oder Störungen der Magen-Darmtätigkeit. Bisher glaubte man, diese Vorgänge seien nur durch regulierende Medikamente zu beeinflussen. Heute wissen wir, daß sich die vegetativen Vorgänge durch mentale, also geistige Konzentration beeinflussen lassen. Das autonome Nervensystem ist also nicht autonom. Für den Wandel der Auffassung war die wissenschaftliche Kontrolle von Berichten über Zen- und Yoga-Meister aus den fernöstlichen Kulturen entscheidend. Zum Erreichen der Vegetativen Entspannung wird zumeist das *autogene Training* eingesetzt, das der Berliner Arzt und Therapeut J.H. Schultz bereits in den zwanziger Jahren in Verbindung mit Hypnoseexperimenten entdeckte.

Die Gewöhnung (Habituation) an gleichbleibende Umweltreize hilft uns, unseren Organismus vor einer Reizüberflutung zu bewahren. Die zentralnervöse Tätigkeit sortiert die Reize nach dem Schema lebenswichtig – lebensunwichtig. Sie leitet unserem Bewußtsein nur die wichtigen Informationen zu. Dieser Mechanismus ist auch für die Reize aus dem Körperinneren wirksam. Wir hören beispielsweise unser Herz nicht permanent schlagen.

Leider gewöhnen wir uns auch an stärkere Aktivierungen der vegetativen Funktionen. Es ist eine langsame, schleichende Gewöhnung an immer stärkere Signale aus unserem Körper. Wir übersehen die ersten noch schwachen Alarmzeichen einer drohenden Überbelastung. Erst wenn die kritische Toleranzschwelle überschritten wird, wenn schmerzhafte vegetative Beschwerden auftreten oder das System kollabiert, erfahren wir unsere bedrohliche Befindlichkeit. Zumeist sind dann schon psychosomatische Einzelreaktionen durch Nichtbeachtung zu einer andauernden psychosomatischen Erkrankung geworden:

Magendrücken

↓

Magenbeschwerden

↓

Magen-/Darmgeschwüre.

Vielleicht verstehen wir jetzt auch die heute weit verbreitete Alexithymie, die Unfähigkeit, Gefühle deutlich wahrzunehmen und auszudrücken. Gefühle sind nicht nur psychische Erscheinungen; sie haben auch eine physiologische Grundlage. Sie werden von vegetativ-körperlichen Erscheinungen begleitet. Den unterschiedlichen Gefühlen, z. B. Angst oder Ärger, liegt jeweils ein spezifisches physiologisches Reaktionsmuster zugrunde. Wer seine unterschiedlichen Körperzustände oder Körperempfindungen nicht wahrnehmen und unterscheiden kann, kann auch die seelischen Empfindungen, wie z. B. Gefühle, nicht erkennen und differenzieren. Je bewußter und feinfühliger wir unserer Körperlichkeit gegenüber sind, desto differenzierter und sensibler sind wir in unserem Gefühlsleben. Es gibt allerdings auch das andere Extrem der Übersensibilität, die Hypochondrie.

Wenn sehr intensive Reize, die eine lang anhaltende Reaktion zur Folge haben, in kurzen Abständen aufeinanderfolgen, tritt der Aufschaukelungseffekt (die Sensibilisierung) ein. Diese Erregung kann dann nicht mehr ausgeglichen werden; das ganze vegetative System verliert das Gleichgewicht. Normalerweise verhindert ein eingebauter Sicherungsmechanismus den sofortigen Zusammenbruch. Es tritt vorübergehende Ermüdung und Erschöpfung ein. Wenn aber diese Alarmzeichen längere Zeit nicht beachtet werden, treten Dauerschäden auf, und letztlich kollabiert das System. Es kommt zum Kreislaufkollaps, Herzinfarkt, Nervenzusammenbruch. Eine permanente Störung des Gleichgewichts in Form der Überbelastung des sympathischen (mobilisierenden) Nervensystems führt schließlich zu einer erhöhten Anfälligkeit für diverse Krankheiten. Möglicherweise entsteht so auch Krebs, da auf diese Weise die körpereigene Immunabwehr geschwächt wird.

Durch die Störung des Gleichgewichts in unserem Nervensystem kommt es zur Verzögerung oder zum Ausfall der Alarmphase. Es kommt zu einer Dauerbelastung auch des parasympathischen Nervensystems, die Störungen werden chronisch. Folgende Wirkungen hat die vegetative Entspannung:

- Senkung der Muskelspannung, spürbar am Empfinden einer Schwere des Körpers und seiner Extremitäten.
- Verstärkte Durchblutung der Gefäße, spürbar als ein Kribbeln in den Fingern oder als ein Wärmegefühl in den Händen und Unterarmen oder Füßen und Unterschenkeln.
- Verlangsamung und Gleichmäßigkeit der Atmung, spürbar an der Umstellung von der Brustatmung auf Bauchatmung und an einer Verlangsamung der Pausen zwischen Ausatmen und Einatmen.
- Veränderung der Hirnstromaktivität, meßbar durch ein Elektroencephalogramm (EEG), spürbar an einem Zustand des Dösens und An-nichts-Denkens.
- Psychische Veränderungen, spürbar im Gefühl zunehmender körperlicher und psychischer Gelöstheit, dem Erlebnis von Ruhe und Gelassenheit sowie einem Gefühl der Erhöhung und geistigen Frische nach den Übungen.

Es hat sich gezeigt, daß bei einer Hintergrundmusik die Konzentration verbessert, der Entspannungszustand intensiviert und das Ruhe-, Schwere- und Wärmeerlebnis vertieft werden können. Eine solche musikalisch induzierte Entspannungsvertiefung sollte jedoch nur in den Anfangsstadien der Einübung stattfinden, da die *vegetative Entspannung*, und somit das *autogene Training* auf die verbale Selbstinstruktion hin angelegt ist. Im klassischen autogenen Training geht man erst jede der einzelnen Übungen getrennt über einen Zeitraum von jeweils ein bis zwei Wochen täglich durch. Sie finden hier eine abgekürzte Form, die bereits nach zwei bis drei Monaten täglicher Übungen zum Erfolg führen kann.

Einübung in die vegetative Entspannung

Es ist zweckmäßig, eine Kassette zur vegetativen Entspannung anzufertigen, die sich aus vier Teilen zusammensetzt, und die ebenfalls in Du- oder Ich-Form aufgenommen werden kann. Eingangs hören Sie Musik – eine Liste der geeigneten Stücke finden Sie auf Seite 162. Geben Sie sich ihr ganz hin. Dann folgenden Konzentrationsübungen im entspannten Zustand. Als nächstes sprechen Sie zu sich eine *Wunschformel*, die Sie mit dem Therapeuten oder der Therapeutin besprochen haben, z. B.: „Ich schlafe bald ein und durch", oder: „Schwierige Situationen sind für mich nur ein Anreiz zur Bewältigung", oder: „Beim Trinken von Alkohol halte ich Maß", oder: „In kritischen Situationen bewahre ich einen klaren Kopf", oder: „Ich bin aktiv. Ich gestalte mein Leben". Sie bezieht sich auf die Auflösung Ihrer Erregungen, Ängste, Hemmungen oder Zwänge, Fehlverhaltensweisen oder Beschwerden. Sie sollten Ihre Aufmerksamkeit dabei nur auf *ein Ziel* richten. Stellen Sie sich das Ziel so vor, als ob Sie es schon erreicht hätten. Später können Sie mit der gleichen Übung andere Ziele ansteuern. Zum Abschluß hören Sie wieder Musik. Das Sonnengeflecht, auf das Sie sich an einer Stelle konzentrieren werden, ist ein Nervengeflecht, das alle Bauchorgane beeinflußt und im Bauch zwischen Nabel und Rippenbogen liegt.

Einleitung
Schließen Sie Ihre Augen. Konzentrieren Sie sich ganz auf Ihren Körper. Wenn Sie Linkshänder sind, konzentrieren Sie sich bei den ersten beiden Übungen auf Ihren linken Arm. Sprechen Sie die folgenden Sätze zu sich selbst und stellen Sie sich die Wirkung bildhaft und konkret vor. Wiederholen Sie die Sätze ruhig und eindringlich jeweils sechsmal und die dazwischen gesprochenen Ruhesätze jeweils zweimal.

Konzentrationsübung

Ich bin vollkommen ruhig (zweimal)
Arm ganz schwer (sechsmal)
(2 Minuten Pause)
Ich bin vollkommen ruhig (zweimal)
■ ■ ■
Arm ganz warm (sechsmal)
(2 Minuten Pause)
Ich bin vollkommen ruhig (zweimal)
■ ■ ■
Herz schlägt ruhig und kräftig (sechsmal)
(2 Minuten Pause)
Ich bin vollkommen ruhig (zweimal)
■ ■ ■
Atem ruhig und gleichmäßig.
Es atmet mich (sechsmal)
(2 Minuten Pause)
Ich bin vollkommen ruhig (zweimal)
■ ■ ■
Sonnengeflecht strömend warm (sechsmal)
(2 Minuten Pause)
Ich bin vollkommen ruhig (zweimal)
■ ■ ■
Stirn angenehm kühl (sechsmal)
(2 Minuten Pause)
Ich bin vollkommen ruhig (zweimal)
■ ■ ■

Wunschformel
Nun wiederholen Sie einen Satz, der angibt, was Sie konkret erreichen möchten. Wiederholen Sie den Satz *etwa dreißigmal* und stellen Sie sich vor, Sie erreichen das Ziel. Nach einer längeren Pause von etwa sechs Minuten folgt noch zweimal der Satz „Ich bin vollkommen ruhig".

Rücknahme
Öffnen Sie langsam Ihre Augen. Recken und strecken Sie sich wie eine Katze. Sie sind entspannt und fühlen sich wohl. Sie sind ganz wach und frisch, wach, entspannt und frisch.
Lassen Sie danach noch eine Weile (zwei bis drei Minuten) die Musik auf sich einwirken.

Meditative Versenkung

Meditation bedeutet (nach dem lateinischen Verb meditare = nachdenken) sinnende Betrachtung, religiöse Versenkung. Meditierende Entspannung richtet sich in erster Linie gegen die Überbetonung des Intellekts und der technischen Intelligenz und die Vernachlässigung der gefühlsmäßig-intuitiven Fähigkeiten des modernen Menschen.

Unsere Lebensorientierung ist vorzugsweise auf Leistung, Berufserfolg und gesellschaftliches Prestige ausgerichtet und zum geringen Teil auf unser Erleben, unsere soziale und ästhetische Sensibilität, Bewußtseinserweiterung und Persönlichkeitsvervollkommnung. Dieses vereinseitigte Leben ist die hintergründige Ursache vieler Lebensschwierigkeiten. Die Vereinseitigung und Beschränkung auf unsere private eingeengte Existenz behindert uns auch darin, die uns verfügbaren Selbstheilungskräfte freizusetzen.

Viele Experten sehen in der zunehmenden Verbreitung der Meditation ein Anzeichen dafür, daß der Mensch auf der Suche nach dem ist, was er einmal besessen hat, was ihm aber verlorengegangen ist:

- Die Ausweitung der in ihm liegenden Kräfte.
- Die Annäherung an sich selbst und die Wirklichkeit durch eine Erweiterung der Wahrnehmung.
- Der Erwerb von Gelassenheit, Liebesfähigkeit, Lebensfreude und Begeisterung.
- Der Zugang zum Wissen, daß wir ein Teil des Universums sind (im Erlebnis der Verbundenheit).
- Die Fähigkeit, wirkungsvoller zu handeln und damit im Alltag leistungsfähiger zu werden.

Die Wege der Meditation sind – wie bei einem körperlichen Trainingsprogramm – individuell verschieden. Wie dort Körperbau, Belastbarkeit, Spannkraft, Muskeln und Blutkreislauf zu berücksichtigen sind, so bei der Meditation die besonderen intellektuellen, emotionalen und sensorischen Fähigkeiten.
Meditation und Psychotherapie sind zwei verschiedene Wege zur Persönlichkeitsentwicklung. Sie unterscheiden sich in ihren Akzenten, Zwecken und Bereichen. Meditation ist im wesentlichen ein Vorgehen des einzelnen ohne besondere Bedeutung für andere. Therapie vollzieht sich in Wechselwirkung mit dem Therapeuten und anderen Menschen. In der Meditation geht es um die Erlangung eines erweiterten Bewußtseins, in der Therapie um die Beseitigung spezieller Probleme. Die Meditation führt zu einer Neugestaltung der Persönlichkeit, die Therapie ist in erster Linie auf die Behebung psychischer und psychosomatischer Störungen gerichtet.
Meditation wird in die Therapie eingebaut, um die in den therapeutischen Entspannungsübungen angestrebte Gelassenheit zu vertiefen und darüber hinaus den Patienten zu einer tragbaren Lebensphilosophie zu führen. Dabei werden die sinnliche Wahrnehmung mittels der körperbezogenen Meditation, die Sensibilität, das Gefühlsleben und die Kreativität sowie das geistige Leben und die innere Disziplin gefördert.

Die Meditation wirkt sich sowohl körperlich als auch seelisch aus. Als körperliche Wirkung treten auf: ein Zustand tiefer Entspannung, verbunden mit einem wachen und aufgeschlossenen Geist, Verlangsamung des Stoffwechsels, der Herz- und Atemtätigkeit, eine Veränderung im Muster der Gehirnwellen. Unter den seelischen Wirkungen kann man hervorheben: Gewinnung einer neuen Beziehung zur Wirklichkeit durch den Erwerb von Heiterkeit, Gelassenheit und der Fähigkeit, auch widrigen Umständen gegenüber standzuhalten; Stärkung des Willens und des zielbewußten Handelns, Fähigkeit der rückhaltlosen Hingabe an eine Aufgabe sowie Neugestaltung der Persönlichkeit.
Die Meditation als Versenkung in eine sinnliche Erscheinung (Bild, Ton, Text) hat eine doppelte Richtung: eine rationale mit der Erfassung des Wesentlichen und eine emotionale mit der Vergegenwärtigung des Lebensbezugs.
Meditiere ich z. B. über das Haus, so komme ich zu dem Ergebnis, daß das Ur-Haus nur drei Bestimmungsstücke enthält: eine Grundlage, eine Umgrenzung, eine Tür zum Eintritt und Austritt. Ich lasse also bei dieser Gegenstandsanalyse alle Besonderheiten weg, abstrahiere von diesen und beziehe mich nur auf das Icon des Hauses.

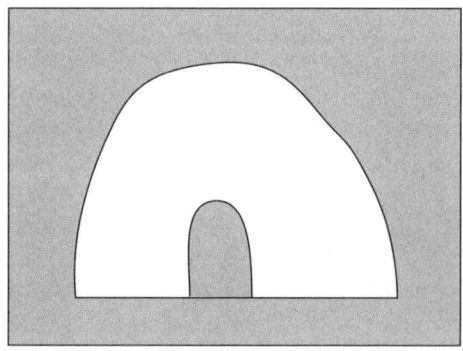

Diese Art der abstrahierenden Erkenntnis ist in der Seele des Menschen angelegt und schon früh entwickelt. Wir können sie bereits bei urzeitlichen Höhlenzeichnungen und an den Zeichnungen kleiner Kinder beobachten.

Neben der rationalen Erfassung fallen mir bei der Meditation über das Haus lebensbezogene Aspekte auf: Geborgenheit, Schutz vor Witterungseinflüssen, Zufluchtsort, Abgeschiedenheit, Schlafstätte. Ich konzentriere mich bei dieser Betrachtung auf die Lebensdienlichkeit des Hauses.

Wir betrachten in der Meditation nur einen Denkinhalt. Durch die willentlich eingeleitete Konzentration schalten wir alle übrigen Reize aus. Wir geraten über die Entspannung in einen besonderen Bewußtseinszustand völliger Ruhe und hoher Sensibilität, in einen gesteigerten Wachzustand ohne physiologische Erregung. In diesem Zustand der entspannten Wachheit erscheinen uns unsere persönlichen Probleme in einem anderen Licht. Schwierigkeiten – und dies ist ein erster therapeutischer Effekt – muten uns anders an. Wir können sie mit einem gewissen Abstand betrachten und von daher auch besser Alternativen für ihre Lösung finden.

Bei der Meditation kann man sich auf verschiedene Wahrnehmungen, Vorstellungen oder Gedanken konzentrieren, beispielsweise auf

- den Atem;
- den Körper, z. B. die Innenfläche der Hand, das gleichmäßige Kopfnicken oder die gleichmäßige Bewegung des Oberkörpers;
- ein Bild, z. B. Punkt, Kreis, Dreieck, Rad, Kreuz; Tor, Brücke, Treppe, Baum, Blüte, etwa Seerose;
- eine bildhafte Vorstellung, z. B. Rauch, dahinziehende Wolken, schwimmender Baumstamm auf breitem, langsam dahinfließendem Strom, aufsteigende Luftballons oder Seifenblasen;

- einen Gedanken oder kurzen Text, z. B. Sicherheit, Geborgenheit, Frieden;
- Klänge, Ton, Rhythmus, Musik, Murmeln einer Lautkombination, z. B,. am-om-am;
- Gegenstände, wie Schale, Vase, Stab.

Es fällt anfangs vielen schwer, sich auch nur eine Minute auf eine Wahrnehmung, Vorstellung oder einen Gedanken zu konzentrieren, sind doch die Gedanken, wie es in einer östlichen Meditation heißt, wie Affen, die von einem Ast zum anderen hüpfen.

Viele Menschen mit seelischen Schwierigkeiten neigen auch zu sich selbstschädigenden Assoziationen. Immer wieder werden sie von negativen neuen oder sich wiederholenden Gedanken oder Befürchtungen geplagt. Die meditative Konzentration kann ihnen helfen, sich davon zu befreien. Meditation ist erlerntes Einengen der Gedanken auf einen selbstgewählten Gedanken.

Erst wenn wir die meditative Konzentration über längere Zeit, täglich, regelmäßig und eindringlich üben, erreichen wir den für die Meditation charakteristischen Zwischenzustand der wachen Versunkenheit in einem sensiblen und erweiterten Bewußtsein.

Vor der eigentlichen Meditation empfehle ich folgende Vorübung:

Setzen Sie sich bequem bei Kerzenlicht und Räucherstäbchen in ein ruhiges Zimmer. Sagen Sie zu sich: Ich bin ganz ruhig und entspannt. Ich höre die Stille (mehrmals wiederholen). Stellen Sie sich vor, Sie werfen einen Stein in einen stillen Waldsee und beobachten die sich ausbreitenden runden Wellenkreise. Lassen Sie störende Gedanken wie unruhige Wellen auslaufen, bis sie sich auflösen und der See wieder ganz ruhig und glatt wird.

Während Sie ruhig und friedlich sind, atmen Sie mehrere Male tief ein, halten den Atem etwas an und atmen dann die

Luft langsam wie bei einem tiefen Seufzer aus. Danach fühlen Sie sich ausgesprochen erleichtert, in einem Zustand der Heiterkeit.

Jetzt sprechen Sie jeweils mehrmals die folgenden Sätze zu sich:

> Ich bin ganz ruhig und entspannt.
> Ich höre die Stille.
> ■ ■ ■
> Freude kehrt ein.
> ■ ■ ■
> Ich sehe etwas Schönes.
> ■ ■ ■
> Ich erwarte Gutes.
> ■ ■ ■

Nun stellen Sie sich einen Wunsch vor, der in Erfüllung gehen, ein Problem, das gelöst werden sollte. Dann sagen Sie nach einer Pause mehrmals zu sich:

> Ich finde einen guten Weg.
> ■ ■ ■
> Ich erwarte die Erfüllung des Wunsches
> und
> die Lösung des Problems.
> ■ ■ ■

Verharren Sie im Zustand gelassener Erwartung. Lassen Sie die Wunschantworten zu, betrachten Sie sie wie ein Geschenkangebot. Suchen Sie sich das für Sie brauchbare Geschenk aus und halten Sie es in Gedanken fest.

Jetzt sagen Sie mehrmals zu sich:

> Ich habe Vertrauen in meine Fähigkeiten.
> ■ ■ ■
> Ich überwinde meine Schwierigkeiten:
> ■ ■ ■
> Ich werde die Aufgabe lösen.
> Ich werde mein Ziel erreichen.
> ■ ■ ■

Abschließend wenden Sie sich in Ihrer Vorstellung wieder dem Waldsee zu und

sprechen wieder jeweils mehrere Male die folgenden Sätze zu sich:

> Mein Geist ist jetzt so still und friedlich
> wie der See.
> ■ ■ ■
> Meine Sorgen und Ängste werden von dem
> See in sich aufgenommen.
> ■ ■ ■
> Ich überwinde alle Spannungen
> und Schmerzen.
> ■ ■ ■
> Die schöpferischen Kräfte fließen aus dem
> Zentrum meiner Seele auf mich ein.
> ■ ■ ■
> Ich bin frei von allen Spannungen und
> Befürchtungen.
> ■ ■ ■

Anschließend nehmen Sie die Entspannung zurück, indem Sie sich recken und strecken wie eine Katze. Sie sind entspannt und fühlen sich frisch und wohl.

Vasen-Meditation

Ich habe eine Sammlung von etwa zwanzig kleinen bunten Vasen. Ich lege sie dem Patienten vor und lasse ihn eine, die er besonders schön findet, auswählen. Nach einer Atem-Entspannung setzt sich der Patient dann vor einen Tisch, auf dem die Vase steht, und betrachtet die Vase. Diese Einführung dient dazu, sich das Bild der Vase einzuprägen und die mit ihr gegebenen zwei Merkmale *Stehen auf festem Grund – nach oben geöffnet sein* mit der eigenen Lebensgestalt und -orientierung zu verbinden. Später kann die Meditation dann im Sitzen, Stehen oder Liegen bei geschlossenen Augen meditiert und mit förderlichen Gedanken verbunden werden.

Anfangs geraten einige Patienten allein durch das Betrachten der Vase nach einigen Minuten in einen tranceartigen Zustand, bei dem sich die Vase verändert. So berichtete eine Patientin, daß die Vase bunter, eine andere, daß sie heller, wieder eine andere, daß sei beim Einatmen kleiner und weiter weg, beim Ausatmen größer und näher herangerückt erschien.

Wenn Sie diese Meditation durchführen möchten, sprechen Sie sich den folgenden Text am besten in langsamem Tempo auf eine Audiokassette – statt der gewählten Ich-Form können Sie natürlich auch die Du-Form benutzen:

„Ich stelle eine Vase auf den Tisch und setze mich gerade und bequem davor. Ich betrachte zunächst etwa eine Minute lang die Vase, die mir besonders gefällt. Nun schließe ich die Augen.

Ich strecke meine Arme und Beine so weit wie möglich nach vorn von mir weg. Ich spanne meinen gestreckten Körper stark an, fühle die Anspannung. Ich entspanne meinen Körper, fühle die Entspannung. Ich atme regelmäßig ein und aus – ohne jede Anstrengung, regelmäßig ein und aus. Ich bin ganz ruhig und entspannt.

Nun stelle ich mir die Vase so deutlich wie möglich vor. Ich sage im stillen zu mir (es folgt der Text der ersten fünf Zeilen, der nach jeder Gedankeneingabe wiederholt wird):

Die Vase steht auf festem Grund.
Die Vase ist nach oben geöffnet.
Ich bin wie die Vase:
Ich stehe auf festem Grund.
Ich bin nach oben geöffnet.

Ich lasse alle guten Gedanken und alle guten Vorstellungen kommen.
Gute Gedanken und Vorstellungen.
(Pause)
Die Vase steht auf festem Grund...

Ich lasse innere Ruhe und Gelassenheit ein.
Ich spüre Sicherheit und fühle mich geborgen.
Nichts kann mich jetzt beunruhigen.
Ich ruhe in mir selbst.
Ich spüre den inneren Frieden.

Ruhe und Gelassenheit.
(Pause)
Die Vase steht auf festem Grund...

Ich lasse Sicherheit und Geborgenheit ein.
Ich spüre Sicherheit und fühle mich geborgen.
Nichts kann mir etwas anhaben.
Ich werde mit Problemen und Konflikten fertig.
Sicherheit und Geborgenheit.
(Pause)
Die Vase steht auf festem Grund...

Ich lasse Energie und Lebensmut ein.
Ich spüre in mir Kräfte der Lebensbewältigung.
Ich sehe zuversichtlich der Zukunft entgegen.
Ich habe neue Hoffnungen.
Energie und Lebensmut.
(Pause)
Die Vase steht auf festem Grund...

Ich lasse Wohlbefinden und Freude ein.
Ich fühle mich körperlich und seelisch wohl.
Ich bin ausgeglichen.
Ich freue mich über mich selbst und habe Freude am Leben.
Wohlbefinden und Freude.
(Pause)
Die Vase steht auf festem Grund...

Ich lasse Güte und Hilfsbereitschaft ein.
Meine Seele weitet sich.
Sie ist erfüllt von Wohlwollen.
Sie ist sensibel für Beistand.
Güte und Hilfsbereitschaft.
(Pause)
Die Vase steht auf festem Grund...

Ich lasse Sympathie und Liebe ein.
Ich fühle mich mit allem verbunden.
Ich liebe die Menschen.
Ich empfange Liebe.

> Sympathie und Liebe.
> (Pause)
> Die Vase steht auf festem Grund...
>
> Ich sammle in mir die sieben Kräfte:
> Gute Gedanken und Vorstellungen,
> innere Ruhe und Gelassenheit,
> Sicherheit und Geborgenheit,
> Energie und Lebensmut,
> Wohlbefinden und Freude,
> Güte und Hilfsbereitschaft,
> Sympathie und Liebe.

Am Ende einer solchen meditativen Übung sollte, sofern sie nicht unmittelbar vor dem Zubettgehen stattfindet, wieder eine Rücknahme erfolgen, z. B. „Ich recke und strecke mich. Ich bin entspannt, wach und frisch. (zweimal) Ich öffne meine Augen."

Abschließend noch zwei meditative Kurzentspannungen:

Konzentration auf die innere Kraftquelle

Setzen Sie sich ganz bequem hin. Lehnen Sie Ihren Rücken an. Schließen Sie die Augen. Achten Sie jetzt nur auf Ihren Atem. Langsam einatmen, kurz ausatmen. Wiederholen Sie diese Atmung etwa zehn- bis zwölfmal.

Sie sind ganz entspannt.

Jetzt sagen Sie zu sich langsam im stillen: „Ich bin ganz ruhig und entspannt." Wiederholen Sie diesen Satz etwa sechs- bis achtmal.

Nun konzentrieren Sie sich auf Ihre verborgene innere Kraftquelle.

Sie sagen zu sich vier- bis sechsmal im stillen: „Ich habe in mir eine Kraftquelle – das Selbst." „Ich vertraue auf ihre fördernden Kräfte." „Ich erwarte die fördernden Kräfte; ich spüre sie."

Öffnen Sie dann Ihre Augen. Sagen Sie zu sich: „Ich recke und strecke mich. Ich bin ganz wach und frisch." (Diese „Rücknahme" aber nur am Tage vornehmen und nicht vor dem unmittelbaren Schlafengehen.)

Baumstamm-Meditation

Schließen Sie Ihre Augen. Atmen Sie mehrmals tief ein und aus. Sie sind ganz entspannt.

Stellen Sie sich einen breiten langsam dahinfließenden Strom vor. Er kommt von links und fließt nach rechts.

Sie sitzen auf einem Stein am Ufer.

Auf dem Strom gleiten einzelne große Baumstämme dahin.

Sie wenden Ihren Blick nach links, sehen in etwa 300 Meter Entfernung einen Baumstamm und verfolgen ihn, bis er in der Ferne rechts verschwindet. Dies wiederholen Sie etwa vier- bis sechsmal.

Dabei sagen Sie zu sich jedesmal im stillen: „Mit dem Baumstamm schwimmen meine Sorgen und Beschwerden dahin. Sie lösen sich langsam auf."

Öffnen Sie Ihre Augen. Sagen Sie zu sich: „Ich recke und strecke mich. Ich bin ganz wach und frisch, wach, entspannt und frisch."

Neues Denken und Vorstellen

Die Erlebens- und Verhaltensschwierigkeiten im Kommunikations- und Leistungsbereich haben ihre Ursache vor allem in unproduktiven, falschen und selbstschädigenden Denk- und Vorstellungsmustern. Seit der kognitiven Wende in der Verhaltenstherapie in den letzten beiden Jahrzehnten haben wir einen entscheidenden Schritt bei der Behebung von psychischen und psychosomatischen Störungen gemacht. Die Therapie ist nicht nur effektiver, sondern auch kürzer geworden. Noch immer gibt es jedoch eine Reihe von Vorurteilen dagegen:

- Wenn die ersten Ursachen, die hinter einem Fehlverhalten stecken, nicht aufgedeckt und angegangen werden, kann man sich nicht ändern.
- Es dauert lange, sich zu ändern, da auch das Problem seit längerer Zeit besteht.

■ Wenn sich jemand schnell ändert, ist diese Änderung nur oberflächlich und hält nicht lange an.

Dagegen ist einzuwenden, daß die psychischen Schwierigkeiten des Erwachsenen nicht in erster Linie durch äußere Ereignisse und Umstände zustande kommen, sondern selbst verursacht sind. Wenn ein Patient berichtet: „Dieser oder jener, dies oder jenes hat mich aufgeregt", so ist dies psychologisch falsch. In der Therapie erfährt er die neue Sicht und lernt die neue Sprache: „Ich habe mich über diesen oder jenen, dies oder jenes aufgeregt." Der Kontrollpunkt liegt nicht in den äußeren Ereignissen selbst, sondern in der *Auffassung und Bewertung* der Ereignisse durch den Betroffenen.

Bei Kindern, besonders Kleinkindern, ist dies anders. Hier können äußere Ereignisse, z.B. harte, strafende Erziehungsmaßnahmen und Lieblosigkeit, länger anhaltende Schädigungen verursachen, hat doch das abhängige Kind ausreichende Verarbeitungs- und Bewältigungsfähigkeiten noch nicht entwickelt. Diese Schäden werden jedoch in den meisten Fällen in der weiteren Kindheit – wenn auch oft nur in unzureichender Weise – „verarbeitet". Es kann sich ein *LAU-Syndrom*, d.h. eine erhöhte emotionale *L*abilität, *A*ngstbereitschaft und *U*nsicherheit bilden. Dieses Syndrom kann allerdings – wenn wir die Denk- und Verhaltensmuster korrigieren – abgebaut und aufgelöst werden. Es wird nicht bestritten, daß die frühen Erfahrungen und seelischen Verletzungen zu unangemessenen und selbstschädigenden Erlebnis- und Verhaltensweisen führen können. Die Entstehungsursachen lassen sich allerdings nicht angehen und korrigieren, wohl aber die gegenwärtigen Stützursachen, die das Erleben und Verhalten klar erkennbar beeinflussen.

Lernziel ist die Auflösung selbstschädigender Denk- und Verhaltensweisen und der

Aufbau realistischer Zuversicht. Da Denken und Vorstellen zu den Kognitionen gehören, können wir das Lernziel auch als kognitive Umstrukturierung bezeichnen.

Steigerungsmethode, Gedankenstop und Ablenkung

Im folgenden beschreibe ich einfach zu erlernende Techniken. Zunächst wird gezeigt, wie wir uns von sich aufdrängenden und fehlsteuernden Gedanken und Vorstellungen abwenden und sie schrittweise verarbeiten können. Danach können wir erkennen, welche Wirkungen Zuschreibungen (Attributionen) haben, z.B. „Die anderen und die Umstände sind schuld an meinen Schwierigkeiten" oder aber „Ich habe mich durch mein Denken und Verhalten in Schwierigkeiten gebracht." Zuletzt gehen wir genauer den Denkfehlern nach, die uns in seelische Not und Bedrängnis bringen.

Ängstliche Menschen werden oft von hartnäckigen zwanghaften Grübeleien und von immer wieder auftretenden Befürchtungsgedanken und -vorstellungen geplagt.

Mit folgenden *Steigerungsmethoden* lassen sie sich allmählich in den Griff bekommen und abbauen.

■ Wenn die Befürchtungsgedanken einmal nicht aufgetreten sind, produziert man sie bewußt selbst und steigert sie in der Vorstellung; dabei hält man die Angst aus und erkennt, daß die Befürchtungsgedanken gar nicht von den Objekten und Situationen ausgehen, sondern vom eigenen Denken.

■ Zum anderen lernt man mit der Zeit, daß der Horror oder die Panik gar nicht zu den erwarteten Folgen von Verwirrung, Ohnmacht und Herzstillstand führen.

Mit anderen Worten: Personen, die ohne äußeren Anlaß immer wieder automatisch von sich aufdrängenden Befürchtungsgedanken belästigt werden, können sie dadurch angehen und reduzieren, daß sie sich diese Gedanken für einen bestimmten begrenzten Zeitabschnitt des Tages selbst verordnen, ihnen also bewußt nachgehen, sie in der Vorstellung noch steigern. Mit dieser Prozedur haben die Betreffenden die Gedanken bereits unter Kontrolle gebracht und können sie dann leichter durch weitere Maßnahmen eliminieren.

Zwei weitere Methoden sind der *Gedankenstop* und die *Ablenkung*.

Zunächst ist festzustellen, worauf sich die Angst und das Grübeln beziehen. Oft sind dies mehrere Situationen. Es ist wichtig, daß jeder einzelne dieser Befürchtungsgedanken der folgenden Gedankenstop-Prozedur zu unterziehen ist.

Befürchtungsgedanken, negative Gedanken sind gefährlich, weil...

■ sie uns an das, wovor wir uns fürchten, ständig binden und uns besetzen.

■ sie uns immer nur auf das Negative hinlenken und nicht auf das Positive.

■ negative Gedanken unsere Aktivität und Versuche, eine Situation zu bewältigen, schwächen.

■ sie unsere Abwehrkräfte schwächen.

Um dieser seelischen Behinderung zu entgehen, ist es zweckmäßig und hilfreich, selbstschädigende Gedanken im Augenblick des Auftauchens zu stoppen. Das folgende Beispiel zeigt die Einübung des Gedankenstops.

> Eine Chefsekretärin, 36 Jahre alt, wird beunruhigt, wenn sie an ihren Chef denkt, dieser ihr bei der Arbeit über die Schulter schaut, sie einen Bericht vorzulegen hat, der Chef einmal grußlos an ihr vorbeigeht, der Chef sich über jemanden im Betrieb abfällig äußert.
> Therapeut: „Schließen Sie die Augen und konzentrieren Sie sich auf Ihren störenden Gedanken, z. B. ‚Ich kriege Angst, wenn ich an meinen Chef denke'. Sobald Ihnen der Gedanke

gegenwärtig ist, heben Sie den Daumen Ihrer rechten Hand ein wenig hoch."

Die Patientin (P.) gibt nach einiger Zeit das Signal. Der Therapeut (Th.) ruft laut und scharf „Stop" und schlägt kräftig mit der flachen Hand auf den Tisch oder mit einem Klöppel auf einen Gong. Die Patientin erschrickt, zuckt zusammen und öffnet die Augen.

Th.: „Haben Sie gemerkt, wie Ihre Gedanken unterbrochen wurden?"

P.: „Ja, doch jetzt kommen sie wieder."

Th.: „Das habe ich erwartet; denn das erste Stop-Signal ist ja kein Zauberstab. Versuchen Sie jetzt einmal die Übung ohne mich und ohne Gongschlag durchzuführen. Sobald sich der Befürchtungsgedanke meldet, sagen Sie laut ‚Stop!' zu sich."

Th.: „Ist es Ihnen schon gelungen?"

P.: „Noch nicht ganz."

Th.: „Wiederholen Sie das Ganze noch einmal; schreien Sie Ihr Stop laut heraus und machen Sie eine Faust."

Die Patientin führt die Handlung wieder durch.

Th.: „Wie war es jetzt?"

P.: „Das ging schon besser."

Th.: „Nun führt aber das Stoppen noch nicht entscheidend weiter; es hält lediglich den Befürchtungsprozeß oder die negativen Gedanken auf. Man muß das, wovor man sich fürchtet oder was man negativ deutet, auf seinen Wirklichkeitsgehalt und seine Wirklichkeitsbedeutung hin überprüfen. Damit wird die Befürchtung in ihrer Eindrucksmächtigkeit herabgesetzt, verkleinert sich der negative Gedanke, und es werden die positiven Aspekte, die ein (Befürchtungs-)-Gegenstand ja auch haben kann, hervorgehoben und betont.

Bleiben wir bei dem ersten Übungsgedanken, daß Sie Angst entwickeln, wenn Sie an Ihren Chef denken. Was tut er Ihnen denn wirklich? Und wie gehen Sie mit ihm um? Leisten Sie auch arbeitsmäßig was?"

P.: „Wenn ich es ganz genau betrachte, tut er mir nichts. Und mir ist auch nicht bewußt, daß ich ihm was getan hätte oder daß ich meine Arbeit schlecht verrichte."

Th.: „Nun stellen Sie sich vor, daß Sie sich bemühen, Ihre Arbeit, so gut Sie können, zu erledigen, daß Sie dabei höflich und freundlich Ihrem Chef gegenüber sind. Ist das so?"

P.: „Ja, ich bin eigentlich immer bemüht, gute Arbeit zu leisten, und ich versuche auch stets, eine höfliche Mitarbeiterin zu sein."

Th.: „Dann halten Sie sich doch daran gedanklich fest."

P.: „Ja, das ist die Realität. Das kann ich einsehen."

Th.: „Nun wissen Sie, was Sie in der kommenden Woche zu tun haben. Denken Sie daran, daß Sie jeweils nur einen Befürchtungsgedanken angehen.

Sie werden beobachten können, daß Ihre Befürchtungsgedanken vielleicht stark ansteigen. Diese sträuben sich gleichsam dagegen, von Ihnen attackiert zu werden. Führen Sie diese Übung trotzdem bitte konsequent fort."

Die Patientin setzt die Übung zu Hause fort: Sofort bei Auftauchen des negativen Gedankens „Stop!", dabei macht sie eine feste Faust. Dann *realistischer Gegengedanke*: „Ich bemühe mich, meine Arbeiten, so gut ich kann, zu erledigen. Außerdem bin ich höflich, freundlich. Daran halte ich mich gedanklich fest. Bei solchen Verhaltensweisen kann ich nur respektiert werden."

Bei konsequenter Vorgehensweise wird die Häufigkeit der unerwünschten Gedanken

bald schnell abnehmen. Zwar kann es zwischendurch zu einem Rückfall kommen. Das ist jedoch kein Grund zur Beunruhigung, gehören doch solche Rückfälle zum Heilungsprozeß. Später kann man bei jeder Gelegenheit seine Befürchtungsgedanken auf die gleiche Weise angehen – sogar, wenn man nur im Stillen zu sich stop sagt, dabei eine feste Faust macht und sodann einen realistischen Gegengedanken entwickelt. Es ist gewissermaßen ein geistiger Boxkampf.

Läßt man einen negativen Gedanken gewähren und gibt ihm nach, vergrößert er sich und ergreift völlig Besitz von einem, bis man ihm hilflos ausgeliefert ist. Es ist deshalb günstiger, die schädlichen Gedanken *sofort* beim Auftauchen anzugreifen und realistische Gedanken dagegenzusetzen. Man kann das Stop-Signal z. B. noch verstärken, indem man ein Gummibändchen um das Handgelenk legt, es bei „Stop" anspannt und dann losläßt, sich also einen schmerzhaften Strafreiz zufügt. Unmittelbar nach dem Stop ist sofort ein realistischer Gedanke dagegenzusetzen.

Wichtig ist es, dem Problem offen gegenüberzustehen und dabei *Zuversicht der Bewältigung* zu entwickeln. Dann lernt man schrittweise die Bewältigung.

Damit die Gedanken nicht gleich wiederkommen, kann man nach den einzelnen Übungen sofort einen positiven, realistischen Ersatzgedanken einüben, z. B. sich auf die Entspannung der Faust konzentrieren und angenehme Empfindungen genießen, wenn sich die einzelnen Finger entspannen.

Die Empfehlung, sich bei Angst, Sorgen, Grübeleien oder depressiven Verstimmungen bewußt abzulenken, erscheint dem Betroffenen, aber auch manchem Psychotherapeuten als oberflächlich und ungeeignet, emotionale Probleme zu bewältigen. Es geht bei der Ablenkung aber nicht darum, solche Probleme zu verarbeiten und zu bewältigen, sondern zunächst darum, ihre Verankerung und Vertiefung aufzuhalten oder zu unterbrechen, sich vorübergehend von dem Problem abzuwenden oder zu lösen und die Aufmerksamkeit auf etwas anderes zu richten. Durch sein stellungnehmendes Bewußtsein verfügt der Mensch über diese Fähigkeit. Wir können uns – selbst wenn unsere Wahrnehmung, Vorstellung und unser Denken von der Angst eingeschränkt sind – durch einen Willensruck vorübergehend anderen Wahrnehmungen, Vorstellungen und Gedanken zuwenden. Manchen gelingt dies leichter, anderen weniger leicht. Man kann aber lernen, diese angeborene Ablenkungsfähigkeit zu aktivieren.

Dazu sollten Sie eine Liste von Tätigkeiten und Situationen aufstellen, bei denen Sie sich in der Vergangenheit wohlgefühlt, vielleicht sogar glücklich gefühlt haben. Eine solche Tätigkeit oder Situation sollten Sie sich sogleich bei Aufkommen von Angst, Grübeleien, Sorgen usw. *vorstellen*, sich *gedanklich daran festmachen*. Es kann ein Urlaubsort, eine Begegnung, eine Bergtour oder Bootsfahrt, ein Geschenk oder ein Erfolg gewesen sein. Es müssen aber nicht immer so hervorgehobene Ereignisse sein. Im Alltag können uns auch viele unscheinbare Begebenheiten erfreuen: ein Frühstück, ein Fernsehbericht oder -film, ein Bad, ein Spaziergang, ein Telefonanruf, ein Besuch oder der Anblick der Blumen auf der Fensterbank.

Die Fähigkeit der Ablenkung beruht auf zwei allgemeinen neurologischen Mechanismen: Einmal sehnt sich der Mensch bei gleichförmigen und gleichbleibenden Wahrnehmungen oder Tätigkeiten nach *Reizvariationen*. Verängstigte und depressive Menschen leben gleichsam in einer bedrückenden monotonen Welt. Sie spüren den Drang, den Mangel oder Verlust an Erlebnisfähigkeit durch neue Reize, Wahrnehmungen und Begegnungen auszugleichen. Da ihre Energie und Zuversicht häufig erlahmt sind, bedürfen sie der (therapeutischen) Anregung und Anleitung zur Verhaltensänderung.

Zum anderen wird die lebenswichtige *Orientierungsreaktion* mobilisiert. Sie ist ein zentraler neuropsychologischer Mechanismus, der automatisch bei neuen, unerwarteten Umweltreizen auftritt und das Individuum in einen Zustand gesteigerter Aufmerksamkeit versetzt und damit auf die Bewältigung von Situationen vorbereitet. Die Orientierungsreaktion zeigt sich vor allem in einer Steigerung des Muskeltonus, in einer erhöhten Hirnaktivität, einer Vertiefung und Verlangsamung der Atmung, einer Herabsetzung der Herzfrequenz sowie in der Erweiterung der Blutgefäße im Kopf und Gehirn.

Die Orientierungsreaktion ist ein grundlegendes Wahrnehmungs- und Erregungsmuster, das neurologisch aussortiert, was wir beachten, sehen, hören und fühlen. Sie ist eine automatische Aufmerksamkeitsreaktion, mit deren Hilfe wir alle eintreffenden Reize nach ihrer Wichtigkeit, Bekömmlichkeit oder Bedrohlichkeit abchecken. Sie entlastet uns von der Denkarbeit. Wir brauchen uns gar nicht zu überlegen, was uns guttut oder sich ungünstig auswirkt. Dies meldet die Orientierungsreaktion über unseren Körper und unsere Gefühle.

Unser Nervensystem ist grundsätzlich auf Gesundheit und Wohlbefinden ausgerichtet. Wir sehnen uns nach Situationen, Ereignissen, Gegenständen und Kontakten, die uns Spaß machen. Dabei unterstützt uns die außerbewußte Orientierungsreaktion. Ehe wir angenehme Gefühle erleben, muß innerhalb des Nervensystems eine Orientierungsreaktion ausgelöst werden. Wir können deshalb diesen Teil des Nervensystems als Spaß-System bezeichnen. Wenn wir uns am Tage nicht mehr an etwas orientieren, fühlen wir uns zunehmend unglücklich, ängstlich und deprimiert. Wir werden von dem anderen

System, dem Abwehrsystem, bestimmt, das uns zum Vermeiden und zum Rückzug zwingt. Wir können jedoch die Gefühle bei uns und anderen nicht direkt angehen und verändern, da sie nicht wie Vorstellungen, Denken und Verhalten der willentlichen Kontrolle zugänglich sind. Aufforderungen wie „Freu Dich doch, ich bin bei Dir" oder „Schau doch aus dem Fenster, die Sonne scheint, das müßte Dich doch umstimmen können!" werden von einem depressiv gestimmten Menschen geradezu als unsinnig empfunden. Er kann nicht anders fühlen und an etwas teilnehmen, weil er vom Spaß-System abgeschnitten ist.

Einige Zugänge zum Gefühlsleben können wir dagegen willentlich mobilisieren. Ein Zugang zur fundamentalen Ebene unseres „autonomen" Nervensystems ist uns durch die Orientierungsreaktion möglich. Wodurch können wir sie aber auslösen? Vor allem folgende fünf Reizgruppen bringen diese Reaktion zustande:

- Reize mit Neuigkeitswert.
- Reize von biologischer Bedeutung, d. h. alles, was unsere Grundbedürfnisse befriedigt.
- Reize mit angeborenem Signalwert, d. h. alles, an dem wir uns, ohne uns dessen bewußt zu werden, orientieren.
- Achten auf bestimmte Signale.
- Tätigkeitsanweisungen, die wir von anderen erhalten oder gelernt haben oder die wir uns selbst geben.

Reize mit *Neuigkeitswert* lösen schnell positive Gefühle aus. Ihre Wirkung verflüchtigt sich jedoch bald. Damit sie bei der Verringerung der Befürchtungen und Ängste brauchbar werden, müssen wir die kurze phasische Orientierungsreaktion in einer unangenehmen Situation in eine längerfristige tonische Orientierungsreaktion verwandeln, also gleichsam an- und festhalten. Reize von *biologischer Bedeutung* halten gute Gefühle und Interessen von sich aus längere Zeit fest. Beispielsweise freuen wir

uns nach einer längeren Autofahrt oder einer Bergtour auf eine Mahlzeit und fühlen uns anschließend wohl. Deshalb ist es z. B. für einen Flugphobiker günstig, vor dem Abflug etwas besonders Schmackhaftes und während des Flugs kleine delikate Happen zu essen, zwischendurch den Hals und die Stirn mit Kölnisch Wasser zu benetzen, vielleicht auch einige Zeitschriften interessiert durchzublättern.

Reize mit *angeborenem Signalwert* (Körperempfindung). Berührungen durch einen anderen wecken die Orientierungsreaktion. Solche Körperempfindungen halten zumeist länger an als andere Empfindungen, ganz gleich, ob sie dem Betreffenden angenehm oder unangenehm erscheinen. Erträgliche Schmerzreize aktivieren die Orientierungsreaktion besonders gut und reduzieren Angst, was darauf hinweist, daß Angst und Schmerz unterschiedliche neurophysiologische Grundlagen haben. So fördern z. B. auch kleine Unbehaglichkeiten die Orientierungsreaktion. Flugängstliche berichten etwa, daß sie den Flug überstanden, als sie Zahnschmerzen hatten, ihre Schuhe oder der Büstenhalter sie drückten. – Viele Zwangshandlungen, wie Haarezupfen und Kratzen, folgen demselben Mechanismus. Sie reduzieren, wenn auch oft nur vorübergehend, Angst.

Die *Ablenkung* kann eine gute Methode für diejenigen sein, die Angst vor dem Autofahren haben. Bei den Fahrübungen gibt der Therapeut dem Betreffenden gewisse *Hinweise*, was ihn von seiner Angst ablenken kann. Z. B. soll er die Nummernschilder vorbeifahrender oder der von ihm überholten Autos lesen und sich die Ziffern einige Zeit merken. Mütter wenden die Methode der Ablenkung häufig an, wenn ihre kleinen Kinder weinen.

Die Orientierungsreaktion kann auch durch Beschäftigungen und gelernte Tätigkeiten, denen wir gern nachgehen, ausgelöst werden. Zur Einübung empfiehlt es sich, zwischendurch seine Tätigkeit zu

unterbrechen und sofort einer Lieblings-
tätigkeit nachzugehen. Nach diesem Lernprozeß kann diese Art Ablenkung selbst in
phobischer Situation durchgeführt werden.

Systematische Desensibilisierung
Diese Methode spielt sowohl in der klassischen als auch in der neueren kognitiven
Verhaltenstherapie eine wichtige Rolle. In
den vierziger Jahren wurde sie von dem
New Yorker Psychotherapeuten Andrew
Salter beschrieben und von seinem Kollegen Joseph Wolpe weiter ausgebaut und
erprobt. Die systematische Desensibilisierung stützt sich auf drei Komponenten: die
einleitende Entspannung, die Aufstellung
einer Hierarchie angstauslösender Situationen und die Vergegenwärtigung der kritischen Situationen in der Vorstellung und
in der realen Konfrontation.
Als Entspannungsmethode wird zumeist
die muskuläre Tiefenentspannung (siehe
Seite 81 bis 86) eingesetzt. Sie erleichtert
die weiteren Übungen durch die Beruhigung, aber auch durch die damit verbundene höhere Aufnahme- und Lernbereit-
schaft. Neuere Untersuchungen haben
allerdings ergeben, daß die Entspannung
keine notwendige Bedingung für die systematische Desensibilisierung ist.
In Zusammenarbeit mit dem Therapeuten
werden in einem zweiten Schritt zunächst
die einzelnen Situationen aufgelistet, in
denen der Patient in Angst gerät oder die
er zu vermeiden versucht. Dann wird eine
Rangfolge von am meisten behindernden
und störenden bis nur leicht irritierenden
Situationen aufgestellt. Neuere Untersuchungen zeigen, daß auch eine Zufalls-
ordnung der Situationen und ein vorzei-
tiges Übergehen von einer zur anderen
Situation zu Erfolgen führen kann.
Jede der einzelnen Situationen wird der
Desensibilisierung unterworfen, wobei
einige miteinander verbundene Situationen zu einer Einheit zusammengefaßt werden, z. B. Mitarbeiter anzuleiten und –

wenn dies erforderlich ist – sie auch zu kritisieren.
Der Patient entscheidet, welche angstaus-
lösende Reizkonstellation ihn am meisten
in seiner Kommunikation und/oder Leistung beeinträchtigt. Die komplexe Situation wird in einzelne Annäherungs- bzw.
Bewältigungsschritte aufgeteilt, wobei der
erste Schritt leicht zu erreichen ist, der
letzte einer größeren Anstrengung bedarf.
Bei der Behandlung von Angst vor dem
Autofahren ergeben sich z. B. folgende The-
rapieschritte: Einübung der muskulären
Tiefenentspannung; während der Entspannung Autofahren in der Vorstellung mit
mehreren Wiederholungen (etwa 60 bis
100 Minuten); Vermittlung der Bedeutung
und Wirksamkeit der Orientierungsreaktion. Einzelübungen (kurze Fahrt auf ver-
kehrsarmer Straße, kurze Fahrt bei norma-
lem Verkehr, kurze Fahrt während der
Hauptverkehrszeit in der Stadt, Fahrt
durch die Stadt auf die Autobahn, dort
rund 10 km bei Tempo 100, ca. 20 km Fahrt
auf der Autobahn bei Tempo 130 bis 140)
werden jeweils getrennt durchgeführt.
Sobald der Patient bei einer der vorgestell-
ten Fahrten eine leichte Erregung und
Angst verspürt, hebt er den Daumen der
rechten Hand. Der Therapeut ruft ihm
dann sofort (eventuell mit Gongschlag)
„Stop" zu und veranlaßt ihn, diese Strecke
in Gedanken noch einmal von vorn zu
beginnen. Die einzelnen Vorstellungsfahr-
ten werden jeweils so lange fortgesetzt oder
wiederholt, bis der Patient sie entspannt
durchführen kann. Die Vorstellungsübungen müssen nicht alle abgearbeitet sein, bis
die wirklichen Fahrübungen beginnen können. Es ist sogar von Vorteil, wenn zwischendurch reale Fahrten stattfinden.
Diese und ähnliche Phobien – außer der
Agoraphobie – können im allgemeinen in
zehn bis zwölf Sitzungen überwunden
werden.
Wesentliche Elemente der systematischen
Desensibilisierung sind Verstärkung,

Erwartung und Modell-Lernen: Mit jedem, auch dem kleinsten erreichten, Erfolg findet eine *Selbstverstärkung* des Lernprozesses statt, die vom Therapeuten und zumeist auch von Bekannten des Patienten beachtet und als *soziale Verstärkung* wirksam wird. Mit den Erfolgen während der Übungszeit baut der Patient eine lernfördernde *Erwartungshaltung* auf. In den ersten praktischen Fahrübungen, bei denen der Therapeut als Fahrer, der Patient als Beifahrer fungiert, wird der Patient zur Nachahmung und Identifizierung mit dem Therapeuten und seinem Fahrverhalten angeregt (*Modell-Lernen*).

Die Gestaltung der Übungen wird in Absprache mit dem Patienten vorgenommen. Die Desensibilisierung kann entweder mit oder ohne einleitender Entspannung schrittweise, also langsam in einzelnen Zusammenkünften, oder massiert in einer Vierstundensitzung durchgeführt werden. In jedem Fall wird der Patient nach mehr oder weniger ausführlichen Vorstellungsübungen zu den praktischen Übungen übergehen.

Der Patient hat zwischen den Therapiezusammenkünften ein Tagebuch zu führen, in dem er genau über seine Übungen und die dabei auftretenden Schwierigkeiten und Erfolge, seine Gedanken, Körperempfindungen, Gefühle und Verhaltensweisen berichtet.

Attribution und Selbstwahrnehmung

Als Attribution bezeichnen wir den Vorgang, bei dem wir einem Ereignis eine bestimmte Ursache zuschreiben. Die Zuschreibung, die wir für unser Wohlbefinden oder unsere Gefühlsstörung als verantwortlich ansehen, hat erheblichen Einfluß auf unsere Lebensauffassung und weitere Entwicklung. Wer z. B. den Grund für sein Übergewicht in seinen Erbanlagen sieht, wird wenig unternehmen, den Zustand zu ändern. Wir wollen in einer durchschaubaren Welt leben und versuchen, für vieles um uns und das, was sich in uns abspielt, eine Erklärung oder eine Ursache zu finden. Die Zuschreibungen hängen von früheren Erfahrungen in ähnlichen Situationen ab und von der Art der Informationen, die gegenwärtig zur Verfügung stehen.

Die Ursachen- oder Kausalattributionen hängen mit einer weiteren Gruppe von Zuschreibungen zusammen, den Kontrollattributionen. Diese bestimmen, ob und wieweit eine Person der Überzeugung ist, Einfluß auf bestimmte Ereignisse oder Verhaltensweisen zu haben.

Eine Behandlung sollte den Patienten dazu anleiten, bei sich selbst nach der Ursache seiner Probleme zu suchen (Kausalattribution) und die betreffende Störung als beeinflußbar und veränderbar zu sehen (Kontrollattribution).

Wenn jemand beispielsweise einen Zustand höherer physiologischer Erregung erlebt, wird dadurch die Suche nach einer Erklärung eingeleitet. In den meisten Fällen liegt die Erklärung auf der Hand, z. B. eine schlechte Nachricht, Verspätung, eine Krankheit usw. Wenn solche Erklärungen nicht augenfällig sind, werden die Gefühle, die der Erregung zu folgen scheinen, zur Erklärung der körperlichen Veränderungen herangezogen. Der Therapeut erklärt nun dem Patienten, daß Gefühle eine kognitive Komponente – Denken, Vorstellen, Bewerten – haben, die bei der Entwicklung problematischer Gefühle zu berücksichtigen sind. Es ist also möglich, physiologische Erregung zumindest teilweise einer nichtemotionalen Ursache zuzuschreiben. Der Patient lernt, daß die Erregungsmuster und Gefühle durch das vorangehende Bewerten der Situation ausgelöst und gefärbt werden, und kann dann über die Korrektur seines Denkens seine Erregung und negativen Gefühle abbauen.

Da die Bewertung meist sehr kurz und damit für den Betreffenden nicht wahrnehmbar und unbewußt vonstatten geht, er die Erregung und das Gefühl, z. B. Angst, aber deutlich spürt, meint er, die Situation löse direkt die Erregung, die Angst und das ihr folgende Verhalten (Vermeidung, Rückzug und Flucht) aus. In dieser Annahme stecken aber drei Fehler:

- Die Bewertungskomponente wird übersehen, z. B. die Situation ist gefährlich oder bedrohlich.
- Die Situation oder eine andere Person wird als unmittelbarer Auslöser der Erregung angesehen.
- Die Erregung wird als Angst mißdeutet.

Wir neigen in der Selbstbeobachtung dazu, unser eigenes Verhalten eher in situativen Bedingungen zu sehen, während ein Beobachter dasselbe Verhalten eher auf Persönlichkeitszüge des Handelnden zurückführt. Der äußere Beobachter besitzt lediglich Informationen über beobachtbares Verhalten und über das, was allgemein angemessen ist. Der Handelnde selbst aber hat auch Informationen über sein vergangenes Verhalten; er kann sein gegenwärtiges mit dem vergangenen vergleichen.

Viele unserer Ängste gehen auf unsere (frühe) Kindheit zurück. Wir haben uns vielleicht angewöhnt, Schwierigkeiten aus dem Weg zu gehen, also Vermeidungs- und Rückzugsverhaltensweisen zu praktizieren, und sind auf diese Weise ganz gut weitergekommen; unser Verhalten ist dadurch verstärkt worden. Dieses verstärkte und zur Gewohnheit gewordene Verhalten ist jedoch nicht der einzige, auch nicht der wichtigste Grund dafür, wie sich jemand heute verhält. Wichtiger sind die Gegenwartsursachen, selbstschädigende Einstellungen, Erwartungen und Denkvollzüge, die sich u.a. aus dem gewohnten Verhalten ergeben. Sie halten die Angst und das Fehlverhalten fest. Die kognitive Verhaltenstherapie mit ihrer Erklärung dieser Zusammenhänge eröffnet dem Menschen die Möglichkeit des Angstabbaus. Er braucht nur seine falschen Gedanken, seine kogni-

tiv-emotionalen Fehlattributionen aufzugeben, sich also in seinem Denken, seiner Einstellung und Erwartung neu zu orientieren und seine Fehlverhaltensweisen durch produktives (selbstsicheres) Verhalten zu ersetzen; dann verschwinden seine erhöhte Angstbereitschaft und seine Ängste.

Die Therapie ist darauf gerichtet, irrationale und/oder pessimistische Erklärungsmuster in realistische und/oder optimistische zu verwandeln. Folgende fünf Anweisungen können dabei helfen:

- Erkennen Sie die automatischen Gedanken, die Ihnen in den Augenblicken durch den Kopf gehen, wenn Sie sich am schlechtesten fühlen (Beispiel: Eine Mutter schreit die Kinder an, fühlt sich depressiv und denkt: „Ich bin eine schlechte Mutter.")
- Wirken Sie den automatischen Gedanken dadurch entgegen, daß Sie Gegenbeweise mobilisieren („Ich helfe den Kindern oft bei den Schulaufgaben.").
- Lernen Sie, sich Neuzuschreibungen zu geben („Ich bin keine schlechte Mutter.").
- Lernen Sie, sich von deprimierenden Gedanken abzulenken („Grübeln verschlimmert alles.").
- Erkennen Sie die depressionsträchtigen Gedanken („Ich kann nicht ohne Liebe leben." Oder: „Wenn ich nicht alles perfekt tue, bin ich ein Versager.") und stellen Sie sie in Frage.

Kognitive Umstrukturierung
Kognitive Umstrukturierung bedeutet, daß man unproduktive Denkweisen und Vorstellungen, die als Ursachen und Symptome von Störungen anzusehen sind und diese aufrechthalten, zu erkennen, zu kritisieren und zu verändern lernt. Zumeist kommt es dann wie von selbst zu einer Verhaltensänderung. Um diesen Prozeß zu beschleunigen und das erreichte Niveau zu befestigen, wird neues selbstsicheres Verhalten eingeübt.

Denken und Vorstellen, Verhalten und Handeln können den Menschen verändern. Als Folge dieser Veränderung verändern sich auch seine Gefühle und sein körperlich-seelisches Befinden.

Es sind vielseitige Übungen erforderlich, da das Denken und Vorstellen, Verhalten und Handeln häufig bereits zu hartnäckigen Gewohnheiten – wir sprechen von Schemata und Mustern – geworden sind.

Betrachten wir zunächst zwei grundlegende Denkweisen: das optimistische und das pessimistische Denkmuster: Optimisten und Pessimisten erfahren in ihrem Leben etwa gleich viele Enttäuschungen und Niederlagen. Die Optimisten denken über ihre Mißgeschicke jedoch ganz anders als die Pessimisten. Niederlagen sehen sie als vorübergehend und auf den einen Fall beschränkt an. Sie schreiben ihr Unglück nicht ihrer generellen Unzulänglichkeit zu, sondern bestimmten Umständen, einer Pechsträhne oder einem gemachten Fehler. Sie lassen sich durch Niederlagen nicht entmutigen, betrachten Schwierigkeiten als Herausforderung und strengen sich beim nächsten Mal besonders an. Pessimisten sind der Überzeugung, daß alles Unerfreuliche lange anhält und z. B. ihren Erbanlagen, ihren grundsätzlichen Unzulänglichkeiten oder ihrem Schicksal entspringt. Sie geben leichter auf. Schwierige Situationen betrachten pessimistische Menschen als Bedrohungen, Niederlagen und Katastrophen. Oft trauen sie sich nicht, die Sache noch einmal anzupacken. Sie fühlen sich entmutigt und hilflos und geraten dann häufig auch in eine Depression.

Sicherlich ist in vielen Lebensumständen purer Optimismus unangebracht und ein gewisser Pessimismus von Vorteil. Der Pessimist bedenkt oft genauer die Schwierigkeiten eines Unternehmens, dessen Gefahren und eventuelle Folgen. Die Vorteile des Pessimismus werden jedoch durch viele Nachteile wieder aufgehoben:

- Pessimismus fördert Depression.
- Pessimismus führt bei Niederlagen zu Untätigkeit statt zu Aktivität.
- Pessimismus bringt subjektiv unangenehme Gefühle mit sich – Trauer, Niedergeschlagenheit, Sorgen und Angst.
- Pessimismus sorgt für die Erfüllung negativer Erwartungen. Pessimisten haben kein Durchhaltevermögen und scheitern dadurch häufiger – selbst wenn Erfolg erreichbar ist.
- Pessimismus ist mit schlechter körperlicher Gesundheit verbunden.
- Pessimisten erleiden meistens Niederlagen, wenn sie sich um ein hohes Amt bewerben.
- Selbst wenn die Pessimisten recht behalten und Mißerfolge eintreten, fühlen sie sich schlechter. Ihre Erklärungsmuster verwandeln jetzt die vorhergesagte Niederlage in eine Katastrophe. Von einem Pessimisten kann man bestenfalls sagen, daß seine Befürchtungen begründet waren.

Wie können Menschen lernen, sich von der pessimistischen Grundhaltung und den selbstschädigenden Überzeugungen und Gedanken zu befreien?

Einen Weg zeigt der amerikanische Psychotherapeut Albert Ellis mit seiner ABC-Theorie. A steht für negatives Ereignis (Adversity), B für verfestigte (irrationale) Gedanken oder Überzeugungen (Beliefs) und C für Konsequenzen (Consequences). Dieses Vorgehen eignet sich besonders gut für Menschen, die geistige Arbeit gewohnt sind.

Die Methode von Albert Ellis

Wir erleben eine Enttäuschung und darauf – so meinen wir – reagieren wir unmittelbar mit einem Gefühl oder einem Verhalten. Doch zwischen dem Ereignis und den Konsequenzen ist stets eine Interpretation der Situation eingeschaltet, eine Bewertung, die als direkte Ursache unsere Gefühle auslöst und die nächsten Verhaltensschritte steuert.

Die Gedanken und Vorstellungen, durch die wir eine Situation bewerten, sind zu Gewohnheiten oder Überzeugungen geworden und treten so schnell und kurz auf, daß wir sie gar nicht erkennen. Bei einem Ereignis überspringen wir die zwischengeschaltete Komponente und empfinden nur die gefühlsmäßige Reaktion, auf die wir mit einem bestimmten Verhalten reagieren.

In der Therapie verdeutlicht der Therapeut zunächst an Beispielen die drei Komponenten des Ellis-Modells. Die Patienten erkennen häufig, daß unangebrachte Überzeugungen ihre negativen Gefühle auslösen und sie zu Fehlverhaltensweisen veranlassen.

Um die behindernden Überzeugungen abzubauen, müssen sie lernen, sie aufzulösen und durch positive, realistische Überzeugungen zu ersetzen. Um eine dauerhafte Lösung zu erreichen, ist es nötig, die belastenden Gedanken auszuschalten. Die Patienten müssen ihre alten Überzeugungen angreifen, kritisieren und durch förderliche, realistische Gedanken ersetzen. Diese Kritik und Umschaltung findet in einem inneren Disput (D) statt, der die Kette aus Wahrnehmung, Interpretation und Gefühl oder Verhalten fortsetzt.

Überzeugungen können den Tatsachen entsprechen – oder auch nicht. Überzeugungen sind eben subjektiver Natur. Was wir bei einem befürchteten oder eingetretenen Mißerfolg zu uns sagen, stimmt in den meisten Fällen nicht. Die Erklärungen folgen unseren schon länger erworbenen falschen Denkgewohnheiten.

Sie können diese Denkgewohnheiten abbauen, wenn Sie lernen, mit sich selbst zu disputieren und sich dabei vier Fragen beantworten:

■ Welche *Beweise* habe ich für meine negativen Überzeugungen?

■ Welche *Alternativen* gibt es für meine Auffassung?

■ Sind meine *Schlußfolgerungen* wirklich so schlimm?

■ Welchen *Nutzen* habe ich von meinem Grübeln?

Die pessimistischen Reaktionen auf negative Ereignisse sind meistens Überreaktionen. Sie können sie von daher leicht widerlegen. Ängstliche und Depressive neigen zum Katastrophendenken. Wenn Sie dies erkennen, spüren Sie die Macht des „nichtnegativen Denkens".

Bei Ereignissen, die Ihnen zustoßen, und bei komplizierten Problemen, vor denen Sie stehen, gibt es zumeist mehrere Ursachen und Lösungen. Wenn Sie in einer Prüfung schlecht abgeschnitten haben, kann es daran liegen, daß die Aufgaben sehr schwer waren, Sie sich nicht ausreichend vorbereitet haben oder Sie müde waren und sich nicht recht konzentrieren konnten. Ängstliche suchen sich zumeist Gründe aus, die besonders destruktiv sind: „Ich bin einfach nicht intelligent genug." Dadurch entmutigen sie sich selbst; denn Intelligenz oder Begabung ist nur schwer zu ändern. Viel günstiger und im allgemeinen auch realistischer ist es, dem Versagen vorübergehende Gründe zuzuschreiben.

Ängstliche und Depressive neigen dazu, Fehlleistungen oder Versagen zu Katastrophen aufzubauschen. „Jetzt ist alles vorbei. Mein Leben ist ruiniert. Ich bin ein geborener Versager. Ich komme nie wieder auf die Beine." Hier wäre es nötig, rechtzeitig die Katastrophenbremse zu ziehen und die Folgen nicht im Lichte des Alles oder Nichts zu sehen.

Sie sollten lernen, danach zu fragen, was Ihnen übertriebene Zurückhaltung, das Aufschieben von Entscheidungen, das Vermeidungs- und Rückzugsverhalten, vor allem aber Ihre Sorgen, Ihre Besorgtheit und die Aggression eigentlich bringen. Sie kommen dann zu der Erkenntnis, daß alle diese Gedanken und Verhaltensweisen Ihnen zwar eine kurzfristige Besserung bringen, Ihnen auf Dauer aber schaden.

Wenn Patienten durch die Umstellung ihre selbstschädigenden Gedanken abgebaut haben, verspüren sie einen Energieschub (E). Sie verhalten sich und handeln jetzt so, daß sie mit den negativen Ereignissen in produktiver Weise fertig werden. Mit der Veränderung der Interpretation negativer Ereignisse im Disput ist die Hauptarbeit getan. Da die Überzeugungen aber zumeist fest verankert sind, müssen die Patienten diese Gedankenarbeit täglich über längere Zeit fortsetzen. Zugleich müssen sie bei jeder sich bietenden Gelegenheit auch ihr selbstsicheres Verhalten einüben.

Besonders drei Arten von selbstschädigenden Gedanken, die aber durch die kognitive Umstrukturierung geändert werden können, finden sich bei ängstlichen und depressiven Menschen:

Neigung zu Verallgemeinerungen
Bei Kleinkindern ist, da ihr Denken noch nicht voll entwickelt ist und es ihnen an Erfahrungen mangelt, dieser Denkfehler häufig zu beobachten. Ein Kind berührt beispielsweise eine heiße Ofenplatte. Das Kind generalisiert: Öfen sind gefährlich – oder weitergehend: Halte Dich nicht in einem Zimmer auf, in dem ein Ofen ist! Durch diese Verallgemeinerung schränkt das Kind seine Bewegungsfreiheit unnötig ein.

Auch Erwachsene, speziell, wenn sie ängstlich und depressiv sind, machen solche „kindischen Fehler". Sie verallgemeinern die spezielle Erfahrung, übertragen sie auf weitere und ähnliche Situationen. Bis zu einem gewissen Grad ist die Verallgemeinerung allerdings auch sinnvoll. Wenn ich z. B. auf der nassen Autobahn ins Schleudern komme, werde ich in Zukunft bei Nässe auf allen Straßen etwas vorsichtiger fahren.

Neigung zur Tilgung
Wir beachten im allgemeinen nur bestimmte Reize, Dinge oder Aspekte einer Situation. Wir bezeichnen dies als selektive Aufmerksamkeit. Wir sehen und hören das, was unserer Einstellung, Erwartung und unseren Interessen entspricht. Bekannt ist das Partyphänomen. Wir können in einem Raum voller sprechender Menschen einer bestimmten Person zuhören und alle anderen Stimmen und Geräusche ausfiltern.

Menschen mit geringem Selbstwertgefühl neigen dazu, Botschaften von Anerkennung durch andere nicht zu vernehmen. Statt dessen ergehen sie sich in Vermutungen, daß andere sie nicht schätzen.

Neigung zur Verzerrung
Durch die Verzerrung erfährt unsere Wahrnehmung eine Umgestaltung. So mißtraut der Ängstliche und Selbstunsichere einer Anerkennung; er denkt dabei: „Das sagt er nur, weil er etwas von mir will." So sperrt er sich gegen befriedigende Zusammenarbeit. Seine Zurückhaltung führt mit der Zeit dazu, daß andere ihn links liegen lassen. Damit wird er in seiner Einstellung bestätigt.

Wir haben ein Modell von der Welt. Da unsere Erfahrungen subjektiv sind und durch die drei Prozesse Generalisierung, Tilgung und Verzerrung beeinflußt werden, entspricht unser Modell in vielen Fällen jedoch nicht der Wirklichkeit. Die Aufgabe der Therapie ist es, zu vielseitigen und wirklichkeitsentsprechenden Erfahrungen anzuregen, ganz gleich, ob wir diesen Prozeß nun psychische Rehabilitation, Heilung, Wachstum oder Verhaltensmodifikation nennen.

Die Methode von Richard Bandler und John Grinder
Die kognitive Umstrukturierung nach Bandler und Grinder erfolgt in fünf Schritten:

Der Therapeut fragt den Patienten, was er ändern will. Dieser berichtet zumeist von mehreren Schwierigkeiten und Störungen, z. B. von schneller Erregung, wenn einmal etwas nicht so läuft, wie er sich das wünscht, Unsicherheit im Umgang mit anderen, Konzentrationsschwierigkeit, von schneller Ermüdung beim Arbeiten usw. Der Therapeut erläutert, daß die Störungen des Patienten durch seine Gedanken entstanden sind und durch diese und das darauf folgende Verhalten aufrechterhalten werden. Der Patient soll sich zunächst nicht auf seine bewußten Änderungswünsche konzentrieren, sondern auf die Komponenten, die sein Störverhalten aufrechterhalten: die Überzeugungen, die er durch seine Art der Wahrnehmung, ihre Interpretation, durch seine Einstellungen, Bewertungen, Gedanken, Vorstellungen und Selbstgespräche entwickelt hat. Sie kontrollieren sein gegenwärtiges Störverhalten. Der Therapeut veranlaßt den Patienten, mit den Komponenten seiner Persönlichkeit Kontakt aufzunehmen, die für sein Verhalten verantwortlich sind: „Gehen Sie in sich hinein und befragen die hemmenden Komponenten Ihrer Persönlichkeit: die negativen Vorstellungen und Bilder, die Sie von sich, den anderen und Ihrer Zukunft haben; Ihre ängstlichen und depressiven Gefühle; Ihre gebremsten Verhaltensweisen (Bewegungen und Aktivitäten). Was flüstern Ihnen diese negativen Komponenten zu? Denken Sie darüber nach; hören Sie auf die innere Stimme. Denken ist Reden mit sich selbst."

Die meisten Patienten sind bei diesen Fragen zunächst verwirrt. Sie haben sich zumeist nie so selbst befragt und in Frage gestellt. Irgend etwas hat sie von dieser Bemühung um Selbsterkenntnis abgehalten. Die Unfähigkeit der Selbstanalyse ist weit verbreitet. Unser Leben ist in erster Linie nach außen auf Kommunikation und Verständigung und auf Leistung und Erfolg gerichtet. Sind diese Erlebens- und Gestaltungsgrundlagen gestört, geraten wir in Angst; scheitern unsere Bemühungen zurechtzukommen, verfallen wir in eine Depression.

Es fällt vielen Menschen schwer, sich selbst zu befragen, festzustellen, was sie zu ihrem Fehlverhalten veranlaßt. Es mangelt ihnen an einem inneren Ansprechpartner. Hilfreich und weiterführend ist hier, wenn der Therapeut erklärt, daß wir *zwei Instanzen* oder *zwei Persönlichkeitsteile* in uns haben, einen uns einschränkend-hemmenden (selbstunsicher-destruktiven) Teil und einen kreativ-förderlichen (selbstsicherkonstruktiven) Teil. Gelegentlich gehe ich noch weiter und gebe den beiden Persönlichkeitsteilen einen Namen. Ich frage: Wenn wir einen Teil „Takete" und den anderen Teil „Maluma" nennen, welcher Name paßt besser zu dem hemmenden und belastenden Teil, welcher zu dem kreativ-förderlichen Teil? Fast durchgängig geben die Patienten an, daß sie bei Maluma eher an den hemmenden, bei Takete an den befreienden Teil denken. Durch diese einfachen Benennungen und Personifizierungen wird es leichter, sich selbst zu befragen. Man nennt diese Chance den Rumpelstilzcheneffekt.

Es kann vorteilhaft sein, die Teile der Persönlichkeit direkt anzusprechen und um ihre Bereitschaft zu bitten, Antwort zu geben.

Der Patient wendet sich an den hemmenden Teil und befragt ihn. Dieser hat zunächst nur mit Ja oder Nein zu antworten: „Bist Du bereit, mir auf meine Fragen eine Antwort zu geben und zu sagen, was Du beabsichtigst?" Der Patient wartet, bis er eine Ja-Antwort erhält. Er wünscht dabei, daß ihm die verborgene Absicht vermittelt und dann bewußt wird.

Jetzt wendet sich der Patient an den förderlichen Teil: „Bist Du bereit, mir verschiedene realistische, selbstsichere Wege zu zeigen?" Wenn dieser mit Ja antwortet, bittet der Patient ihn, drei Wege zu nennen, die er für förderlich hält. Der Patient probiert dann die drei Wahlmöglichkeiten mehrere Wochen lang aus. Dabei versichert er sich des Beistandes seines kreativen Teils durch die Frage: „Bist Du bereit, die Verantwortung für die Erprobung zu übernehmen?" Mit der Ja-Antwort befolgt der Patient in der nächsten Zeit die Botschaften des kreativ-förderlichen Teils in seinem Alltag. Zuvor bedankt sich der Patient bei seinem förderlichen Teil für die Mühe und den Beistand.

Die kognitiv orientierten Therapeuten gehen davon aus, daß der Patient, wenn er seine negativen Überzeugungen erkannt, kritisiert und aufgehoben hat, in der weiteren Selbstanalyse die richtigen Wege selbst findet. Der Therapeut hilft dabei, indem er Hinweise zur Erkenntnis des fehlerhaften Denkens gibt und zugleich ermutigt, die gewonnenen Erkenntnisse in die Praxis umzusetzen.

Selbstsicherheit und Kommunikation

Der Anwendungsbereich des Selbstsicherheits- und Kommunikationstrainings ist groß. Er erstreckt sich einmal auf ein breites Spektrum psychischer Störungen: allgemeine und soziale Ängste, depressive Verstimmungen, Phobien, Panikanfälle; zum anderen auf viele psychosomatische Störungen, so z. B. auf die meisten Formen der Schlafstörungen, auf Kopfschmerzen, Migräne, Kreislaufbeschwerden, Verdauungsstörungen, Arbeits- und Sexualstörungen usw. Bei paranoiden und bei schwer depressiven Patienten bedarf es neben medikamentöser Behandlung erst intensiver Kontakt-, Gedanken- und Vorstellungsübungen, ehe ein Selbstsicherheitstraining greifen kann.

Lernziel des Selbstsicherheits- und Kommunikationstrainings ist der Abbau erhöhter Angstbereitschaft im sozial-kommunikativen Lern-, Leistungs- oder/und Arbeitsbereich (Hemmungen, Angst, Panik, Aggression). Der Patient soll nach dem Training angstfrei, sozial geschickter, zufriedener und erfolgreicher sein und seine selbstschädigenden Hemmungen überwunden haben. Da unsere Einstellungen, Denk- und Verhaltensweisen gelernt wurden, können wir sie auch wieder entlernen. Diese Arbeit muß der Patient selbst über *neues Denken* und dementsprechendes *Verhalten* in Angriff nehmen. Damit wachsen zugleich sein Selbstwertgefühl und seine soziale Kompetenz. Das Selbstsicherheits- und Kommunikationstraining bewirkt die Freisetzung und Förderung von Bewältigungsfähigkeiten und -fertigkeiten, also die Möglichkeit, sich in selbstbehauptender Weise angemessen, d. h. sachlich, zu äußern und dabei anderen gleiche Möglichkeiten einzuräumen.

Wenn ein Patient in der Therapie über längeres Einüben lernt, sein Denken und Verhalten zu verändern, verändert er auch sein Selbstkonzept und seinen gefühlsmäßigen Zustand. Wie die Gefühle geringer Selbstachtung, der Scheu und Unzulänglichkeit durch frühere soziale Erfahrungen verursacht worden sind, so werden die selbstsicheren Umgangs- und Gefühlseinstellungen durch neue Erfahrungen erworben. Das Selbstwertgefühl und das Gefühl sozialer Kompetenz wachsen.

Es gibt drei grundlegende Verhaltensweisen mit dementsprechenden Denk- und Gefühlsmustern:

- selbstunsicheres (nicht selbstbewußtes) Verhalten (Vermeidungs-, Rückzugs- und Fluchtverhalten),
- aggressives und
- selbstsicheres (selbstbewußtes), aktives Verhalten.

Neben diesen klar abgegrenzten Verhaltensweisen gibt es auch Mischformen. Beispielsweise ist aggressives Verhalten, das von außen betrachtet wie gesteigertes selbstsicheres Verhalten aussehen kann, hintergründig mit Unsicherheit verbunden. Selbstunsicheres Verhalten bedeutet, daß der Betreffende weder das Recht, um etwas zu bitten, noch das Recht, etwas zu verweigern, für sich in Anspruch nimmt.

Aggressives Verhalten verletzt die Rechte anderer; die Bitte wird als Forderung geäußert; der andere wird verletzend angesprochen.

Selbstsicheres Verhalten bedeutet z. B., das Recht für sich in Anspruch zu nehmen, um etwas zu bitten, etwas zu verweigern, ohne die Rechte eines anderen vorsätzlich zu verletzen.

Die einzelnen Verhaltensweisen werden an folgendem Beispiel gezeigt:

> Herr und Frau M. sind zum Essen in einem Restaurant. Herr M. hat sich ein englisches Steak bestellt. Als es jedoch serviert wird, findet er es im Gegensatz zu seiner Bestellung zu sehr durchgebraten.
> Wenn Herr M. *selbstunsicher* ist, wird er voraussichtlich seiner Frau etwas von „verbranntem Fleisch" zumurmeln, und er wird versichern, daß er dieses Lokal in Zukunft nicht mehr besuchen wird. Der Kellnerin gegenüber erwähnt er nichts. Auf ihre Frage, ob alles in Ordnung ist, antwortet er möglicherweise „ausgezeichnet", oder er nickt zustimmend. Das Essen und der Abend verlaufen höchst unbefriedigend, und Herr M. fühlt sich bedrückt, weil er nichts unternommen hat.

Durch dieses Erlebnis sind sowohl Herrn M.s Selbstachtung als auch die Achtung seiner Frau vor ihm gesunken.
Das Verhalten von Herrn M. ist destruktiv. Weil er mit seiner Frau vertraut ist, beschwert er sich bei ihr. Seine Frau muß nicht psychologisch geschult sein, um zu bemerken, daß er „schwach" ist, wenn er sich einerseits bei ihr beschwert, andererseits bei der Kellnerin nichts sagt oder gar noch von „ausgezeichnet" spricht. Er wird – langfristig gesehen, d.h. wenn er sich im Beisein seiner Frau häufiger in dieser Weise verhält – von ihr nicht akzeptiert. Herr M. sagt seiner Frau, daß er dieses Lokal nicht mehr besuchen werde. Dies ist ein *Vermeidungs*verhalten.

Statt der Bedienung gegenüber auszudrücken, wo er Schwierigkeiten hat, sagt er nichts. Er vermeidet also, sich zu äußern, wodurch in ihm ein Bedrücktheitsgefühl aufkommt, ein Nichtkönnengefühl, ein Gefühl *mangelnder Selbstachtung*. Verhält sich Herr M. in weiteren Situationen immer wieder selbstunsicher, wird er – langfristig gesehen – psychische und/oder psychosomatische Beschwerden entwickeln.

> Bei einer aggressiven Reaktion ruft Herr M. ärgerlich die Kellnerin an seinen Tisch. Lautstark und ungerecht fährt er sie an, seine Bestellung nicht ausgeführt zu haben. Sein Verhalten stellt die Kellnerin bloß und bringt normalerweise Frau M. in Verlegenheit. Er verlangt und bekommt auch ein anderes Steak, diesmal mehr nach seinem Geschmack. Zunächst glaubt er, die Situation zu beherrschen, aber Frau M.s Verstimmung läßt eine Spannung unter ihnen entstehen, die den Abend verdirbt.

Auch dieses Verhalten ist destruktiv. Woher will Herr M. wissen, daß die Kellnerin seine Bestellung nicht ausgeführt hat? Das Versehen kann genauso in der Küche passiert sein. Außerdem hat jeder Mensch das Recht, Fehler zu machen. Sollte der Kellnerin dieser Fehler unterlaufen sein, so hat Herr M. nicht das Recht, sie in dieser Weise anzugreifen, also aggressiv zu reagieren. Die Kellnerin, die in dieser aggressiven Weise behandelt worden ist, fühlt sich gedemütigt; sie ist wütend und verliert für

den Rest des Abends ihre Ausgeglichenheit.

Im allgemeinen hat es niemand gern, wenn
der Partner anderen Personen gegenüber
aggressive Reaktionen zeigt. Von daher ist
die *Betroffenheit* von Frau M. gerechtfertigt.
Herr M. erwartet jedoch von seiner Frau
Zustimmung zu seinem Verhalten, weil er
anschließend normalerweise *Schuldgefühle*
entwickelt. Daher käme es ihm sehr gele-
gen, wenn seine Frau sein aggressives Verhalten bagatellisieren und ihn stützen
würde. Nachdem dies aber nicht geschieht,
ist „der Abend gelaufen".

Bei selbstsicherem Verhalten läßt
Herr M. die Kellnerin an seinen Tisch
kommen. Mit der Bemerkung, er habe
ein kurzgebratenes Steak bestellt,
zeigt er ihr das ziemlich durchgebra-
tene Fleisch. Er bittet sie *freundlich*
und *bestimmt*, es wieder in die Küche
zu bringen und gegen ein kurzgebratenes Steak umzutauschen. Die Kellnerin entschuldigt sich für das Versehen.
Sie kommt kurze Zeit darauf mit
einem Dreiminuten-Steak zurück.
Herr und Frau M. genießen das Essen
und geben später Trinkgeld. Herr M.
ist mit sich selbst zufrieden. Die Kellnerin freut sich über den zufriedenen
Gast und das Trinkgeld.

Dieses Verhalten ist konstruktiv und weiterführend. Herr M. ist mit etwas nicht
zufrieden. Er wird daraufhin *aktiv*. Die
Kellnerin kann das Anliegen von Herrn M.,
nachdem dieser es sachlich, freundlich und
bestimmt vorgetragen hat, verstehen. Von
daher ist es für sie normalerweise kein Problem, ebenfalls freundlich mit Herrn M.
umzugehen. Indem Herr M. sein Bedürfnis
angemessen vorgetragen hat, hat er etwas
für sich selbst, für seine Selbstachtung, für
ein gesundes *Selbstwertgefühl* getan.
Wenn sich jemand selbstunsicher verhält,
hat er im Moment des Ausweichens, des
Vermeidens, der Flucht gar kein so

schlechtes Gefühl. Unmittelbar danach
empfindet er jedoch eine gewisse Unfähigkeit. Langfristig gerät ein solcher Mensch,
wenn dieses selbstunsichere Muster immer
wieder praktiziert wird, in psychische und/
oder psychosomatische Schwierigkeiten.
Aggressives Verhalten wirkt für den Augenblick der Aggression spannungslösend.
Darum meinen auch viele, aggressives Vorgehen sei gar nicht so schlecht. War jemand
aggressiv, weiß er jedoch im allgemeinen
sofort anschließend um sein Unrechtshan-
deln. Er entwickelt normalerweise Schuldgefühle, die er allerdings meist wegratio-
nalisiert.

Selbstunsichere Personen ziehen sich im
allgemeinen von anderen zurück. Bei
Aggressivität ziehen sich die anderen vom
Aggressiven zurück. Auch von daher sind
beide Muster unproduktiv und führen
nicht weiter.

Um Selbstsicherheit und Kommunikationsfähigkeit zu entwickeln, ist es zunächst
notwendig, daß sich eine Person selbstsicher äußern kann, d. h. sie sollte sich in
jeder Situation äußern können, *ohne andere
dabei anzugreifen*.

Gezielte Verwendung des Pronomen „Ich"

Insbesondere kritische Situationen gehen
wir am besten an, indem wir eindeutig
über uns selber Auskunft geben statt vage
oder mehrdeutige Angaben zu machen
oder uns gar nicht zu äußern. Eindeutig-
keit von Mitteilungen ist in der selbstsicheren Kommunikation unerläßlich.
Besonders bei der Mitteilung von negativen Gefühlen, wie Ärger, Enttäuschung,
Befürchtung, Verletztheit, ist es wichtig,
dem anderen gegenüber diese Gefühle
auch *direkt* auszudrücken. Wir reden dann
in Ich-Sätzen statt in Du-Sätzen.
Das folgende Beispiel zeigt den Unterschied
zwischen diesen beiden Mitteilungsformen:

Martin und Hans verabreden sich zu
einem Kinobesuch. Martin soll Hans
nach Dienstschluß abholen. Hans war-

tet pünktlich am Haupteingang. Nach 15 Minuten ist Martin immer noch nicht erschienen. Hans wird ärgerlich. Als Martin endlich nach 30 Minuten angehetzt kommt, ist Hans wütend.

Du-Sätze (indirekt): „Also, Martin, das ist unerhört! Auf Dich ist überhaupt kein Verlaß. Durch Deine Schuld haben wir jetzt die Vorstellung verpaßt. Du denkst wohl überhaupt nicht an andere!"

Ich-Sätze (direkt): „Martin, jetzt warte ich schon 30 Minuten und bin enttäuscht. Ich ärgere mich wirklich darüber, daß ich hier so lange stehen mußte und wir den Film jetzt verpassen, auf den ich mich gefreut habe. Ich finde das nicht schön, daß Du mich so lange hast warten lassen. Was war denn los?"

Ich habe die direkte Aussage besonders ausführlich dargestellt. Hans könnte z. B. auch kürzer formulieren:

„Martin, jetzt warte ich schon 30 Minuten. Ich bin ziemlich sauer und enttäuscht, habe eiskalte Füße. Wo kommst Du denn jetzt her?" (Fragen sind neutral, sie können nicht anders gestellt werden.)

Der Unterschied zwischen beiden Mitteilungsformen ist deutlich. Hans drückt in beiden Fällen zwar dasselbe aus, nämlich Verärgerung. Die Konsequenzen der jeweils gewählten Mitteilungsform sind jedoch für den weiteren Kommunikationsverlauf entscheidend.

Viele Menschen vermeiden, negative Gefühle zu äußern. Sie befürchten, andere dadurch zu kränken und daraufhin abgelehnt zu werden. Allerdings tritt eine solche Ablehnung meistens dann ein, wenn sie ihre negativen Gefühle in Du-Sätzen, also indirekt, äußern. Normalerweise wird dies nicht der Fall sein, wenn sie Ich-Sätze (Ich-Botschaften), also direkt, formulieren.

Du-Sätze verführen den anderen dagegen zu einer aggressiven Gegenreaktion, weil sie ihn herabsetzen.

Aggressive Äußerungen können wir normalerweise decodieren (entschlüsseln): Jemand schreit uns an, und wir erkennen, daß er ärgerlich ist. Zu Mißverständnissen und Vermutungen kommt es im allgemeinen dann, wenn Mitteilungen unzureichend ausgedrückt werden oder gar nichts geäußert wird (= falsche Codierung).

Zu Mißverständnissen kann es z. B. kommen, wenn Hans seinen Ärger nicht direkt (also in der Ich-Form), sondern indirekt äußert, indem er unfreundlich und schweigsam reagiert. Auf die Frage von Martin, ob er irgend etwas habe, antwortet Hans: „Nun, daß Du zu spät gekommen bist, kann ja passieren. Ist schon in Ordnung!" (= falsche Codierung). Martin ist auf die Antwort von Hans hin irritiert: Verbal ist alles in Ordnung, nonverbal zeigt Hans Ärger. Mißverständnisse und Vermutungen werden so möglich.

Ich-Sätze machen dagegen eine direkte und eindeutige Mitteilung über eigene Gefühlslagen möglich. Der andere neigt im allgemeinen nicht zu Gegenvorwürfen, weil er tatsächlich nicht angegriffen wird. Durch ein klares und deutliches Codieren („Ich bin verärgert") bewirken Ich-Sätze eine richtige Decodierung und damit eine echte Kommunikation, wenn wir es mit psychisch relativ stabilen Menschen zu tun haben. Diese werden, wenn wir in Ich-Sätzen z. B. ein Ärger- oder Enttäuschungsgefühl ausdrücken, intuitiv in Ich-Sätzen antworten („Das tut mir leid. Ich hatte mir gedacht ..."). Selbstunsichere oder aggressive Menschen reagieren dagegen anders. Selbst auf Ich-Sätze antworten sie z. B. mit Weinen, laufen aus dem Zimmer und äußern sich nicht, oder sie schreien, werden unsachlich oder weisen das Problem lautstark zurück.

Mit den beiden folgenden Übungen können Ich-Sätze trainiert werden. Die Übungen sollten immer wieder einmal bei entsprechenden Gelegenheiten bewußt angewendet werden.

Versuchen Sie, bei negativen Gefühlen aller Art Ich-Sätze zu verwenden. Beispiele:

Mich stört es, wenn Sie/Du...

Mir gefällt es nicht, daß...

Ich bin verärgert, weil...

Es enttäuscht mich, da...

Ziel dabei ist die Einübung der Ich-Sätze, die es uns ermöglichen, alles zu sagen, was wir möchten, ohne den anderen tatsächlich anzugreifen, wodurch innere Freiheit erst gegeben ist. Verdrängungen werden vermieden und dadurch die seelische (und körperliche) Gesundheit gefördert.

Zugleich sind die Ich-Sätze eine erste Form der Abgrenzung („Ich bin verärgert; deshalb muß Du es nicht sein"), die für psychische Stabilität bedeutsam ist.

Da wir nicht ständig Anlaß zu negativen Gefühlen haben, sollten Sie immer wieder einmal versuchen, Ich-Sätze neutraler Art bewußt zu verwenden. Beispiele:

Ich möchte, daß Sie/Du...

Soweit mit bekannt...

Ich bin der Auffassung, daß...

Ich sehe, daß...

Meines Erachtens...

Meiner Ansicht nach...

Wie bei der ersten Übung ermöglichen die Ich-Sätze innere Freiheit. Zudem stellt die *bewußte* Verwendung des Wörtchens „Ich" ein Mosaiksteinchen auf dem Wege zu einem gesunden Selbstwertgefühl dar.

Gefühle ausdrücken/ Gefühlsbetontes Sprechen

Wir können auf sehr verschiedene Weise miteinander sprechen: laut oder leise, eindringlich-fordernd, ja beschwörend oder zurückhaltend, empfehlend; fragend oder antwortend; bestimmt oder ausweichend-unbestimmt; nüchtern-trocken oder blumenreich-ausgeschmückt; sachlich-berichtend oder gefühlsmäßig-teilnehmend.

Beim Sprechen sollten wir Gefühle zulassen und nicht zurückhalten. Dadurch wird unsere Kommunikation eindeutig und ehrlich, und wir selbst entwickeln dabei Selbstachtung, ein gesundes Selbstwertgefühl und Selbstsicherheit.

Gefühle werden aber nicht nur beim Sprechen gezeigt, sondern vor allem auch im Ausdrucksverhalten, in der *Mimik* und der *Gestik.* Erst wenn *Sprach-* und *Ausdrucksverhalten* zusammengehen, können andere unsere gefühlsmäßige Einstellung im vollen Sinne erkennen. Zwar können wir uns anderen gegenüber in der Sprache verstellen und ihnen auch in Körperhaltung, Mimik und Gestik etwas vormachen. In beiden Äußerungsbereichen zugleich gelingt uns dies jedoch viel weniger.

Sprechen und das Zeigen entsprechender Gefühle gibt unserem Verhalten einen Ausdruck von Selbstsicherheit und Glaubwürdigkeit (Echtheit, Aufrichtigkeit). Die anderen wissen dann, woran sie bei uns sind.

Positive Gefühle äußern wir im allgemeinen schon irgendwie. Das Hauptproblem ist das Äußern negativer Gefühle, wie Ärger, Mißbehagen, Betroffenheit, Verletztheit in selbstsicherem Sinne (direkt in Ich-Sätzen).

Grundsätzlich ist das *direkte Äußern* von Gefühlen ein Zeichen von innerer Stärke (Selbstsicherheit, Selbstbewußtsein). Wer sich innerlich frei fühlt, sich selbstsicher, selbstbewußt empfindet, der kann es sich leisten, echte, d.h. aufrichtige Botschaften von sich, von seiner Befindlichkeit zu geben (Ich-Sätze: „Es verletzt mich, wenn Du..."). Nun fühlen sich viele Menschen, besonders selbstunsichere Personen, innerlich nicht frei, sich – wie vorstehend dargestellt – zu äußern. Jeder kann aber das Gefühl innerer Freiheit systematisch entwickeln, indem er stetig versucht, es zu üben, sich so zu verhalten.

Es gibt auch viele Menschen, die meinen, wenn sie Gefühle äußern, wie z. B.: „Das, was Du jetzt gesagt hast, macht mich sehr betroffen" oder: „Dieses Verhalten Deinerseits irritiert mich", habe die andere Person sozusagen Einwirkmöglichkeit. Manche glauben auch, der andere freue sich, wenn es ihnen nicht so gutgehe. – Genau das Gegenteil ist der Fall: Erstens kommt es äußerst selten vor, daß eine Person bewußt den anderen verletzen will; meistens geschehen Verletzungen aus Egoismus oder aus mangelndem Einfühlungsvermögen in andere. Zum anderen: Selbst wenn uns jemand bewußt verletzen möchte, spürt er durch unsere Aussage im allgemeinen unsere innere Stärke und unsere Selbstsicherheit.

Wenn wir uns über andere ärgern, wenn wir enttäuscht oder verletzt sind, befinden wir uns in einem Spannungsprozeß, in einem Spannungszustand. In einem solchen Falle ist es wichtig, daß wir (möglichst noch im Spannungsprozeß, also nicht erst etwa drei oder vier Tage später) Ich-Botschaften von unserer Befindlichkeit geben, dem anderen also von uns Mitteilung machen (in angemessenem Tonfall, mit Blickkontakt, also selbstsicher).

Gefühle, beispielsweise der Verärgerung, sollten wir – wenn möglich – *dreigliedrig* kundtun:

■ Gefühl der Verärgerung äußern („Ich bin verärgert…").

■ Angeben, warum ich verärgert bin („…weil…").

■ Äußern, was wir geändert haben möchten, also Zielangabe machen („…und ich möchte mich von Dir in Zukunft nicht mehr in dem Ton anreden lassen.").

Bei einem solchen Vorgehen fühlen wir uns wohler, weil wir das Gefühl registriert und klar benannt, geäußert und damit den ersten Schritt zu einer *inneren Verarbeitung* getan haben (keine Verdrängung!).

Dadurch, daß wir von uns sprechen, greifen wir den anderen nicht an (sind wir nicht aggressiv), so daß wir beim anderen

im allgemeinen keine aggressive oder sonstige Gegenwehr hervorrufen.

Von daher ist unsere Äußerung normalerweise Grundlage eines weiterführenden Gesprächs, bei dem die Situation geregelt oder geklärt werden kann.

Der andere kann sich durch unser Feedback verändern und in Zukunft ein besseres Verhalten zeigen. Es kommt beim anderen zu keinen Mißverständnissen und Vermutungen, weil wir uns klar geäußert haben. Durch das Zeigen unserer Gefühle (aber auch unserer Meinungen, Vorstellungen, Überzeugungen, Wünsche usw.) ist es uns eher möglich, die Reaktion des anderen kennenzulernen. Sie ist eine Art „diagnostisches Mittel". Beginnt der andere beispielsweise zu weinen oder läuft weg (= selbstunsicher) oder schreit er uns an (= aggressiv), so erkennen wir, daß *er* ein Problem hat, nicht wir, sofern wir uns sachlich und selbstsicher verhalten haben.

Wenn der andere trotz unserer Ich-Sätze und unseres angemessenen Tonfalls selbstunsicher oder aggressiv reagiert, so ist das nicht unser Problem, weil wir ihn ja tatsächlich nicht angegriffen haben. Wir haben nur von uns gesprochen. Schließlich haben wir das Recht, wir selbst zu sein, also auch bestimmte Gefühle (unsere Gefühle) zu haben. Wir brauchen also keine Schuldgefühle dem anderen gegenüber zu entwickeln.

Ich habe deshalb so ausgiebig über die Bedeutsamkeit des Äußerns von Gefühlen berichtet, weil es sich bei ihnen um ein *seelisches Grundrecht* eines jeden Menschen handelt, so wie es noch eine Reihe weiterer seelischer Grundrechte gibt.

Wie bei den seelischen Grundrechten, so geht es auch bei den nachfolgenden Abschnitten dieses Kapitels um Einstellungs- und Verhaltensänderungen, die wir, wenn wir uns der Bedeutsamkeit produktiven (realistischen) Denkens und Handelns bewußt sind, gezielt erarbeiten bzw. einüben können.

Verteidigung der Grundrechte

Wir können die seelischen Grundrechte auch als „Teile der Persönlichkeit" ansehen. Je ausgeprägter diese bei uns sind, je mehr wir sie für uns in Anspruch nehmen, desto größer ist unsere emotionale Stabilität, Ich-Stärke, Selbstsicherheit und Selbstwirksamkeit. Je unentwickelter oder gehemmter sie sind, desto weniger kann der Betreffende sich anderen gegenüber behaupten und seine grundlegenden Persönlichkeitsbedürfnisse befriedigen.

Zu den seelischen Grundrechten gehören das Recht,

- Gefühle zu haben und diese zu äußern;
- Meinungen, Vorstellungen, Überzeugungen zu haben;
- Wünsche und Bedürfnisse zu haben und diese auch zu äußern;
- Nein zu etwas zu sagen, zu widersprechen;
- berechtigte Forderungen anzumelden;
- berechtigte Kritik zu äußern;
- Fehler zu machen, sich Fehler zu erlauben;
- Entscheidungen zu fällen;
- über persönliches Wissen und eigene Erfahrungen zu verfügen;
- offen nachzufragen (wenn wir etwas wissen wollen oder etwas nicht verstanden haben).

Sich selbst anzuerkennen und zu akzeptieren heißt nichts anderes, als die eigenen seelischen Grundrechte, die Teile der eigenen Persönlichkeit zu beachten und zu achten (Selbstachtung haben). Und: Wenn wir uns akzeptieren, können wir auch andere akzeptieren und respektieren (Wechselwirkung). Insofern ist seelische (und körperliche) Gesundheit eine zu erbringende Aktivität (Leistung).

Grundrecht auf eigene Meinungen, Vorstellungen und Überzeugungen

Selbstunsichere haben im allgemeinen keine eigene Meinung. Sie wagen nicht, sich zu äußern, weil ihre Meinung dem anderen nicht gefallen könnte. Selbstunsichere haben die falsche Vorstellung (irrationale Annahme), daß sie gemocht, geliebt und anerkannt werden, wenn sie sich möglichst nicht äußern. Das Gegenteil ist jedoch der Fall: Ein Mensch, der meistens keine eigene Meinung hat, gilt nichts. Andere empfinden ihn als schwach, identifizieren ihn als selbstunsicher oder uninteressant.

Es ist also von größter Bedeutung, daß wir uns unsere eigenen Meinungen bilden und sie (z. B. in Ich-Sätzen) sachlich ausdrücken können. Auch in Fernsehdiskussionen beispielsweise finden die sachlichsten Auseinandersetzungen zum Großteil in Ich-Sätzen statt.

Wenn wir in unserer Auffassung von anderen abweichen, sollten wir ihnen keine Übereinstimmung vorspielen, sondern unsere Sichtweise und Beurteilung kundtun. Wir haben das Grundrecht, offen unsere Meinung zu äußern.

Grundrecht auf Wünsche und Bedürfnisse

Nicht selten ist ein Teil der Persönlichkeit, nämlich das Recht, eigene Wünsche und Bedürfnisse zu haben, über langfristiges Vermeidungs- und Rückzugsverhalten verkümmert. Dann müssen wir lernen, wieder Wünsche zu haben und diese auszudrücken. Der andere, dem gegenüber wir einen bestimmten Wunsch äußern, hat das Recht, nein zu sagen, wenn er unseren Wunsch unangemessen empfindet, ebenso wie wir zu anderen Menschen, die etwas von uns wollen, nein sagen können.

Grundrecht, Nein zu sagen und zu widersprechen

Bedenklich und selbstschädigend ist es, zu allen Vorschlägen, Wünschen oder Forderungen anderer an uns ja zu sagen. Ängstliche und Selbstunsichere scheuen sich, nein zu sagen. Sie neigen beispielsweise dazu, Arbeiten zu übernehmen, die nicht zu ihrem Aufgabengebiet gehören, um sich

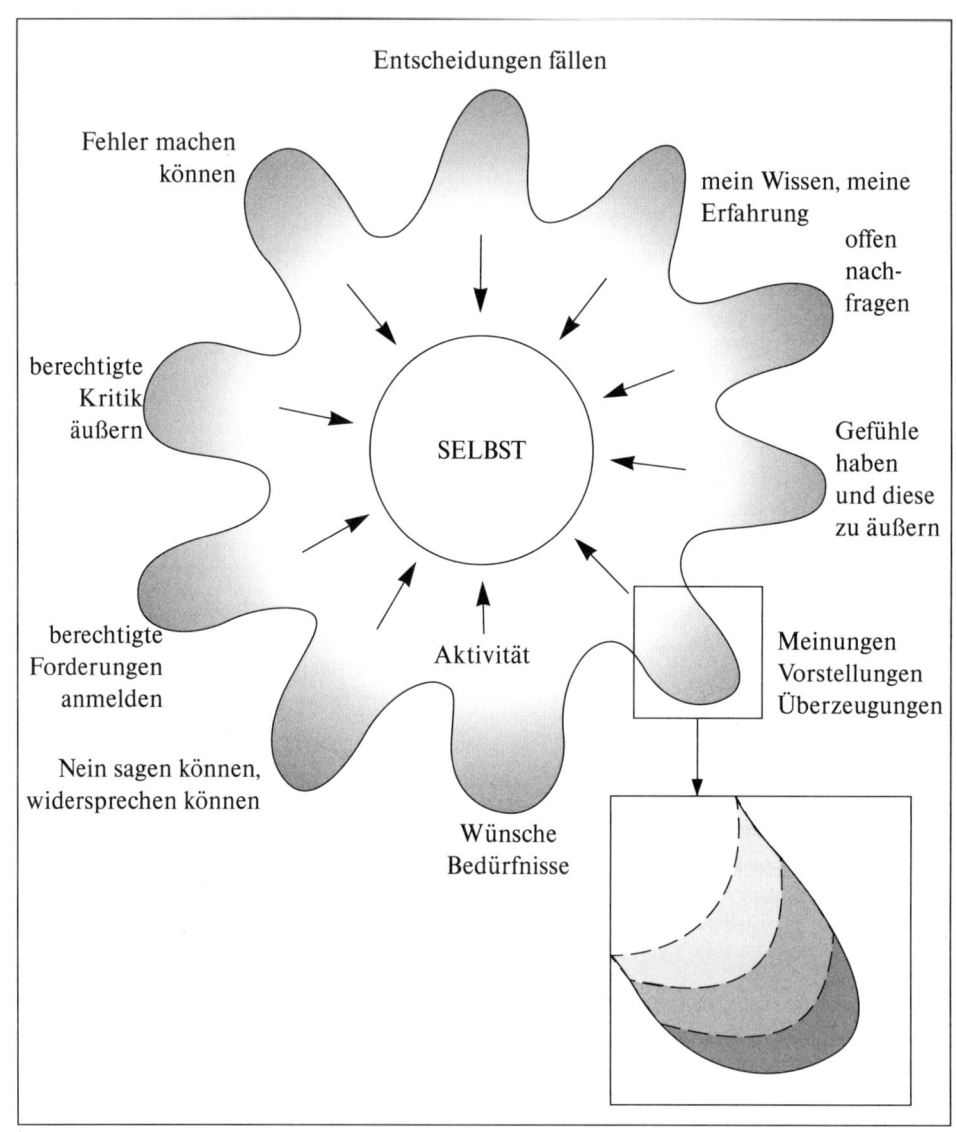

Abbildung 14: Die seelischen Grundrechte sind, wenn sie stetig in allen möglichen Lebenssituationen aktiviert werden, wie gut durchblutete Muskeln: Betätigen wir z.B. unsere Muskulatur nur unzureichend, wird sie schlaff. Ebenso verhält es sich mit den seelischen Grundrechten: Wenn wir uns immer wieder verleugnen, unsere Meinung, da wo sie angebracht wäre, nicht ausdrücken, Wünsche nicht artikulieren usw., so werden diese „Teile der Persönlichkeit" verkümmern, sich zurückbilden, sich verdunkeln. Durch ständige Selbstverleugnung geraten wir in seelische (und körperliche) Schwierigkeiten.

Immer dann, wenn wir unsere „seelischen Grundrechte" in den jeweiligen konkreten Lebenssituationen sachlich aktualisieren, „tun" wir etwas für unser Selbst, fühlen wir uns wohl. Die „seelischen Grundrechte" sind voneinander abhängig und miteinander verflochten. Mit der Einübung von einem werden z. T auch die anderen beeinflußt, gefördert.

bei Kolleginnen, Kollegen oder dem Chef beliebt zu machen. Oder Frauen ordnen sich in der Ehe unter, geben nach, fügen sich den Wünschen und Forderungen der Männer und leiden still unter dieser Beziehung.

Im Selbstsicherheits- und Kommunikationstraining besprechen Therapeut und Patient verschiedene Situationen aus der Vergangenheit und üben anhand von Modellsituationen, wie man in selbstsicherer Weise unangemessene Bitten und Forderungen mit nein beantworten kann. Gegebenenfalls werden gemeinsam Modellantworten erarbeitet.

Die Nein-Antwort soll freundlich und bestimmt, kurz, klar und aufrichtig sein. Meistens sind die Patienten dann über die Reaktion der anderen überrascht, wenn sie die gelernten Nein-Antworten eingesetzt haben. Sie werden zumeist von den anderen akzeptiert.

Grundrecht, berechtigte Forderungen anzumelden

Selbstunsichere lassen sich von anderen allzuleicht einschüchtern, sind zwar insgeheim enttäuscht oder verärgert, äußern ihr Enttäuschtsein aber nicht, sondern ziehen sich zurück.

Es gehört jedoch zu den seelischen Grundrechten jedes Menschen, seine Gefühle, Meinungen, Wünsche usw. auszudrücken. Der andere kann allerdings gegensätzlicher Auffassung sein. Dann stehen sich zwei unterschiedliche Meinungen gegenüber, und es muß ein Kompromiß gesucht werden. Aggressionen sollten wir uns verbitten, denn wir haben das Recht, unsere Meinung sachlich zu äußern.

Wir sollten uns aber auch klarmachen, daß wir nicht alles, was wir uns vorstellen, erreichen können. Besonders in der Partnerschaft ist Kompromißbereitschaft wichtig. Konfliktregelung besteht aus Geben und Nehmen. Wir müssen uns von der Vorstellung freimachen, daß es einen Sieger und einen Besiegten gibt. In der Konfliktregelung ist dies keine brauchbare Vorstellung. Man bedenke, daß unechtes Verhalten, Vermeidungsverhalten und rachsüchtiges Verhalten des anderen oft unserem totalen Durchsetzungsanspruch folgt.

Grundrecht, Kritik zu äußern

Es gibt zwei Arten von Kritik, die sich deutlich voneinander unterscheiden:
- Sachliche, helfende Kritik (selbstsichere Kritik).
- Unsachliche, herabsetzende Kritik, mit der sich jemand über den anderen stellen und die eigene Bedeutung herausstellen will.

Es gibt einige Grundregeln für sachliche, helfende, selbstsichere Kritik:
- Wir sollten von uns selbst und nicht von anderen sprechen (Ich-Sätze). Also nicht „Du hast die unangenehmen Arbeiten einfach wieder liegen lassen. Was fällt Dir nur ein?" (indirekte Botschaft), sondern „Ich bin wirklich verärgert, weil ich feststelle, daß ich die unangenehmen Arbeiten alleine machen soll, und das will ich nicht." (direkte Botschaft, Ärger wird direkt ausgedrückt).
- Kritik sollte stets konkret und auf die jeweilige Situation bezogen sein. Also nicht „Heute morgen war es bei Dir doch genau dasselbe. Auch letzte Woche wolltest Du nicht arbeiten", sondern „Ich erwarte von Dir, daß Du die für heute versprochenen Arbeiten nun erledigst. Ich gerate sonst in sehr große Schwierigkeiten."
- Kritik sollte nicht allgemein geäußert werden. Also nicht „Jedesmal, dauernd, immer, nie, am laufenden Band unterbrichst Du mich. Außerdem weißt Du ständig alles besser", sondern „Ich werde jetzt schon das vierte Mal bei dem, was ich sagen will, unterbrochen. Das stört mich sehr beim Reden."

- Kritik sollte beschreibend, nicht wertend sein. Also nicht „Du bist wirklich heute unmöglich und komisch, weil Du Dich überhaupt nicht äußerst", sondern „Ich empfinde Dich heute so still. Das fällt mir auf."

Das Schlimmste, was wir tun können, ist, unser Bedürfnis nach Kritik (wenn wir durch andere beeinträchtigt sind) zu unterdrücken und möglicherweise noch ein freundliches Gesicht zu machen (Selbstverleugnung). Die Spannungen von Ärger und Unzufriedenheit setzen sich dabei in der Psyche und im Körper fest. Je mehr ein Mensch dies praktiziert, desto eher wird er (insgeheim) aggressiv und/oder mehr oder weniger offen depressiv.

Grundrecht, Fehler zu machen
Wer aktiv ist, macht auch Fehler. Eine wichtige Lernform beispielsweise ist die über Versuch und Irrtum. Das Ergebnis wirkt immer auf das Lernen zurück. Wenn man eine realistische Einstellung zum Fehler hat und damit im Bereich von Selbstsicherheit und Selbstbewußtsein angesiedelt ist, ist der Fehler positiv. Deshalb hängt auch das Akzeptieren und Zugeben eigener Fehler stark vom Selbstbewußtsein ab.
Man unterscheidet gute und schlechte Fehler. Aus guten Fehlern lernt man, sie bringen einen vorwärts. Schlechte Fehler sind nicht wieder gutzumachen, z. B. Fehler, durch die ein anderer Mensch zu schwerem Schaden kommt. (Selbstverständlich muß man auch einen solchen Fehler verarbeiten können.)
Man kann sich auf eigene Fehler selbstunsicher (nicht selbstbewußt), aggressiv oder selbstsicher (selbstbewußt) verhalten.
- Wir verhalten uns *selbstunsicher* (nicht selbstbewußt), wenn wir wegen eines einmaligen Mißerfolgs glauben, daß es zukünftig wieder schieflaufen wird. Hier wird aus Fehlern nicht gelernt. In diesem Fall wollen oder können wir auch die Gründe für das Schiefgehen nicht einsehen.
Selbstunsicheres Verhalten zeigt sich auch darin, daß wir nach einem Fehler lange Zeit mit uns selbst hadern, schlecht gelaunt sind, uns selbst fertigmachen und uns z. B. sagen: „Das kann nur Dir passieren. Du bist eben ein Versager, ein Nichts, ein vom Leben benachteiligter Mensch" usw.
Wir verhalten uns auch dann selbstunsicher, wenn wir einen Fehler nicht zugeben können.
- Wir verhalten uns *aggressiv*, wenn wir einen anderen anfahren, weil uns etwas daneben gegangen ist.
Wir können aber auch gegen uns selbst aggressiv sein, indem wir z. B. ein Gerät beschädigen, etwas verlieren oder uns selbst beschädigen. Dies geschieht unbewußt als Selbstbestrafung, ist also eine unbewußte Selbstschädigung.
- *Selbstsicheres* Verhalten basiert auf der Erkenntnis, daß Fehler grundsätzlich etwas Normales sind und daß man aus Fehlern lernt. Fehler sind Lernstücke, Lehrstücke, keine Niederlagen.
Nach einem Fehler überlegen wir: „Was kann ich jetzt noch verbessern, richtig stellen?" und: „Was kann ich für die Zukunft daraus lernen?"

Ein Tier lebt im Instinkt und kann deshalb keine Fehler machen. Der Mensch ist weitestgehend instinktentbunden und von daher auf Lernen, auf Erfahrungen angewiesen. Da der Mensch aufgrund von Erfahrungen lernt, muß er gleichsam Fehler machen. Wenn wir Ich-Identität erreichen wollen, haben wir uns zu akzeptieren mit dem jeweiligen Entwicklungsstand und den darin gemachten Fehlern. Der Selbstsichere hat diese normale Einstellung zum Fehler verinnerlicht.
In einer Reihe von Situationen können wir nichts mehr verbessern. Haben wir uns z. B.

auf einer Gesellschaft wegen übermäßigen Alkoholkonsums ziemlich „danebenbenommen", können wir diese konkrete Situation nicht mehr ändern. Wir können jedoch für die Zukunft daraus lernen und bei der nächsten Party weniger oder gar nichts Alkoholisches trinken.

Grundrecht, Entscheidungen zu fällen

Selbstunsichere sind zumeist außerordentlich entscheidungsschwach, wenn nicht gar -unfähig. Der Selbstsichere nimmt sich dagegen das Recht, Fehler machen zu können. Von daher geht er bei Entscheidungen nach bestem Wissen und Gewissen und nach genauer Prüfung vor. Sollte sich später herausstellen, daß seine Entscheidung falsch war, wird er sich zunächst klarmachen, daß er zum Zeitpunkt seiner Entscheidung wegen seines Entwicklungs- und Erkenntnisstandes nur so entscheiden konnte. Er wird dies zu akzeptieren versuchen, weil er sich selbst akzeptiert. Und er wird nach Möglichkeiten suchen, um das jeweilige Problem adäquat neu zu bearbeiten.

Grundrecht auf eigene Erfahrung und eigenes Wissen

Menschen machen in ihrem Leben von der Kindheit an bis ins hohe Alter vielerlei Erfahrungen und eignen sich unterschiedlichstes Wissen an.
Selbstsichere lernen aus verschiedenartigsten Erfahrungen in ihrem Leben, verknüpfen sie mit Neuartigem und tragen auf diese Weise zu ihrer Persönlichkeitsentwicklung bei. Sie wissen auch, daß sie nicht alles wissen können, und sind in der Lage zuzugcbcn, wcnn sic ctwas nicht wissen.
Selbstunsichere sind zumeist peinlich berührt, wenn sie eine Wissenslücke zugeben müssen. Sie quälen sich dann mit dem Gedanken, was die anderen wohl nun von ihnen denken könnten, entwickeln zumeist Minderwertigkeitsgefühle und ziehen sich zurück.

Wir können in unserem Leben alle möglichen, auch bittere Erfahrungen, Enttäuschungen usw. gemacht haben – alles gehört zu uns, zu dem, was wir (geworden) sind.

Grundrecht, offen nachzufragen

Selbstunsichere haben häufig nicht den Mut, noch einmal rückzufragen, wenn sie etwas nicht genau verstanden haben. Der Selbstsichere fragt in einem solchen Fall gleich nach. Er nimmt das Recht nachzufragen für sich in Anspruch.
Weil wir nicht alles wissen können, weil wir auch mal unkonzentriert sind oder wenn wir, vielleicht wegen einer komplizierten Erklärung, etwas nicht verstanden haben, sollten wir grundsätzlich nachfragen.
Interessant ist in diesem Zusammenhang noch folgendes: Es gibt immer wieder Menschen, die nicht den Mut haben, uns direkt, klar und deutlich ihr Mißfallen auszudrücken. Wenn wir in einer solchen Situation dann direkt offen nachfragen: „Was willst Du mir jetzt genau damit sagen?" oder „Ich kann Dich nicht ganz verstehen. Was meinst Du mit Deiner Aussage?", wird der Betreffende im allgemeinen ziemlich irritiert sein und irgend etwas Banales sagen. Durch unsere direkte Nachfrage spürt der andere unsere Stärke, unsere Selbstsicherheit.

Zu den seelischen Grundrechten

Die Unfähigkeit, seine Grundrechte zu vertreten, hat verschiedene Folgen. Menschen, die dazu nicht in der Lage sind, leben gegen ihre eigenen Bedürfnisse und Interessen. Sie frustrieren sich selbst. Häufig gehen sie rationalisierenden Rechtfertigungen nach, indem sie meinen, sie könnten nur durch ihre Selbstverleugnungen geliebt werden. Im Grunde werden sie aber, was sie jedoch nicht erkennen können oder wollen, von den anderen nicht als Persönlichkeit geschätzt.

Solche Menschen werden ständig von anderen ausgenutzt. Gelegentlich kommt es dann plötzlich, wenn ein anderer eine geringfügige Forderung stellt, zu einem unangemessenen Wutausbruch und zu massiven Aggressionen.

Die depressiven Verstimmungen häufen sich. Über Minderwertigkeitsgefühle, Resignation, Ressentiment gleiten solche Menschen häufig in psychosomatische Beschwerden und in Hilflosigkeit und Depression ab.

Abgrenzung

Viele Menschen ärgern sich ständig über andere, jede Kleinigkeit stört sie und bringt sie in Erregung. Sie ärgern sich z. B. darüber, daß ein Nachbar sich ein neues, größeres Auto kauft. Es stört sie, wenn ein anderer für seine Garderobe viel Geld ausgibt, obwohl es gar nicht ihr Geld ist.

Mit derart mangelnder Abgrenzung der eigenen Person ist die Grundlage für seelische (und körperliche) Instabilität geschaffen. Wenn uns am anderen etwas nicht gefällt, uns etwas nervt oder wir den Eindruck haben, der andere mache etwas anders als wir es gerne hätten, sollten wir uns fragen: Was ist eigentlich bei mir, was mich veranlaßt, dieses Verhalten des anderen so negativ zu *bewerten*? Wenn uns also am anderen etwas nervt, müssen wir uns fragen, ob uns das Verhalten des anderen einschränkt, beeinträchtigt, uns an der Erfüllung unserer eigenen Bedürfnisse und Wünsche hindert oder uns verletzt. Nur dann hat unsere Unruhe eine Berechtigung, besteht unsere Erregung zurecht.

Wir können nicht erwarten, daß der andere sich so verhält, wie wir ihn gerne haben möchten. Wir müssen ihn so annehmen, wie er sich mit seinen Eigenarten, Schwierigkeiten, Meinungen usw. zeigt.

Wenn wir wirklich anerkannt werden möchten, wenn wir geschätzt, geliebt werden möchten, lassen wir den anderen auch in seiner Eigengestalt.

Nicht berechtigte, d. h. nicht von uns zu monieren – zu rügende – Probleme sind solche, die nur den anderen etwas angehen und uns nichts. Der andere ist nicht auf der Welt, um sich von uns nach unseren Vorstellungen formen zu lassen (Toleranz).

Es gibt allerdings Situationen, in denen unser Ärger, unsere Unruhe und Erregung berechtigt sind, und zwar dann, wenn uns der andere tatsächlich einschränkt, uns behindert, uns hemmt, uns nicht uns selbst sein läßt oder uns verletzt.

Es sollte, ja es muß möglich sein, dem anderen in dem Augenblick (also noch im Spannungsprozeß, und wenn dies nicht gleich möglich ist, zur nächsten Chance), wenn wir berechtigt verärgert sind, berechtigt verletzt sind oder uns berechtigt eingeschränkt oder behindert fühlen, Mitteilung von unserer Situation zu machen. Dies dient einem Sich-selbst-Akzeptieren, einem Zu-sich-Stehen, also der Selbstsicherheit und einem gesunden Selbstwertgefühl.

Dazu teilen wir dem anderen Menschen unsere Erregung, unseren Ärger, unsere Enttäuschung usw. und den Grund dafür in Ich-Sätzen in angemessenem Tonfall, mit Blickkontakt (sofern das Gespräch nicht am Telefon stattfindet) mit (selbstsicheres Verhalten).

> Ein Freund leiht sich von Ihnen für sieben Tage Ihr Fahrrad. Nun sind bereits 15 Tage vergangen, und Sie haben es immer noch nicht zurückbekommen. Da Sie dadurch beeinträchtigt sind, sollten Sie sich Ihrem Freund gegenüber äußern, etwa so: „Ich bin enttäuscht von Dir. Nun warte ich schon seit acht Tagen auf die Rückgabe meines Fahrrades. Ich kann Dein Verhalten nicht verstehen. Was ist denn passiert? – Ich bitte Dich, mir das Rad umgehend zukommen zu lassen" (= eine berechtigte Forderung).

In einer Beziehung zu einem anderen Menschen ist die gegenseitige Aufrichtigkeit entscheidend. Sie ist die Grundlage von Vertrauen und menschlicher Zuneigung. Aufrichtigkeit bedeutet eben auch, daß wir dem anderen unseren Ärger, unsere Enttäuschung oder unser Verletztsein offenlegen. Nur durch das aufrichtige (selbstsichere und damit sachliche) Gespräch wird es möglich, eine Situation zu verbessern, zu regeln oder zu klären.

Die Abgrenzung läßt sich *einüben*. Dazu sollten Sie sich, wenn Sie sich über etwas ärgern oder erregen, fragen: Bin ich dadurch **beeinträchtigt**, behindert oder verletzt? (Auf die Frage nach der „Beeinträchtigung" ist – im Gegensatz zur Frage nach einer „Störung" – eine relativ objektive Antwort möglich. Wenn Sie diese Frage verneinen müssen, Sie also nicht beeinträchtigt sind, obwohl Sie sich erregen, so haben Sie sich einzugestehen (Eigenentlarvung), daß Sie ein Problem haben (falsche Bewertung, Intoleranz, mangelnde Abgrenzung).

Sofern Sie diese Frage bejahen müssen, Sie also tatsächlich beeinträchtigt sind, so besteht Ihre Erregung zurecht. Sie müssen sich also im Sinne seelischer Gesundheit und im Sinne der Echtheit (Aufrichtigkeit) dem anderen gegenüber äußern.

Ziel dieser Übung ist es, ca. 70 bis 80 % aller Erregungspunkte durch Eigenentlarvung schon gleich abzubauen, was einmal der Klärung im Kopf nutzt, dazu von besonderer Bedeutung für die psychische (und körperliche) Gesundheit ist. Weiter sollen falsche Bewertungen ab- und Toleranz dem anderen Menschen gegenüber aufgebaut werden, wodurch echte Kommunikation erst möglich ist. Die Fähigkeit zur Kommunikation gehört zur seelischen (und körperlichen) Gesundheit.

Die Übung hat weiter zum Ziel, seelische Ungleichgewichtigkeit aktiv durch das Äußern abzubauen (Spannungslinderung, Spannungslösung), wodurch eine Verdrängung entfällt, was letztendlich der seelischen (und körperlichen) Gesundheit zugute kommt.

Außerdem kommt so echte Kommunikation zustande. Die Aufrichtigkeit gilt nicht nur dem eigenen Selbst, sondern auch dem anderen Menschen gegenüber, wodurch sich wirkliche Verständigung erst erreichen läßt.

Vermutungen

Viele Menschen plagen sich damit, was andere wohl denken könnten. Dies ist eine nutzlose Beschäftigung, weil man nicht weiß, was andere tatsächlich denken. Die Folge ist: Man beschränkt seine eigenen Möglichkeiten, indem man nur in die eine, nämlich vermutete, Richtung denkt – ob es dann der Wirklichkeit entspricht, ist eine andere Sache.

Jeder Mensch hat das Bedürfnis, Zusammenhänge erkennen zu können. Von daher sind Vermutungen zunächst nichts Ungewöhnliches. So wird z. B. ein Kriminalkommissar aufgrund eines Beweisstückes weiterdenken, also vermuten, wie das Verbrechen sich ereignet haben könnte. Solange die Tat jedoch nicht voll aufgedeckt ist, hat er seine Annahme gedanklich als Vermutung *einzuordnen*.

Das gilt auch für uns: Solange wir etwas nicht wirklich wissen, sollten wir zunächst eine Vermutung auch als solche klassifizieren. Das impliziert, daß wir in einer wichtigen Angelegenheit unserer Vermutung auch nachgehen und offen nachfragen sollten.

Negative Vermutungen entstehen immer aus der eigenen Selbstunsicherheit heraus. Häufig wird eine Situation dann nicht realitätsgerecht überprüft und dem anderen so gut wie immer etwas Negatives unterstellt. Der Betreffende sieht dann nur in die eine (negative) Richtung und verhält sich dementsprechend dem anderen gegenüber, dem er Negatives unterstellt. Mit diesem Verhalten wird seine Vermutung in seinem Denken „gefestigt"; es ist eine Art „Privatdenken", das sich von der Wirklichkeit abhebt. So wird oft sowohl im privaten als auch im beruflichen Umfeld anderen Personen ohne jede Überprüfung Negatives unterstellt.

Es gibt zwei Arten negativer Vermutungen, die zu massiven psychischen (und psychosomatischen) Schwierigkeiten führen können:

- Wir denken negativ vom anderen.
- Wir denken (vermuten), daß die anderen etwas gegen uns haben, uns nicht mögen, uns ablehnen, unsere Arbeit nicht schätzen, usw.

Wir denken negativ vom anderen

Eine Arbeitskollegin hat versprochen, Ihnen eine bestimmte Arbeit abzunehmen. Nun tut sie dies aber nicht – ganz im Gegenteil: Sie telefoniert längere Zeit privat.

Sie können in diesem Fall vermuten: „Sie ist wirklich gemein. Sie hält ihre Versprechungen nicht." Dementsprechend werden Sie sich der Kollegin gegenüber sodann verhalten, indem Sie z. B. Blickkontakt vermeiden, mit ihr – wenn überhaupt – nur das Nötigste reden. So kommen Mißverständnisse und Schwierigkeiten zustande. Der Gedanke, daß die Kollegin nicht kooperativ ist, kann Ihnen zwar zunächst kommen. Sie sollten ihn jedoch unbedingt als *Vermutung* klassifizieren. Und anschließend sollten Sie bei der Kollegin offen nachfragen, z. B.: „Sie hatten mir doch versprochen, die Arbeit zu übernehmen. Wann kann ich damit rechnen?" Auf diese Weise kann sich beispielsweise herausstellen, daß die Kollegin völlig vergessen hat, Ihnen zu helfen.

Wir denken, daß die anderen etwas gegen uns haben

Selbstunsichere Menschen neigen dazu, alles auf sich selbst zu beziehen, indem sie z. B. zu sich sagen: „Die anderen können mich gar nicht mögen, denn ich bin ein Nichts" usw.

Der Chef ist schlecht gelaunt. Der selbstunsichere Mitarbeiter denkt: „Er hat was gegen mich", fühlt sich daraufhin verunsichert, entwickelt entsprechendes Verhalten, ‚befestigt' damit wieder seine negative Einstellung.

Um dagegen anzugehen, sollten wir zunächst die Vermutung als Vermutung einordnen. In den Fällen, in denen wir nicht offen nachfragen können (etwa „Haben Sie etwas gegen mich?") sollten wir „bei uns selbst nachschauen", ob uns etwas einfällt, das wir dem anderen zugefügt haben (wir bilden uns also eine Meinung zu unserem eigenen Verhalten). Oder wir „schauen bei uns selbst nach", ob wir unseres Erachtens unsere Arbeit gut verrichtet haben, außerdem höflich und freundlich waren.

Stellen wir fest, daß uns nichts Negatives bewußt wird, *halten wir uns daran gedanklich fest.* Nur daraus beziehen wir in der jeweiligen konkreten Situation unsere Sicherheit (Selbstsicherheit). Wir sollten uns grundsätzlich an unserem bemühten Verhalten orientieren.

Konfliktfähigkeit

Der offene (angesprochene) Konflikt ist eine notwendige Bedingung intimer Liebe und produktiver Arbeit. Konflikte anzugehen und zu regeln bringt uns in zweierlei Hinsicht weiter:

- Wir werden seelisch stabiler, werden selbstsicher und entwickeln Selbstvertrauen.
- Wir werden im Umgang mit anderen konstruktiv; unsere Beziehungen werden echt, positiv, was wiederum auf unsere seelische Stabilität wirkt (Wechselwirkung).

Konfliktspannungen melden sich zumeist im Ärger, der bei tatsächlicher Beeinträchtigung berechtigt ist. Bereits auf dieser ersten Stufe des Spannungsprozesses – wenn der Ärger entsteht – sollten wir uns dem Partner mitteilen, unseren Ärger äußern. Mit anderen Worten: Wir sollten den Ärger registrieren, akzeptieren und die Ärgergefühle (möglichst in Ich-Sätzen) ausdrücken.

Wir sollten aber auch anderen Konflikten, z. B. der Angst vor Auseinandersetzung mit anderen oder einem inneren Konflikt (Gewissenskonflikt, Entscheidungskonflikt), nicht ausweichen, sondern uns jedem Konflikt stellen – in dem Bewußtsein, daß Weglaufen, die Augen zu schließen, sich nicht zu äußern, unterzutauchen nur destruktiv ist, nicht weiterführt, das Problem nur noch vergrößert und uns letztlich völlig konfliktunfähig macht, uns seelisch (und körperlich) matt setzt.

Die Einstellung zum Konflikt und die Beurteilung des Konflikts beeinflussen in hohem Maße unser Sozialverhalten.

Wenn man Konflikte als lästige Störung bewertet, die es zu vermeiden gilt, dann können die Partner nicht mehr offen zueinander sein. Sie müssen Teile ihrer Persönlichkeit (ihre seelischen Grundrechte) unterdrücken.

Aus Angst vor Konflikten vermeiden Menschen, unterschiedliche Bedürfnisse zu haben. Verschiedene Bedürfnisse und Wünsche werden als Bedrohung der Partnerschaft und als Mangel an seelischer Verbundenheit mit dem anderen erlebt.

So werden die eigenen Wünsche zurückgehalten, die Partner verleugnen ihre Gefühle und ihre seelischen Grundrechte, wie Gefühle, Wünsche zu haben und zu äußern, Meinungen und Überzeugungen zu haben usw. Von daher sind die Gefahren für Partnerschaft und Gemeinschaft groß: Zunächst führt die *Angst vor Konflikten* („Wenn ich mich äußere, werde ich nicht gemocht, geschätzt, nicht anerkannt, geht die Harmonie verloren, gibt es Krach" usw.) zu *distanzierten Beziehungen*. Wenn wir ständig darauf achten müssen, die Harmonie nicht zu stören, werden wir uns zwangsläufig stark kontrollieren. Wir müssen darauf achten, daß der andere nicht

geärgert wird und daß er unseren Ärger nicht merkt. Wir spielen Rollen, verhalten uns distanziert, fassadenhaft, unecht. Die Auswirkungen solch unechten Verhaltens zeigen sich bei uns selbst – langfristig gesehen – in psychischen und/oder psychosomatischen Störungen.

Die zweite Gefahr einer Angst vor Konflikten ist das Entstehen von *Mißverständnissen*. Wenn wir nicht über unsere Gefühle sprechen und unsere Meinung nicht sagen, ist der andere auf Vermutungen angewiesen. Im zwischenmenschlichen Bereich verbinden sich Vermutungen oft mit Mißtrauen; und Mißtrauen verzerrt leicht die Gedanken und Wahrnehmungen.

Die dritte Gefahr einer Angst vor Konflikten zeigt sich darin, daß die *Kommunikation zweideutig* wird. Wenn wir nicht wagen, unsere Interessen in die Beziehung einzubringen, d.h. unsere Ärgergefühle, unsere Wünsche, Bedürfnisse usw. direkt auszudrücken, dann werden diese in unseren nonverbalen Signalen und in unseren Handlungen sichtbar. Und unsere Worte sagen etwas anderes als unser Verhalten (Double-bind).

Der Glaube, Menschen, die sich gut verstehen, könnten ihre Wünsche und Bedürfnisse gegenseitig ahnen und sich von den Augen ablesen, ist ein verhängnisvoller Irrtum. In einer solchen Beziehung haben sich die Partner bereits gegenseitig so eingeengt, daß sie nur noch den Teil ihrer Persönlichkeit realisieren, der die gleichen Wünsche, Bedürfnisse oder Vorlieben wie die des Partners aufweist. Aus dem Wunsch nach immerwährender Harmonie werden die Verschiedenheiten der Partner verleugnet oder durch Anpassung egalisiert. Diese Menschen „ohne Streit und ohne Konflikte" leben als „halbe" Menschen zusammen. Sie haben ständig eine nicht zu stillende Sehnsucht nach Befriedigung all derjenigen Bedürfnisse, die sie aus Angst vor Konflikten vor sich selbst und auch vor anderen verbergen.

Eine schlimme Methode, auf Konflikte zu reagieren, ist das Schweigen. Mit dem Schweigen entzieht man sich der Auseinandersetzung, man hebt den Kontakt auf und versetzt den anderen in eisige Einsamkeit. Anschweigen ist eine der verbreitetsten und dabei bösartigsten (ehelichen) Methoden. Denn Schweigen läßt den anderen im Ungewissen über das, was sich im Innern des Schweigenden ereignet, und über seine Pläne. Konfliktschweigen ist eine der höchsten Formen der Aggression.

Lob annehmen, sich und andere loben

Lob anzunehmen steht ebenfalls in Verbindung mit Selbstsicherheit und Kommunikationsfähigkeit. Ein negatives Selbstbild oder Selbstwertgefühl kann u. a. dadurch zustande kommen, daß ein Mensch die ihm entgegengebrachten positiven Reaktionen anderer, etwa anerkennende Worte, nicht als solche registriert, aber auch, weil er sich selbst, z. B. bei eigenen guten Leistungen, nicht loben kann. Und ohne sich selbst loben zu können, kann er auch andere nicht loben.

Diese gelernte Fehleinstellung findet sich bei besonders selbstkritischen Menschen, aber auch bei solchen, deren Anspruch Perfektion ist oder die gelernt haben, daß Selbstlob unerwünscht und unbescheiden ist. Diese falsche Einstellung ist nur über Einstellungs- und Verhaltensänderung abzubauen.

Lob, Anerkennung annehmen können

Wenn jemand sagt: „Ihre Ausführungen in der Diskussion haben mir sehr gefallen", dann sollten Sie nicht regungslos bleiben. Zucken Sie auch nicht mit den Achseln oder sagen Sie: „Das war doch nichts Besonderes." Reagieren Sie auch nicht ironisch, etwa: „Natürlich, das war phantastisch." Auf eine derart unproduktive Reaktion hin werden Sie künftig nicht mehr anerkennend angesprochen. Wenn Ihnen jemand ein Kompliment macht oder anerkennend zu Ihnen spricht, sagen Sie doch einfach: „Das freut mich" oder „Das tut mir gut" oder „Danke". Dadurch, daß Sie das Lob des anderen herausstellen und zeigen, daß Sie sich über seine Anerkennung freuen, wird dieses Verhalten des anderen positiv „verstärkt". Mit anderen Worten: Der Betreffende wird künftig öfter in dieser produktiven Weise auf Sie zugehen. Das impliziert zugleich, daß Sie durch Ihr konstruktives Verhalten auch dem anderen Menschen die Möglichkeit geben, andere anerkennen zu lernen.

Sich selbst loben können

Ängstliche und Selbstunsichere können sich im allgemeinen – selbst bei guten Leistungen – nicht freuen und sich nicht selbst loben. Das hindert sie daran, Fortschritte im sozial-aktiven Verhalten zu machen. Unser Verhalten wird von den Ergebnissen (Konsequenzen) her rückwirkend entscheidend beeinflußt, d. h. es wird „verstärkt". Wenn wir gute Ergebnisse nicht beachten, sondern sie eher dem Zufall oder dem Entgegenkommen und der Rücksichtnahme anderer zuschreiben und sie dabei sogar abwerten, bringen wir uns um das Erfolgserlebnis. Wir sollten lernen, uns bei jedem Erfolg ausdrücklich leise oder still in Gedanken zu loben: „Das hast du wirklich gut gemacht." Solches Eigenlob stinkt nicht, es ist vielmehr unserem Verhalten förderlich.

Andere loben können

Versuchen Sie, immer dann, wenn jemand Ihnen gegenüber ein produktives Verhalten an den Tag gelegt hat (eine Freundlichkeit, eine Hilfestellung, eine zusätzliche Arbeit), dieses Verhalten herauszustellen, indem Sie z. B. sagen: „Danke, daß Du das Telefongespräch für mich noch erledigt hast" oder „Ich bin sehr froh darüber, daß Sie mir bei dieser Arbeit geholfen haben, danke".

Alles, was wir positiv bei einem anderen ansprechen, „verstärkt" dessen Verhalten, bewirkt, daß er sich bei nächster Gelegenheit uns gegenüber voraussichtlich wieder derart produktiv verhalten wird. Damit setzen wir zugleich gutes Miteinander in Gang. Und wenn wir andere anzuerkennen in der Lage sind, können wir auch uns selbst anerkennen!

Ihren Umgang mit dem Lob sollten Sie sich *bewußt* machen. Dazu ist es hilfreich, anerkennende Worte anderer Ihnen gegenüber anzunehmen und sich dafür freundlich zu bedanken, sich bei entsprechender Gelegenheit auch selbst zu loben sowie immer dann, wenn andere etwas Positives geleistet haben, diese dafür anerkennend anzusprechen.

Sich öffentlicher Beachtung aussetzen

Ängstliche Menschen haben nicht nur Schwierigkeiten, soziale Kontakte zu knüpfen und sich selbstsicher zu verhalten, sondern auch, sich vor einem größeren Publikum öffentlicher Beachtung auszusetzen (siehe Seite 41 bis 46).

Publikumsangst geht vor allem auf zwei Befürchtungen zurück: *Versagen* und *Zurückweisung*. Die Betreffenden haben Angst, ihren eigenen Normen nicht gerecht zu werden oder die Erwartungen, die sie an sich selbst stellen, nicht erfüllen zu können. Sie haben Angst vor schlechtem Abschneiden, Angst, sich zu blamieren, abgelehnt und kritisiert zu werden.

Aufgrund ihres geschwächten Selbstwertgefühls und negativen Selbstbildes halten sie sich für schlechte Gesellschafter und Unterhalter. Daher haben sie zumeist auch ihre Fähigkeiten im Umgang mit anderen nicht geübt, sind gehemmt, schüchtern und unbeholfen.

Um ihre Ängste zu überwinden und abzubauen, können sich die Betroffenen im Gespräch mit dem Therapeuten oder durch die Lektüre beispielsweise dieses Buches die Kurzformel der kognitiven Verhaltenstherapie aneignen:

Ich werde mich in die neue Art des Handelns hineindenken und in die neue Art des Denkens hineinhandeln.

Daraus ergeben sich folgende Anstöße:

- Erkenne Deine gezielten Befürchtungen.
- Prüfe Deine irrationalen, Deine ungerechtfertigten und Deine selbstschädigenden Annahmen.
- Ersetze sie durch realistische Einstellungen.
- Setze Dich bewußt und zuversichtlich der öffentlichen Beachtung aus. Halte Dich dabei an Deinem bemühten Verhalten gedanklich fest.

Der Publikumsängstliche geht nun das „Risiko" ein. Er kann sich auch Fehler erlauben; die Leute halten ihn deshalb nicht für dumm. Er muß nicht perfekt sein und die Rolle des Könners und stets Erfolgreichen spielen. Er kann bei seinem aktiven, bemühten Verhalten auch Schwächen zeigen. Er sollte daran denken, daß die anderen auch nicht besser sind als er, daß sie auch ihre Schwächen haben und daß er mit jeder Überwindung eines „Risikos" an Können und Sicherheit gewinnt.

Um die Publikumsangst zu überwinden, geht der Betroffene schrittweise vor, indem er zunächst kritische Situationen, in denen er eventuell schon einmal versagt hat, die ihm Angst bereiten und die er zu verändern versucht, auflistet; z. B. vor einer Gruppe von Mitarbeitern einen Arbeitsplan erläutern oder auf einer Party vor zumeist Bekannten eine Rede zum Geburtstag eines Teilnehmers halten. Für jede dieser zu bewältigenden Situationen werden dann erforderliche Vorbereitungs- und Verhaltensschritte im Detail erarbeitet.

Der Publikumsängstliche stellt sich diese Abläufe so deutlich wie möglich vor und geht sie so oft durch, bis er jeweils eine mentale Erfolgsschleife im Gehirn ausgeformt hat. Dabei sollte er sich auf drei

Punkte konzentrieren: auf sein Ziel, auf sein Ausführungsverhalten und auf Selbstlob bei gelungener Leistung.

Beim Ausdenken der Handlungsabläufe korrigiert er seine irrationalen Befürchtungsgedanken und ersetzt sie durch realistische Bewältigungs- oder Ich-kann-Gedanken, z. B. „Ich kann lernen, in Gesellschaft entspannt und aktiv zu sein" oder „Ich kann im Seminar ein Referat halten". Die einzelnen Situationen übt der Publikumsängstliche dann bei sich zu Hause in Kurzform handelnd und sprechend ein. Nach dieser Vorbereitung sucht er schließlich, sobald sich die Gelegenheit bietet, Situationen aus und verhält sich aktiv und selbstsicher. Dabei merkt er, daß es ihm nach jeder gelungenen Handlung leichter fällt, sich in den folgenden Situationen wirkungsvoller zu verhalten.

Empfehlungen

- Wir sollten klar erkennen, was selbstunsicheres, aggressives und selbstsicheres Verhalten beinhaltet, damit wir unser eigenes Verhalten selbst kontrollieren können.
- Wir sollten uns bewußt machen, daß wir alles sagen können, was wir möchten, wenn wir das Pronomen „Ich" verwenden. Wir greifen andere dann nicht an. Jedoch sollte dabei auch der mimisch-expressive Ausdruck mit dem Ton übereinstimmen. Ich-Sätze sind auch beim Äußern der „weiteren seelischen Grundrechte" sehr wirksam, wenn wir z. B. ausdrücken wollen: „Ich möchte das jetzt aus diesem oder jenem Grunde nicht tun." Wenn wir diese Erkenntnis in Verhalten umsetzen, erleben wir, daß unsere Angst schwindet.
- Wir sollten uns der Bedeutsamkeit des Äußerns von Gefühlen bewußt sein, wobei ich an dieser Stelle auf die Abgrenzung verweise (siehe Seite 118), z. B. sind unsere Ärgergefühle nur dann gerechtfertigt, wenn wir durch eine andere Person tatsächlich beeinträchtigt werden. Die *Abgrenzung* ist zur Einsparung seelischer Energie außerordentlich wichtig.

- Wir alle haben eine Reihe seelischer Grundrechte (Teile der Persönlichkeit). Wenn wir unsere seelischen Grundrechte nicht beachten, beachten wir uns nicht, achten wir uns nicht, selbstachten wir uns nicht, haben wir keine Selbstsicherheit, kein Selbstbewußtsein, kein Selbstvertrauen, kein gesundes Selbstwertgefühl, keine Ich-Stärke, also keine psychische (und körperliche) Gesundheit.
- Negative Vermutungen machen vielen Menschen das Leben schwer. Wir sollten produktiv mit ihnen umgehen und sie zu überwinden versuchen.
- Der Mensch ist ein konfliktträchtiges Wesen. Menschen, die allen Konflikten stets aus dem Wege gehen, machen sich krank. Deshalb sollten wir jeden einzelnen Konflikt konstruktiv angehen, anstatt ihn zu vermeiden.
- Schließlich ist es wichtig, Lob und Anerkennung annehmen, sich selbst und andere loben sowie sich öffentlicher Beachtung aussetzen zu können. Die Entwicklung von Selbstsicherheit und Kommunikationsfähigkeit tragen hier zu Angstabbau und Angstfreiheit bei.

Die Vorgehensweisen

Vorstellungsübungen

Den Vorstellungen kommt bei der Entstehung psychischer Schwierigkeiten, den verschiedenen Ängsten und Phobien und offensichtlich auch bei Panikanfällen eine besondere Bedeutung zu. Deshalb ist die Arbeit mit realistischen Vorstellungen für den Abbau der psychischen und psychosomatischen Beschwerden wichtig. Angemessene und realistische Vorstellungen, selbstsichere Gedanken sind ein zentrales Therapieziel mit der kognitiven Verhaltenstherapie.

Inneres Sprechen

Mit dem Zu-sich-selbst-Sprechen kann sich der Betroffene entspannen, während er sich in einer unangenehmen Situation befindet, aber auch schon vorher. Das Training der Selbstinstruktion spielt in der Verhaltenstherapie eine wichtige Rolle.

Systematische Desensibilisierung

Diese Technik ist die verbreitetste Vorgehensweise in der Verhaltenstherapie. Sie spielt bei der Behandlung und Auflösung von Phobien und sozialen Ängsten eine besondere Rolle.

Verhaltensproben

Bei Verhaltensproben werden soziale Begegnungssituationen mit dem Betroffenen durchgegangen und diskutiert, wie er selbstsicher auf andere reagieren könnte oder hätte reagieren können. Es werden verschiedene Handlungsentwürfe und -ausführungen detailliert besprochen, in der Vorstellung durchgespielt und dann auch in entsprechenden Realsituationen umgesetzt.

Soziale Interaktion

Ein Selbstsicherheitstraining ist sozialorientiert. Die sozialen Interaktionen sind für den Patienten die Hauptquelle seiner gegenwärtigen Hemmungen, die er oft in weit zurückliegender Zeit gelernt hat. Die sozialen Aspekte des Verhaltens sollten bei Verhaltensproben und in realen Konfrontationen besonders beachtet werden.

Selbstkontrolltechniken

Beim Selbstsicherheitstraining geht es um Erkenntnisgewinn und den kognitiven Nachvollzug von externen und internen Kontrollüberzeugungen (Vergleiche). Dabei werden Selbstbeobachtung, Selbstüberwachung, Selbstverstärkung und Informationsverarbeitung gelernt und das Selbstmanagement auf der Kognitions- und Verhaltensebene gestärkt.

Training sozialer Sensibilität

Soziale Ängste, das Erleben unangenehmer Gefühle in sozialen Situationen sind die Hauptursache selbstunsicheren Verhaltens und depressiver Verstimmungen. Mißerfolgsbefürchtungen und das wiederholte Erleben sozialer Unsicherheit führen zu Minderwertigkeitsgefühlen und behindern die Entwicklung angemessener Verhaltensweisen im Umgang mit anderen. Mißerfolgsbefürchtungen und Selbstabwertungen führen nach dem Prinzip der sich selbst erfüllenden Prophezeiung tatsächlich zu Mißerfolgen in sozialen Situationen. Eine kognitive Umstrukturierung, eine Veränderung der Gedanken und ein Training in der Wahrnehmung der eigenen und fremden Reaktionen und Situationen, also ein Training sozialer Sensibilität ist deshalb entscheidend und wichtig.

Training sozialer Fertigkeiten

Nach der Entwicklung sozialer Sensibilität muß der Betroffene lernen, sein Sprach-, Bewegungs- und Ausdrucksverhalten, das an die soziale Umwelt gerichtet ist und von dieser im Sinne der sozialen Verstärkung aufrechterhalten wird, zu verändern. Diese sozialen Fertigkeiten müssen in den einzelnen sozialen Situationen auch angemessen eingesetzt werden. Eine stets freundliche Zuwendung beispielsweise ist keineswegs immer angebracht.
Lernschritte bei der Einübung situationsangemessener sozialer Verhaltensweisen sind das Feststellen der jeweiligen Problemsituation und realistischer Möglichkeiten wirksamen Verhaltens. Dann werden Lösungsmöglichkeiten erarbeitet und im Rollenspiel von dem Betroffenen selbst ausprobiert und verbessert. Schließlich werden die Verhaltensweisen in Realsituationen geübt.

Simulation und Rollenspiel

In der Therapie soll der Patient lernen, sich in seinem alltäglichen Leben angemessen und erfolgreich (selbstsicher) zu verhalten. Er lernt systematisch neue Verhaltensweisen zur Situationsbewältigung. Bei der kognitiven Verhaltenstherapie spielen offene und verdeckte Simulationen eine Rolle. Erstere sind auf das beobachtbare Verhalten, letztere auf Gedanken, Vorstellungen und Erwartungen gerichtet, über die nur der Patient Bescheid weiß. *Simuliertes Verhalten* im therapeutischen Sinne bedeutet nicht vorgetäuschtes Verhalten, sondern einübendes, imitierendes Probeverhalten zum Zweck der Anwendung in Realsituationen. Bei der Simulation soll der Patient Regeln oder ein allgemeines Repertoir von Verhaltensweisen zur Lösung von Problemen erlernen. In Simulationsspielen sind die Szenen also weniger auf spezifische Probleme des Patienten zugeschnitten, sondern auf häufiger vorkommende Situationen in verschiedenen Bereichen des Lebens, die ein geschicktes Verhalten erfordern. Diese Spiele werden meistens in verschiedenen Varianten durchgeführt. So kommt es z. B. beim Bewerbungsgespräch darauf an, daß man seine Unterlagen angemessen präsentiert, seine Erfahrungen und Fähigkeiten gut gliedert und überzeugend darstellt. Der Therapeut imitiert verschiedene Cheftypen, z. B. den jovial-freundlichen, den sachlich-nüchternen, den streng-prüfenden usw. Die abgestuften Anforderungen der Simulation erlauben schrittweise die Annäherung an das Behandlungsziel. Viele Kommunikationsschwierigkeiten oder soziale Ängste können bereits in Simulationsspielen reduziert werden – ich nenne hier nur die Furcht, eine Person des anderen Geschlechts anzusprechen, sich bekannt zu machen und eine Verabredung mit ihr zu vereinbaren oder die Furcht, einen Vortrag oder eine Ansprache zu halten als Beispiele.

Rollenspiele werden hauptsächlich in das Selbstsicherheits- und Kommunikationstraining eingebaut. Dabei kann der Betroffene Verhaltensweisen einüben, die weniger Angst auslösen und größere Aussicht auf Erfolg haben. Beim Rollenspiel soll der Patient eher aktuelle Lebenssituationen in der Therapie nachzeichnen, z. B. „Was kann ich tun, um mit einer Person, die mir nicht bekannt ist, Kontakt aufzunehmen und sie näher kennenzulernen?"

Beim Selbstsicherheits- und Kommunikationstraining und darüber hinaus bei der kognitiven Verhaltenstherapie geht es also zusammenfassend um Anregung von Lernprozessen zur Denk-, Vorstellungs- und Verhaltensänderung. Die Ziele sind:

■ Entspannungsfähigkeit und emotionale Stabilität,
■ aktives selbstsicheres und sozial-sensibles Verhalten (soziale Kompetenz),
■ Selbstkontrolle und Selbststeuerung.

Folgende Verhaltensänderungen sollen gefördert werden:

■ Entspannung,
■ Konfrontation mit der angstauslösenden Situation (Desensibilisierung),
■ Einübung neuen Verhaltens (Aufbau förderlichen und Abbau hemmenden Verhaltens durch positive oder negative Verstärkung, Modellernen, Rollenspiel, Hausaufgaben),
■ Erweiterung des Verhaltensspielraums (Verteidigung der Grundrechte).

Folgende Denk- und Vorstellungsänderungen werden angestrebt:

■ Gedankenstop und Ablenkung (Unterbrechen von störenden Gedanken und Vorstellungen),
■ Konfrontation mit der angstauslösenden Situation in der Vorstellung (Desensibilisierung),
■ kognitive Umstrukturierung (Abbau irrationaler Gedanken, Vermutungen, Attrubutionen und Aufbau realistischer Auffassungen),
■ Veränderung der Selbstgespräche,
■ Erkennen und Lösen von Problemen.

Selbstkontrolle und Selbststeuerung

Menschliches Verhalten wird nicht nur durch Umgebungsbedingungen – physikalische und soziale Umwelt – bestimmt, sondern auch durch innere Bedingungen, wie Wahrnehmung und Einschätzung einer Situation, der persönlichen Gestimmtheit und Motivation und nicht zuletzt von den rückwirkenden Konsequenzen des Verhaltens (Erfolg, Mißerfolg) und deren Einschätzung und Beantwortung. Der Patient lernt, daß er sein Verhalten steuern und damit verändern kann, zugleich für sein Verhalten selbst verantwortlich ist. Er selbst ist Lernender und Problemlösender. Mit der bewußten Aneignung von Selbstkontrolle erweitert er den Spielraum seiner Freiheit, Selbstbestimmtheit und Verantwortlichkeit.

Die Selbstkontrolle bezieht sich einerseits auf kognitiv-emotionale Vorgänge und andererseits auf die Durchführung des Selbstkontrollverhaltens. Selbstkontrolle besagt also, daß der Mensch fähig ist, zu seinem Verhalten Stellung zu nehmen, es bewußt zu ändern.

Wollen wir eine Veränderung des Verhaltens erreichen, reicht es aber nicht aus, nur die Gedanken, Vorstellungen, Einstellungen, also die Kognitionen, zu ändern. Wir müssen zugleich regelrechtes dementsprechendes neues Verhalten einüben. In der Therapie lernt der Betroffene, sein Verhalten selbst *eigenverantwortlich* zu steuern und zu verändern. Wir bezeichnen das Insgesamt dieser erworbenen Fähigkeit als *Selbstmanagement*.

Problematisches Verhalten, das verändert werden soll, kann im Innern des Betreffenden, in den Selbstgesprächen, in seiner Selbstbewertung und den Versuchen der Selbstkontrolle liegen. So kann er sich z. B. selbst kritisieren, ohne daß ein Beobachter dies wahrnimmt.

Die nächsten Bezugspersonen können durch ihr Verhalten – ohne daß sie dies erkennen – das Problemverhalten des Patienten noch verstärken. So erfährt er bei gelernter Hilflosigkeit z. B. oft vermehrte Zuwendung und Trost. Er kann die ersehnte Zuwendung selten auf andere produktive Weise erreichen. Dies kann zu sehr belastenden Partnerbeziehungen führen, da der Betroffene mit der Zeit „tyrannische Hilflosigkeit" entwickelt.

Andererseits haben die Angehörigen oft kein Verständnis für die Lagebefindlichkeit des Patienten. Deutlich wird dies bei Depressiven. Die Angehörigen versuchen, die Betroffenen zu ermuntern, zu ermutigen und an ihren Willen zu appellieren. Die Patienten leiden aber gerade daran, daß ihre Energie und Selbstkontrolle massiv darniederliegen.

Der Therapeut hat die Aufgabe, den Patienten schrittweise aus seinem Dilemma herauszuführen, ihm Möglichkeiten der Selbstkontrolle zu eröffnen und sie mit ihm einzuüben. Der Patient kann sich auf diese Weise verschiedene Fähigkeiten aneignen, um mit sich und anderen besser umzugehen und sich zu verändern. Er verfügt dann über Selbstmanagement-Techniken, die es ihm erlauben und ihn befähigen, die Fesseln seiner selbstschädigenden Gedanken und Verhaltensweisen zu lösen und sich frei zu bewegen.

Grundsätzlich sind Selbstkontrolle und Selbstmanagement Ziele aller Therapien. Das Selbstmanagement-Training stützt sich auf Methoden verschiedener Herkunft, im besonderen Maße auf die der kognitiven Verhaltenstherapie.

Selbstkontrolle und -steuerung werden über einen mehrstufigen Lernprozeß erworben:
- Selbstbeobachtung und -bewertung,
- Selbstverstärkung und -bestrafung,
- Veränderung der Umgebung,
- Veränderung der Selbstgespräche,
- Problemerkennen und -lösen,
- Führen eines Befindenstagebuchs.

Selbstbeobachtung und -bewertung

Behandlungsmethoden mit dem Ziel, das Verhalten des Patienten zu ändern, erfordern eine genaue Protokollierung des Verhaltens. Während der Therapie ist dies immer nur kurzfristig möglich. Der Betroffene sollte also in der Therapie lernen, sein Verhalten – besonders in kritischen Situationen – zu beobachten, selbst zu überwachen und zu protokollieren. Nur so können er und der Therapeut sich über die Häufigkeit bestimmter Verhaltensweisen klar werden.

Verschiedene Untersuchungen haben gezeigt, daß oft schon allein die Selbstbeobachtung das Verhalten in der gewünschten Richtung verändert. Doch kann diese Veränderung wohl nicht nur auf die Selbstbeobachtung zurückgeführt werden. Es spielen dabei sicher auch Erfolgserwartung und Selbstverstärkung der einzelnen Veränderungsschritte eine Rolle. Zugleich erhöht die Selbstbeobachtung die Motivation zur Verhaltensänderung.

Die Wirksamkeit der Selbstbeobachtung ist bei folgenden Situationen nachgewiesen worden: beim Auftreten zwanghafter Gedanken, beim Drang zu problematischem Verhalten, z. B. immer wieder zu überprüfen, ob die Korridortür geschlossen ist, beim Auftreten einfacher motorischer Störungen, wie Hautzupfen oder Werfen von Gegenständen, oder beim Eintreten komplexer sozialer Verhaltensweisen, beispielsweise artikulieren von selbstabwertenden Äußerungen.

Mit dem Therapeuten können verschiedene für den Patienten problematische Aufgaben geplant werden. Der Patient führt sie dann zwischen den Therapiestunden aus und protokolliert sie, etwa: Eine schüchterne junge Frau mit Minderwertigkeitskomplexen soll nur deshalb zu einer Party gehen, um dort Informationen über die berufliche Ausbildung und die momentane Stellung zweier männlicher und weiblicher Gäste einzuholen.

Diese Aufgaben haben mehrere Ziele. Sie bieten dem Betroffenen Gelegenheit, das Verhalten auszuführen, das für ihn zuvor ein Problem darstellte. Teilweise hilft es auch, die Bedenken zu zerstreuen, daß etwas Schreckliches passieren könnte. Der Patient lernt aus dem erfolgreichen Erledigen der Aufgabe, aus der Selbstbeobachtung und aus den Besprechungen mit dem Therapeuten, seine Rolle immer geschickter auszufüllen und sich in ihr wohlzufühlen. Durch solche Erfahrungen kann er lernen, seine Selbsteinschätzung und die Bewertung seiner Fähigkeiten zu revidieren. Das als Aufgabe verlangte Verhalten wird in Gegenwart des Therapeuten im Rollenspiel eingeübt und vor der praktischen Durchführung detailliert besprochen.

Die *Selbstbewertung* besteht aus einem Vergleich zwischen den Leistungszielen und den Informationen, die man aus der Selbstbeobachtung gewinnt, also zwischen dem, was man tun sollte, und dem, was man tut, zwischen dem, was man wünscht, und dem, was geschieht. Man kann die Bedeutung der Selbstbeobachtung für die Veränderung des Verhaltens auf zweierlei Weise erklären: durch das Feedback-Modell und das Modell der operanten, d.h. selbst herbeigeführten Konsequenzen.

Das Feedback-Modell

Wichtig ist, daß neben der Aufzeichnung des problematischen Verhaltens auch die Auslöser (Umgebungsbedingungen, Gedanken und Vorstellungen) und die Konsequenzen (Ziel nicht annähernd erreicht oder erreicht) notiert werden. Schon das Aufzeichnen stellt ein neues Verhalten dar, das das Gesamtverhalten in Richtung des erwünschten Zieles verändert. Dabei unterstützen auch die Erwartungen des Betroffenen sein Vorhaben und Tun, denn allein schon das Denken an einen Prozeß trägt bereits zur Ausführung des Verhaltens bei. Selbstbeobachtung kann – wenn sie rechtzeitig einsetzt – eine

Verhaltenskette unterbinden. Dies erklärt teilweise, warum oft schon die Selbstbeobachtung das Verhalten verbessert. Selbstbeobachtung führt also zur Selbst-Zielsetzung. Sie gibt zugleich an, ob die Daten mit gewissen Zielen in bestimmten Situationen übereinstimmen oder nicht und regt dadurch Veränderungen an, bis eine akzeptable Übereinstimmung erreicht ist. Nur wenn Ziele vorgegeben sind, besteht eine Vergleichsmöglichkeit mit dem aktuell durchgeführten und zurückgemeldeten Verhalten. Selbstbeobachtung ist eine Voraussetzung für Selbstbewertung und -veränderung. Das Training der Selbstbeobachtung kann also zu einer verbesserten Selbstkontrolle führen.

Das Modell der operanten Konsequenzen
Viele unangepaßte Verhaltensmuster haben kurzfristig positive, langfristig aber negative Konsequenzen (Überessen, Alkohol, Drogen). Die langfristigen Konsequenzen müssen dem Patienten verdeutlicht werden, damit sie reduzierend auf sein Verhalten wirken können. Der Betreffende muß sich also vor der Durchführung seines unangepaßten Verhaltens die schädlichen Konsequenzen so deutlich vergegenwärtigen, daß sie ihn von dem Verhalten abhalten. Dazu verhelfen ihm die Selbstaufzeichnungen (z. B.:„Ich möchte eine Torte essen – dick werden, einen Herzinfarkt bekommen usw. Ich halte mich jetzt zurück.“). Oft wiederholt, führt diese Prozedur zum Therapieziel Selbstkontrolle. Die Aufzeichnung ist ein Verstärker. Daneben sind soziale Verstärker, d.h. die Beachtung und Anerkennung unseres Verhaltens durch andere, wirksam. Hilfreich ist es auch, sich Modellpersonen vor Augen zu halten. Da das Fehlverhalten zur Gewohnheit geworden ist, wird der Vorsatz oft mit hinhaltendem Widerstand blockiert: nur mal probieren, heute zum letzten Mal usw. Deshalb kann die Verstärkung des erwünschten Verhaltens oft nur durch allmähliche

Annäherung an das Ziel erreicht werden. Wenn es dem Betreffenden gelingt, die negativen Konsequenzen seines Störverhaltens über seine Gedanken und Selbstgespräche zur Einstellung umzuformen, kann er sein Verhalten ändern. Diese Änderung führt dann zu positiven Konsequenzen, die wiederum rückwirkend den Verhaltensaufbau und die Einstellungsänderung stützen und fördern.

Selbstverstärkung und -bestrafung
Bei der *Selbstverstärkung* setzt sich ein Individuum einen positiven Reiz oder entfernt einen schädigenden Reiz. Man spricht von positiver bzw. negativer Selbstverstärkung. Auf beiden Wegen erhöht sich die Rate des verstärkten Verhaltens. Selbstverstärkung ist als gelerntes Verhaltensmuster anzusehen. Sie hat dasselbe Ergebnis wie die Verstärkung (Lob, Anerkenung) durch andere. Bei der Selbstverstärkung wird jedoch das neue Verhalten besser behalten.
Bei der Selbstverstärkung lobt sich der Patient bei Veränderungen in Richtung erstrebter Befindens- und Verhaltensziele selbst: „Das habe ich gut gemacht. Das war prima. Ich freue mich darüber.“ Auf diese Weise wird das neue Verhalten gefördert, und der Patient wird zu neuem Lernen motiviert.
Die positive Selbstverstärkung kann allerdings, wenn sie im Alltag nur selten auftritt, den Patienten an der Erreichung seiner Ziele hindern. Bei Menschen mit übermäßigem Anspruchsdenken in bezug auf die eigene Person oder solchen, die die Fehleinstellung haben, daß Selbstlob unbescheiden ist, ist dies oft der Fall. Man stellt sich deshalb zunächst einige Selbstverstärker zusammen (z. B. Über welche materiellen Dinge würde ich mich freuen? oder Wie würde ich zu mir sprechen, wenn ich ganz zufrieden wäre, weil mir etwas Schwieriges gelungen ist?) und beantwortet sie sich (z. B. Ein Mal- oder Werkzeugkasten oder ein Buch oder Ich freue mich,

daß es endlich doch geklappt hat., Das habe ich wirklich gut gemacht., Anstrengung und Ausdauer lohnen sich doch.).) Unerwünschtes Verhalten kann man nachträglich bedauern und kritisieren, doch schwächen derartige Selbstgespräche das unerwünschte Verhalten nicht ab. Statt dessen beseitigen sie meist nur die Schuld- und Angstgefühle, die das Auftreten der unerwünschten Reaktion begleiten. Eher wirksam sind Vorstellungen von etwas Unangenehmem (Selbstbestrafung), die mit den unerwünschten Verhaltensweisen verbunden werden (gesundheitliche Schädigung, Minderung sozialen Ansehens, Abbau sozialer Kontakte).

Unerwünschtes Verhalten kann auch dann abgebaut werden, wenn der Betreffende dieses nicht erwünschte Verhalten absichtlich oft wiederholt, vielleicht sogar rigoroser ausführt als sonst. Man bezeichnet diesen Vorgang als Sättigung. Es erscheint paradox, daß negatives Verhalten durch eine Vermehrung abgebaut wird. Dabei wirkt aber nicht nur die Sättigung und die Verdeutlichung der negativen Konsequenzen, sondern die Umpolung von automatischem zu bewußt gesteuertem Verhalten: Sobald man ein Verhalten – sei es auch negativ – der bewußten Steuerung zuführt, kann man es willentlich eher beeinflussen.

Bei der *negativen Selbstverstärkung* verzichtet man auf einen erfreulichen Reiz und setzt alternative oder konkurrierende Verhaltensweisen ein. Dabei kann man erfahren, daß die Reduktion des Unangenehmen oder der Angst hilft, das neuerlernte Verzichts- oder Vermeidungsverhalten positiv zu verstärken. Wenn jemand beispielsweise die ersehnte Verabredung mit seiner Freundin absagt, um sich mehr auf ein Examen vorzubereiten, ist dies ein Fall negativer Selbstverstärkung. Die Abwesenheit der Freundin ist ein unangenehmer Reiz; man vermeidet das Zusammensein, um eine wichtige Arbeit zu erledigen.

Veränderung der Umgebung

Patienten haben sehr oft bereits versucht, ihr Verhalten zu ändern; häufig gelingt es ihnen jedoch nicht, weil sie – trotz gelernter Management-Techniken – durch äußere Umstände (Reize) wieder in den Sog ihres Problemverhaltens geraten. Die Betreffenden sollten dann angeleitet werden, ihre Umwelt zu ändern. Bei einer *Reizkontrolle* werden physiologische oder soziale Umweltbedingungen geschaffen, die das Auftreten des unerwünschten Verhaltens unmöglich oder zumindest unwahrscheinlich machen. Extreme Reizkontrollen wären etwa, sich freiwillig in eine Klinik zu begeben, um die Medikamentenabhängigkeit aufzugeben, oder bei häuslichen Eß- und Trinkproblemen den Schlüssel für den Kühlschrank oder die Hausbar dem Partner zu übergeben. Im Alltag finden solche Reizveränderungen häufiger statt, z. B. wenn man einen Platz aufsucht, wo man ungestört arbeiten kann.

Veränderung der Selbstgespräche

Wir sprechen etwa tausendmal mehr am Tage zu uns selbst als zu anderen Personen. Die Selbstgespräche oder *inneren Dialoge* sind von grundlegender Bedeutung für die Steuerung des Verhaltens. In den Selbstgesprächen verdeutlichen wir uns, was um uns und in uns geschieht, was wir erleben und planen.

Inneres Sprechen ist ein wichtiger Aspekt des Denkens.

Beim Kleinkind kontrolliert und steuert zumeist die Sprache von anderen, in der Regel die der Eltern, das Verhalten. Mit etwa zwei Jahren wird das laute Sprechen des Kindes zu einem wirksamen Verhaltensregulator. Schließlich, etwa mit drei Jahren, übernimmt das nicht geäußerte oder innere Sprechen eine selbststeuernde Rolle. Wenn wir z. B. eine motorische Fertigkeit, etwa Autofahren, lernen, geben wir uns sprachliche Anweisungen, wie wir dies und jenes zu handhaben haben (z. B. Gangschaltung beim Autofahren). Mit der Zeit automatisieren sich die Handlungsabläufe, so daß sie uns gar nicht mehr zum Bewußtsein kommen. Im frühen Stadium einer zu lernenden Handlung übernimmt die Sprache eine steuernde Funktion und verschwindet dann allmählich wieder in der gelernten Aktion. Zwischendurch kommt sie allerdings wieder deutlich zum Vorschein, wenn wir einen Fehler gemacht haben (z. B. falschen Gang eingelegt oder statt auf die Bremse aufs Gas getreten haben). Der Inhalt der Selbstgespräche beeinflußt das Verhalten unmittelbar. Wir können uns durch Selbstgespräche auf Aufgaben und Lernen besser konzentrieren.

Der kognitiv orientierte Therapeut vermittelt seinem Patienten das Bewußtsein darüber, welche bedeutende Rolle das automatische Denken in der Verhaltensabfolge seines Störverhaltens spielt. Er hält den Klienten an, die dem Fehlverhalten vorausgehende Abfolge des Denkens und Verhaltens zu unterbrechen und Selbstanweisungen und Vorstellungen zu produzieren, die mit dem Fehlverhalten unvereinbar sind. Das Fehlverhalten, das zumeist ohne Vororientierung abläuft, sollte durch entautomatisierte, d.h. bewußt-beabsichtigte Zielgedanken, zersetzt und damit durch Zielverhalten ersetzt werden.

Scheue und sozial isolierte Personen folgen in ihrem Verhalten einer Reihe von negativen Selbstaussagen, z. B. „Ich bin ein Versager", (Ich-bin-Satz) „Wenn ich das sage oder tue, was würden dann die anderen denken und sagen?" (Wenn-dann-Satz), „Ich muß immer kompetent sein" (Ich- und Es-muß-Satz), „Ich kann mich nie entscheiden" (Ich-kann-nicht-Satz), „Die anderen können mich nicht verstehen" (Die-anderen-Satz). Es ist sinnvoll und förderlich, diese negativen Selbstgespräche zu erkennen und sich ihre Bedeutung und Wirkung auf Erleben und Verhalten klarzumachen. Denn diese negativen inneren Dialoge

haben die Schwierigkeiten herbeigeführt und erhalten sie aufrecht.

Der in Gang zu setzende Veränderungsprozeß vollzieht sich in sieben Schritten:

- In welcher Situation habe ich so negativ reagiert?
- Was habe ich da gedacht oder zu mir gesprochen?
- Was für ein Gefühl hatte ich daraufhin?
- Woran haben mich meine Selbstgespräche gehindert; zu welchem Verhalten haben sie geführt?
- Ich kann meine negativen Selbstgespräche kritisieren.
- Wie würde ich mich dann fühlen, und wie würde ich handeln?
- Ich übe in jeder kommenden vergleichbaren Situation die neuen realistischen Selbstaussagen ein, verändere dementsprechend mein Verhalten und erwarte eine Veränderung meiner Gefühle.

Auf welche Weise führt die Veränderung des inneren Dialogs einer Person zu Verhaltensänderungen? Anweisungen, die wir von Experten für unser Lernen und unser Leisten erhalten, können uns zur Verbesserung unseres Lernens und unserer Leistungen motivieren, uns bessere Wege zum Erkennen von Schwierigkeiten, zur Konzentration und Aufmerksamkeit bei der Lösung von Aufgaben und zur Kontrolle der Vorgehensweisen anregen. Sie können uns – kurz gesagt – Regeln vermitteln, wie wir unser Verhalten steuern können. Beachtenswert ist, daß wir solche Anweisungen mit ähnlichen Ergebnissen uns auch selbst geben können.

Häufig konzentrieren sich Patienten bei einer Streßsituation, z. B. einer Prüfung, zu stark auf ihre Erregung, auf das Verhalten anderer und auf Fehler, die sie in der Vergangenheit gemacht haben. Sie versetzen sich oft selbst durch ihre negative Bewertung der Situation und ihrer Person in eine beträchtliche Erregung mit Schweißabsonderung in den Handflächen, erhöhter

Herz- und Atemfrequenz, Muskelspannung usw. Andererseits neigen Patienten häufig dazu, Erregungen als Angst zu interpretieren. Sie verfangen sich dann in der Angst und der mit ihr gegebenen Blockierung ihres Verhaltens. Die Betreffenden müssen also erkennen, daß nicht die physiologische Erregung sie beeinträchtigt, sondern das, was sie sich über die Erregung „sagen".

Wir denken nicht immer, bevor wir handeln. Die meisten unserer Verhaltensweisen haben sich zu Gewohnheiten verfestigt. Sie befähigen uns, in normalen Alltagssituationen sowohl im Leistungs- als auch im Kommunikationsbereich wirkungsvoll zu handeln. Wenn wir allerdings Fehleinstellungen und -verhaltensweisen verändern wollen, müssen wir vor dem Handeln denken, realistische Selbstgespräche entwickeln.

Bewußt eingesetzte realistische Selbstgespräche sind vor allem angebracht zur Veränderung von Einstellungen, zur inneren Motivierung, um Probleme zu lösen oder Ziele zu erreichen und um mit unangenehmen, aber unumgänglichen Situationen umzugehen.

Wenn die neuen Selbstgespräche funktionieren, sind folgende Ergebnisse zu erwarten:

- Die alten Programme werden schrittweise gelöscht. Dabei kommt es oft zu einem inneren Widerstreit. Durch Beharrlichkeit, Argumentieren und Attackieren im Selbstgespräch kann sich dann das neue Programm durchsetzen.
- Die neuen Selbstgespräche werden auf weitere Situationen und Lebensbereiche ausgedehnt und als Lebensbewältigungstechnik genutzt. Die Betreffenden fühlen sich im Einklang mit ihren Bedürfnissen. Sie erreichen Ich-Identität und einen höheren Grad der Selbstbestimmung und Selbstsicherheit.
- Die Selbstgespräche bewirken, daß wir mit anderen anders sprechen, ein besseres Verständnis für andere entwickeln.

Wir gestehen ihnen auch die „seelischen Grundrechte" zu (siehe Seite 113); wir werden großzügiger, sozial geschickter und kontaktfreudiger.

- Die Selbstgespräche fördern darüber hinaus drei zentrale Persönlichkeitsfähigkeiten: Bewußtheit, Achtsamkeit und Selbsterkenntnis.

Therapeutischer Erfolg verlangt aber noch die Beachtung eines anderen Aspekts: Die Gefühle, besonders das leibgebundene Befinden und das Selbstwertgefühl, sind zentraler Bestandteil unserer Persönlichkeitsstruktur und -dynamik. Psychische und psychosomatische Störungen sind immer auch Gefühlsstörungen. Gefühle können wir jedoch nicht direkt willentlich verändern; sie sind fest in uns verankert. Wir haben aber zwei Zugänge zum Gefühl, mit denen wir sie in den Griff bekommen können: die Gedanken und die Selbstgespräche sowie das Verhalten und die Verhaltenskonsequenzen. Die Selbstgespräche führen letztlich nur dann zu einer Veränderung der Gefühle, wenn wir gleichzeitig das Verhalten ändern und damit die Konsequenzen der Veränderung erfahren.

Erkennen und Lösen von Problemen
Menschen, die sich in psychischen Schwierigkeiten befinden und an hoher Erregung, Angst und Panik leiden, lernen in der Therapie, diese Störungen als aktuelle Probleme anzusehen, die teilweise in kurz, zum Teil in weiter zurückliegenden Entstehungsbedingungen gründen, stets aber von aktuellen negativen Gedanken, Vorstellungen, Einstellungen, Bewertungen und Selbstgesprächen aufrechterhalten werden. Wir stehen vor einem Problem, wenn wir für die betreffende Situation keine unmittelbaren Reaktionen einsetzen können, wenn wir die Situation nicht recht durchschauen und damit auch nicht wissen, was wir erreichen wollen und welche Mittel und Wege zur Lösung führen.

Die Verhaltensschwierigkeiten können verschiedene Gründe haben:

- Manche neigen dazu, bei Problemen schnell aufzugeben und sich zurückzuziehen.
- Manche reagieren, wenn sie Probleme haben, aggressiv und schieben anderen die Schuld zu. Sowohl beim Aufgeben und Rückzug, als auch bei der Aggression und externen Schuldzuschreibung folgen die Betreffenden oft alten Verhaltensmustern, mit denen sie früher Erfolg hatten.
- Häufig fehlt es den Betreffenden an sozialen Fertigkeiten, weil sie kaum Gelegenheit hatten, sie zu erwerben.
- Verbunden mit den genannten Erlebens- und Verhaltensschwierigkeiten mangelt es vielen Menschen an selbständigen Problemlösefertigkeiten, manchmal weiter begründet in einem Mangel an Intelligenz und Phantasie, das Problem differenziert zu erfassen und die Konsequenzen ihres Verhaltens zu bedenken.
- Letztlich lassen sich die meisten Verhaltensschwierigkeiten auf Hemmungen, irrationale Gedanken und soziale Ängste zurückführen.

Problemlösen ist ein kognitiver Prozeß, bei dem verschiedene Handlungsmöglichkeiten für eine problematische Situation erarbeitet werden, die Betreffenden sich für eine Alternative entscheiden und sie zur Lösung des Problems einsetzen.
Ziel des Problemlösetrainings ist nicht die Vermittlung von Strategien für spezifische Probleme, sondern die Vermittlung einer allgemeinen Strategie zur Bewältigung eines breiten Spektrums schwieriger Situationen.
Beim Erlernen des Problemlösens wird in folgenden fünf Schritten vorgegangen:

- Allgemeine Einstellung und Orientierung;
- Definieren und Formulieren des Problems (des Konflikts);
- Finden von Alternativen;
- Entscheiden;
- Überprüfen und Verwirklichen.

Allgemeine Einstellung und Orientierung.
Den Patienten wird in Gesprächen eine bestimmte (selbstsichere) Einstellung zu Problemen und Konflikten vermittelt. Häufig haben sie bereits große Schwierigkeiten, ihre eigenen Probleme zu erkennen. An viele Schwierigkeiten hat man sich gewöhnt, manche Problembereiche werden mehr oder weniger erfolgreich vermieden, andere werden in der eigenen Beurteilung heruntergespielt; bei vielen Problemen sieht man bestenfalls die erst später auftretenden Folgen. Probleme erkennt man aber bereits an bestimmten Erlebens- und Verhaltensweisen, z. B. an Situationen, …

- die für einen belastend sind.
- die man gern meidet und in denen man sich unsicher fühlt, bei denen man Angst hat zu versagen.
- in denen man nicht recht weiß, wie man sich verhalten und entscheiden soll.
- in denen man mit sich unzufrieden ist.
- in denen man sich von anderen nicht richtig behandelt und beurteilt fühlt.
- in denen man mit Menschen umgeht, mit denen man nicht recht auskommen kann, denen gegenüber man sich gehemmt oder von denen man sich abhängig fühlt.

Hinweise auf Problemsituationen geben also vor allem die eigenen Gefühle. Der Therapeut hält deshalb den Patienten an zu beschreiben, wie er sich in bestimmten Situationen fühlt. Es kann hilfreich sein, die Situationen in einem Rollenspiel mit Rollentausch nachzuspielen.
Der letzte Schritt der ersten Trainingsphase behandelt die Reaktion auf Problemsituationen. Oft reagieren die Betreffenden zu schnell und überstürzt; oder sie versuchen, überhaupt nichts zu tun, also das Problem zu verleugnen. Man sollte lernen,

zunächst einmal innezuhalten, die Konfliktsituation einige Zeit zu ertragen und zu überlegen. Die abwartende Haltung und das Ertragen kurzfristiger Spannungen ist langfristig günstiger als kurzschlüssiges Verhalten. Das jetzt aufkommende Problembewußtsein kennzeichnet die erste Stufe zur aktiven Problemlösung.

Definieren und Formulieren des Problems
Probleme sind meist komplex. Bei der Beschreibung des Problems sollten seine einzelnen Bestandteile beobachtet und erfaßt, nach ihrer Bedeutung unterschieden und das Problem möglichst von mehreren Standpunkten aus gesehen werden. Bei der möglichst genauen und umfassenden Problemschilderung sollten nicht nur die äußeren Umstände, sondern auch die Gedanken und Gefühle des Patienten, aber auch die Ziele aufgezeigt werden, die er in der Situation verfolgt. Durch den Vergleich von Situation und Ziel wird das Problem oft erst deutlich. Es stellen sich die Fragen: Warum ist das Ziel nicht zu erreichen? Was fehlt? Was ist störend oder hinderlich? Wenn das Problem von verschiedenen Seiten her (Ausgangssituation, Gedanken, Gefühlsreaktion, Verhalten, Konsequenz – Erwartung – Ergebnis) analysiert ist, hat man Ansatzpunkte für das Angehen und Lösen des Problems gefunden.

Finden von Alternativen
Bei der Suche und dem Erstellen von Alternativen sollten möglichst viele Wege in Betracht gezogen werden, die zur Lösung führen können. Es sollte auf dieser Stufe noch keine Bewertung und Entscheidung stattfinden.
Das Erstellen von Alternativen ist zum einen eine Erinnerungs- und Gedächtnisleistung, zum anderen ein kreativ-imaginativer Prozeß. Dabei werden alte Lösungen abgeändert und/oder neue Lösungen gefunden. Gute Lösungen kommen oft erst nach längerer Überlegung zustande.

Entscheiden
Es wird eine Auswahl der Lösungswege und eine Entscheidung getroffen, wobei die Frage des Nutzens für die Zielerreichung und die kurz-, mittel- und langfristigen Folgen zu berücksichtigen sind. Wenn keine optimale Lösung gefunden wird, begnügt man sich mit einer angenäherten Lösung.

Überprüfen und Verwirklichen
Mit dem Aufspüren günstiger Lösungswege ist das Problem noch nicht bewältigt. Die gewählte Lösung muß überprüft, ausgeführt und in ihrer Effektivität erlebt werden. Falls eine Umsetzung in die Wirklichkeit Schwierigkeiten bereitet, muß über Gedanken und Rollenspiele das Bewältigungsverhalten eingeübt und wiederum auf die realen Konsequenzen hin geprüft werden. Solches Überprüfen und Verwirklichen führt auch zu einer effektiven Prävention, d.h. zu Erfolgen bei weiter auftretenden Problemen.

Führen eines Befindenstagebuchs
Wenn wir uns verändern wollen, müssen wir an uns selbst arbeiten. Eine Therapie kann nur Anregungen geben, die Barrieren abzubauen, die uns bei dieser Arbeit hemmen und behindern. Die Arbeit ist oft schwer, da sich unser bisheriges Verhalten zur Gewohnheit verfestigt hat, wir z. B. unseren Problemen, etwa unangenehmen Situationen und Konflikten, seit langem aus dem Weg gegangen sind und eine effektive Konfrontation, Auseinandersetzung und Klärung vermieden haben.
Längere Zeit gepflegte Gewohnheiten können sehr stark verankert sein und willentlichen Zugriffen hartnäckig Widerstand leisten. Wir kennen diese Schwierigkeit bei den vergeblichen Versuchen, ein Abhängigkeitsproblem (z. B. Alkohol und Drogen) zu lösen. Recht häufig bildet sich dann die Überzeugung, daß alles Bemühen nichts nutzt und man sich nicht ändern kann.

Wenn der Betreffende jedoch die vorangegangenen Hinweise unablässig in seinem Alltag beachtet und anwendet, kann er seine Probleme lösen. Wenn ihm das an einer Stelle gelingt und er einen Erfolg verbuchen kann, dann hat er den ersten Schritt zum Selbstmanagement getan. Hilfreich ist dabei das Führen eines Befindens- und Verhaltenstagebuches. Darin sollte man (in Ich-Form), möglichst am Abend vor dem Schlafengehen, stichpunktartig festhalten, was man an Positivem an sich selbst erlebt hat, wo man seines Erachtens selbstsicher war, wo man sich abgrenzen konnte, also nicht die Probleme anderer Personen „übernommen" hat, sich andererseits aber auch bei tatsächlicher Beeinträchtigung durch andere sachlich – selbstsicher – äußern konnte, wann man sich gut fühlte, aktiv war usw. Man sollte auch unwesentlich erscheinende Kleinigkeiten festhalten.

Das Ziel ist, sich selbst bewußt positiver sehen zu lernen, was dem eigenen gesunden Selbstwertgefühl zugute kommt, und durch das Bewußtmachen Selbstbewußtsein und Selbstmanagement zu entwickeln. Diese Übung bezieht sich auf die Arbeit und die Arbeitsgestaltung, den Umgang mit Personen des Arbeitsumfeldes, die Freizeit und die Freizeitgestaltung, den Umgang mit dem Partner, den Kindern, weiteren Familienangehörigen, Freunden, Bekannten, Nachbarn und sonstigen Personen des privaten Umfeldes.

Im Tagebuch sollte man all das festhalten, bei dem man selbstunsicher oder aggressiv war, sich nicht abgrenzen konnte, d. h. anderer Personen Schwierigkeiten „übernommen" hat, bei tatsächlicher Beeinträchtigung durch andere sich nicht selbstsicher äußern konnte, einem nichts einfiel, man inaktiv war, sich zurückgezogen oder sich schlecht gefühlt hat.

Das Ziel ist hierbei die Entwicklung eines *Problembewußtseins*, ohne das man sich nicht verbessern kann. Die Mißerfolge werden in der Therapie besprochen. Danach soll sowohl erfolgreiches, selbstsicheres Verhalten (11.12.1992: Habe einer Zeugin Jehovas, die mich in der U-Bahn ansprach, klar, deutlich und freundlich gesagt, daß ich kein Gespräch wünsche. Darauf ließ sie mich in Ruhe und akzeptierte mein Bedürfnis.) als auch nichterfolgreiches Verhalten (20.01.1992: Mein Chef war mir gegenüber heute ziemlich einsilbig. Er schaute mich kaum an. Sicher hat er was gegen mich. Ich habe mich daraufhin von ihm distanziert. Mein Gefühl: unsicher.) aufgeschrieben werden. Unproduktive Muster werden kann mit Hilfe verschiedenster verhaltenstherapeutischer Methoden bearbeitet.

Der Sinn solcher Protokolle und Aufzeichnungen liegt aber auch darin, daß der Betreffende angeleitet wird, oder besser, sich selbst anhält, sein Tun und Lassen zu überwachen, seine Probleme gezielt anzugehen und sich Rechenschaft zu geben über Bemühungen, Erfolge und Mißerfolge, Einsicht und Zweifel.

Die in die schriftlichen Aufzeichnungen eingegangene Selbstbeobachtung distanziert den Patienten auch von seinen Problemen. Es tritt der „Rumpelstilzchen-Effekt" ein: Die richtige Bezeichnung seiner Schwierigkeiten und Probleme löst eine magische Wirkung aus. Der Akt des Benennens hat bereits eine therapeutische Wirkung. Der Patient kommt zu der Auffassung, daß sich ein Problem bewältigen läßt, wenn er ihm einen Namen geben kann. Er empfindet sich nicht mehr so stark von einem Problem eingenommen; er bearbeitet es gewissenhaft als Problemmaterial.

Imagination und Kreativität

Rund 90 % der ängstlichen Patienten haben unmittelbar vor und während ihrer Angst das Gefühl, sich in Gefahr zu befinden. Aus den gedanklichen Konfrontationsübungen der systematischen Desensibilisierung wissen wir, daß bereits die Vorstellung einer gefürchteten Situation Angst auslöst. Es besteht also eine Beziehung zwischen Phantasie und Angst. In der Phantasie ist die Realität allerdings häufig verzerrt. Trotzdem sind die Betreffenden von der Bedeutung der Phantasie mehr oder weniger überzeugt. Sie meinen, daß die Gefühlsregungen der Angst die Wirklichkeit spiegeln, und reagieren entsprechend mit Vermeidungs- und Rückzugsverhalten. Die Wahrnehmung der Wirklichkeit ist zumeist nicht neutral. Gewohnheiten, Einstellungen, Interessen, Erwartungsvorstellungen und -bewertungen, Gefühlsregungen und Stimmungen, aber auch die sprachlichen Bezeichnungen fließen mit in sie ein. Bestimmte Komponenten des Geschehens werden hervorgehoben, andere vernachlässigt. Uns interessiert hier der Zusammenhang von Wahrnehmung und Vorstellung.

Nach einer These der kognitiven Psychologie werden Gefühle durch Gedanken und Vorstellungen ausgelöst. Wenn es den Betroffenen gelingt, ihre unangenehmen Vorstellungen zu kontrollieren, werden sie von der Angst befreit.

Die bildhaften Vorstellungen haben eine tiefgreifende Wirkung auf unser Erleben und Verhalten. Bewältigungsvorstellungen werden in der therapeutischen Praxis genutzt, um selbstbehindernde und selbstschädigende Erregungen und Spannungen abzubauen (in der muskulären Tiefenentspannung, im autogenen Training und der systematischen Desensibilisierung) oder auf eine gefürchtete Situation vorzubereiten, z. B. auf eine Operation oder Frauen auf die Geburt. Aber auch sonst spielen Vorstellungsübungen eine wichtige Rolle, z. B. im mentalen Training zur Förderung von sportlichen Hochleistungen und der Kreativität.

Bildhafte Vorstellungen haben in den letzten Jahren bei der Aktivierung und Mobilisierung von Heilkräften eine besondere Bedeutung erreicht. Wir wissen heute, daß wir die autonomen psycho-neuroimmunologischen Funktionen unseres Körpers über gezielte Vorstellungen in einem individuell verschiedenen Ausmaß erreichen.

Allerdings ist bei vielen Menschen die Fähigkeit, bildhafte Vorstellungen zu produzieren und wirken zu lassen, schwach ausgebildet oder/und durch rigide Orientierungsgewohnheiten verschüttet. Diese *Imaginationen* müssen dann über zunächst gelenkte Erinnerungs- und Phantasievorstellungen regelrecht eingeübt werden. Manche Menschen haben sich die aus der frühen Kindheit noch vorhandene Fähigkeit bewahrt. Unter Künstlern ist diese Gabe häufiger zu finden.

Mobilisierung der Heilkräfte

Bildhafte Zielvorstellungen können unsere Kräfte im gesamten Bereich unseres Erlebens und Verhaltens anregen und fördern. Neuere Forschungen haben diese schon lange bestätigte Erfahrung wissenschaftlich begründet. Die elektrisch ausgelösten biochemischen Botenstoffe – die sog. Transmitter – können psychisch in ihrer Wirkung und Richtung beeinflußt werden. Durch bildhafte Vorstellungen oder Imaginationen können wir das Immunsystem stärken, seine Abwehrkräfte mobilisieren und damit zu unserer Gesundheit und Gesunderhaltung beitragen. Der Weg und das Erreichen des Zieles sind ein kreativer Prozeß.

Die bereits etablierten Methoden, die mit Vorstellungsbildern arbeiten, beziehen sich auf ein breites Anwendungsspektrum. Behandelt werden Störungen, deren Ursachen sowohl im Verhalten als auch in kognitiven Problemen liegen, hier vor allem Phobien, Ängste, Depressionen, Abhängigkeitskrankheiten, psychosomatische Beschwerden, aber auch – wie bei der Denkvisualisierung – Krebserkrankungen.

Bilder haben eine direkte Wirkung auf den Körper. Der Geist verändert die physiologischen Funktionen. Stellen Sie sich beispielsweise vor, daß Sie nach einer langen Wanderung oder Autofahrt in ein Restaurant gehen, Ihr Lieblingsmenü aussuchen und die ersten Bissen zum Munde führen. Was spüren Sie? Das Wasser läuft Ihnen im Munde zusammen, und Ihr Magen „freut" sich.

Jetzt gehen Sie zu einem anderen Vorstellungsbild über: Sie stellen sich vor, daß Sie die Fahrbahn betreten und plötzlich einen riesigen Lastwagen auf sich zurasen sehen. Was spüren Sie? Angst, Panik, rasches Atmen, Zusammenziehen des Magens und anderer Muskeln.

Oder ein drittes Beispiel: Stellen Sie sich eine Schüssel Eiswasser vor, in der halbgeschmolzene Eiswürfel schwimmen. Sie tauchen Ihre rechte Hand langsam in das eisige Wasser. Sie spüren die Kälte und merken, wie die Hand gefühllos, schwer und steif wird. Durch diese Vorstellung wird Ihre Hand tatsächlich kühler. Sie sind imstande, eine „autonome" physiologische Reaktion zu verändern. Das Ergebnis fällt allerdings je nach Sensibilität und Einbildungskraft recht unterschiedlich aus.

Im Gegensatz zu Bewegungen des Körpers, die Willensimpulsen folgen, sind die inneren physiologischen Vorgänge dem Willen zumeist nicht zugänglich; sie verlaufen unabhängig vom Willen, also autonom. Wir erreichen die inneren physiologischen Vorgänge jedoch durch eine Form der Kommunikation, die Sprache der inneren Bilder bzw. der Imagination und Suggestion.

Bei Nervosität, d.h. Erregung, Unruhe und Schlafstörungen, wird gelegentlich empfohlen, sich einfach zu entspannen. Doch das gelingt meist nicht, auch nicht bei noch so großem Bemühen. Die Erregungen kommen aus dem „autonomen" Nervensystem, zu dem man ohne längere Vorübungen keinen Zugang hat. Normaler Schlaf, aber auch ausreichende Bewegung können zwar Entspannung bringen. Doch reicht diese Art der Entspannung oft nicht aus, um mit Streß, Erregung und innerer Unruhe fertig zu werden.

Angst verträgt sich nicht mit Entspannung, denn zur Angst gehört Erregung und Anspannung. Wenn wir uns also entspannen, wird Angst abgebaut. Zugleich können wir uns im entspannten Zustand besser konzentrieren; wir können besser lernen und Bewältigungsfähigkeiten aufbauen. Es gibt verschiedene Methoden, die – allerdings erst nach längerer Übungszeit – dazu befähigen, in jeder Situation zu jeder Zeit die Entspannungsreaktion auszulösen: z. B. die progressive Tiefenentspannung (Muskelan- und -entspannung, siehe Seite 81), das autogene Training (mit seiner Atementspannung, siehe Seite 86) und die Meditation (mit ihrer Konzentration auf einen Gegenstand, z. B. Blume, Vase, Kreuz, Bild, Text usw., siehe Seite 89). Das Einüben der Entspannung geschieht willentlich; die Entspannung selbst ist das Ergebnis längerer Übung und Bemühung. Sie tritt dann aber bereits ein, wenn wir nur zu uns sagen: „Jetzt entspannen".

Entlastungsimaginationen

Wir alle kennen Erlebnisse der Gelassenheit und Gelöstheit, des Wohlbefindens, des inneren Gleichgewichts und, in seltenen Augenblicken, sogar des Glücks. Gedanken und Vorstellungen, Verhalten und Handeln können wir willentlich verändern und steuern. Um die selbstschädigenden Befürchtungsgedanken und -vorstellungen abzubauen, müssen wir die ihnen zugrundeliegenden Erregungen abbauen. Dies können wir durch verschiedene Entspannungsmethoden erreichen (siehe Seite 81 bis 94).

Hier wird eine einfache Methode gezeigt, wie man nach kurzer Entspannung die innere Unruhe wirkungsvoll auflösen kann. Sie beruht darauf, daß wir uns in eine

angenehme Erinnerungs- oder Phantasie-
situation versetzen, z. B.:

■ Stellen Sie sich vor, Sie liegen im Spät-
sommer auf einer Wiese und betrachten
die langsam über Ihnen dahinziehenden
Wolken.

■ Sie sitzen am Strand eines Meeres und
beobachten, wie die Wellen auf den
Strand zukommen, sich brechen und in
niedriger Höhe auf den Strand zu- und
zurückströmen.

■ Sie haben nach einer Wanderung im
Gebirge den Gipfel erreicht und blicken
um sich, sehen unten im Tal ein Dorf,
dessen Häuser so klein wie Streichholz-
schachteln erscheinen.

■ Sie liegen im Frühsommer in einer Hän-
gematte, die zwischen zwei Birken
gespannt ist, und beobachten über sich
die leicht bewegten Blätter.

■ Sie sitzen an einer Quelle im Wald und
beobachten das quirlige Sprudeln, das
sich dann über die Steine in ein langsam
dahinfließendes Rinnsal ergießt.

■ Sie betrachten einen Sonnenuntergang,
sehen, wie die rotorange Sonne langsam
am Horizont verschwindet.

■ Sie schauen auf einen Teich, der mit kleinen und größeren weißen und rosaroten
Seerosen bedeckt ist, die sich zwischen
den breiten grünen Blättern erheben. Sie
betrachten eine dieser Blumen.

Denkvisualisierung

Die physiologischen Vorgänge des Körpers
können durch Imaginationen beeinflußt
werden. Wenn Sie eine Krankheit haben,
sollten Sie sich eine *bildhafte Vorstellung* von
den Vorgängen machen, die dieser Krankheit zugrunde liegen. Genaueres darüber
können Sie von Ihrem Arzt oder auch
durch die Lektüre eines entsprechenden
Buches über das jeweilige Krankheits-
thema erfahren. Je besser Sie über die
Krankheit und deren Heilung informiert
sind, desto günstiger ist Ihre Ausgangs-
lage.

In verschiedenen Schmerz-Kontroll- und
Schmerz-Rehabilitationszentren in den
USA wird ergänzend zu anderen Methoden
erfolgreich mit bildhaften Heilungsvorstel-
lungen gearbeitet. Bedeutend ist beispiels-
weise die Denkvisualisierung, die Carl und
Stefanie Simonton in ihrer Krebsklinik in
Texas anwenden. Sie informieren die Pati-
enten anhand von Abbildungen oder
Zeichnungen über den Krankheits- und
Heilungsprozeß. Danach können sich die
Patienten ein genaueres Bild von den ver-
schiedenen Prozessen bei der Krebserkran-
kung machen.

Die wirksamen Bildvorstellungen, einsetz-
bar im Kampf gegen eine Krebserkrankung,
sollten folgendermaßen gekennzeichnet
sein:

■ Die Therapie ist stark und mächtig. Wie
eine Flüssigkeit strömt sie durch den
Körper und vernichtet die Krebszellen.

■ Die Krebszellen sind schwach und unge-
ordnet. Sie lassen sich leicht zerstören.

■ Die gesunden Zellen können die Schäden, die ihnen durch Chemo- und Strah-
lentherapie zugefügt werden, wieder
beheben. Die Krebszellen werden durch
die Behandlung vernichtet.

■ Die weißen Blutkörperchen bilden ein
riesiges Heer, das die Krebszellen über-
wältigt. Die weißen Blutkörperchen sind
die Vertreter der eigenen Selbstheilungskräfte, sie sind stark und mächtig.

■ Die weißen Blutkörperchen unseres
Selbstheilungs- oder Immunsystems sind
angriffslustig. Sie sind in der Lage, die
wuchernden Krebszellen rasch aufzu-
spüren und unschädlich zu machen. Die
weißen Blutkörperchen sind die Gewinner und die Krebszellen die Verlierer im
Kampf um die Gesundheit.

■ Abgestorbene Krebszellen werden wie
andere unverdauliche Stoffe vom Körper
ausgeschieden. Da dies ein natürlicher
Vorgang des Körpers ist, können wir uns
einfach auf das gute Funktionieren der
Ausscheidung verlassen.

- Nach Beendigung der Visualisierung sollen sich die Patienten als geheilt, vom Krebs befreit, gesund, vital und voller Energie *vorstellen*.

Im Gespräch erarbeitet der Therapeut mit dem Betroffenen einzelne ihm zusagende Bildvorstellungen. Diese sollten so bildkräftig und eindrucksvoll wie möglich sein. Sie mobilisieren die Abwehrkräfte und erhöhen damit die Heilungschancen. Sie sollten durch Zielvorstellungen ergänzt werden, die den Lebenswillen aktivieren. Krankheit kann als Appell und Chance zur neues Lebensgestaltung und -führung aufgefaßt werden. Neue Zielsetzungen sind ein wichtiger – vielleicht der wichtigste – Beitrag zur Gesundung. Vorteile einer solchen Zielsetzung können sein:

- Indem Sie sich Ziele setzen, stärken Sie den Willen zu leben, weil es etwas gibt, wofür Sie leben.
- Sie bereiten sich geistig und seelisch darauf vor, Ihre Zielsetzung in Handeln umzusetzen.
- Mit der Zielsetzung bekunden Sie Ihr Vertrauen in die Fähigkeit der Selbstbestimmung und Selbstkontrolle. Sie wirken damit effektiv den Gefühlen der Hilflosigkeit und auftretender Hoffnungslosigkeit entgegen.
- Die Einstellung, daß Sie für Ihr Leben verantwortlich sind, trägt dazu bei, daß sie ein positives Selbstbild entwickeln.
- Indem Sie sich Ziele setzen, geben Sie Ihren Kräften eine Richtung.

Bei der Zielsetzung sind zwei weitere Punkte zu beachten:
- Die Ziele sollten sich nicht nur auf den Beruf beziehen, sondern auf die weitere Lebensgestaltung, also auch auf die Beziehung zu anderen Menschen.
- Die Ziele sollten realisierbar, konkret, genau festgelegt und zeitlich abgestuft sein. Ohne Nahziele verlieren wir oft die Fernziele aus dem Auge.

Wenn auch wissenschaftlich orientierte Bildvorstellungen von den Komponenten der Erkrankung und Heilung wichtig sind, so sollten wir doch berücksichtigen, daß Besserungen und Heilungen auch durch andersgeartete und allgemeinere Vorstellungen gefördert werden können, z.B. durch die Vorstellung von einer alles durchdringenden kosmischen Energie oder von einem alles belebenden Licht.

Zur Orientierung

Nachdem ich Ihnen verschiedene Wege aus der Angst, der depressiven Verstimmung und der Panik aufgezeigt habe, möchte ich nun das Augenmerk auf die Merkmale der Gesundheit und der positiven Aspekte der Angst als Antriebskraft richten.

Merkmale der Gesundheit

Psyche und Körper sind nicht getrennt. Sie gehören zum gleichen persönlichen Universum. Wir finden heute schrittweise eine Antwort auf alte Fragen: Wie beeinflußt das Denken die biologischen Prozesse des Körpers? Wie kommt es, daß Niedergeschlagenheit und Hoffnungslosigkeit uns krank, Optimismus und Zuversicht gesund machen können?

Erst in den letzten Jahrzehnten zeichnen sich die einzelnen Zwischenstationen ab, über die die Psyche mit dem Körper spricht. Das Gehirn spielt dabei eine besondere Rolle. Es hat zum einen die Aufgabe, Sinneswahrnehmungen zu verarbeiten, zu speichern und bei Bedarf als Erinnerung abzurufen, vernünftig zu denken und beispielsweise Musik, Mathematik und Politik zu verstehen. Seine wichtigste Aufgabe in einer sich ständig verändernden Welt voller Gefahren ist aber die Sicherung des Überlebens und die Aufrechterhaltung der Gesundheit.

In 500 Millionen Jahren Entwicklungsgeschichte hat sich das Gehirn ständig verändert und an neue Lebensbedingungen angepaßt. Erst vor 50 Millionen Jahren entwickelte sich der Teil des Gehirns, der den Menschen am menschlichsten macht, das Großhirn. Hier spielen sich das Wahrnehmen und die Informationsverarbeitung, Denken und das Fällen von Entscheidungen, die Abgabe von Signalen zum Handeln, das Behalten alles Erlebten und aller Erfahrungen im Gedächtnis ab.

Viele der Funktionen sind an sehr verschiedenen Stellen des Gehirns wirksam.

Da jeder Mensch über zehn Milliarden Gehirnzellen besitzt und jede Nervenzelle mit Hunderten anderer in Verbindung treten kann, sind also in diesem „Biocomputer" unvorstellbar viele Kombinationen möglich.

Der Hypothalamus, das homöostatische Zentrum des Gehirns, steht im Dialog mit dem Immunsystem. Und auch die Großhirnrinde hat einen direkten Einfluß auf das Immunsystem. Die Fähigkeit zur Selbstheilung hat durch diese neuroimmunologische Brücke eine anatomische Grundlage. Gehirn und Immunsystem ähneln einander im Hinblick auf Reizbeantwortung, Lernfähigkeit und Gedächtnis (siehe Seite 83).

Vom Gehirn als Steuerungszentrale erhält der Körper über die Nervenbahnen Anweisungen. Noch in den siebziger Jahren glaubte man, die Weitergabe der Informationen erfolge über elektrische Impulse. Diese Funkentheorie wurde durch die Transmittertheorie abgelöst, nach der die Informationsvermittlung hauptsächlich durch chemische Botenstoffe erfolgt. Auf der Oberfläche der Zelle befinden sich Ankerplätze, sog. Rezeptoren. Wenn ein Transmitter vorbeikommt, bleiben diese bei entsprechenden Rezeptortypen an den Zellen hängen. Über 1000 Neurotransmitter sind mittlerweile bekannt.

Denken wir z. B. an die Lymphknoten, die zahllosen kleinen meist linsengroßen plattrundlichen Organe, die im ganzen Körper verbreitet sind. Einige sind größer, z. B. die Mandeln. Wenn jemand an einer Infektion erkrankt, schwellen die sonst unauffälligen Lymphknoten an, was irrtümlicherweise als Drüsenschwellung bezeichnet wird. Streßsignale des Gehirns enden im Gewebe der Lymphknoten. Dort kommt es zur Freisetzung von Adrenalin. Dieses wandert zu den unmittelbar in der Nachbarschaft liegenden Immunzellen mit ihren Adrenalinrezeptoren und bewirkt eine Schwächung des Immunsystems.

Bei den meisten chemischen Botenstoffen (Neurotransmitter, Hormone, Thymosine, Lymphokine) handelt es sich chemisch um Eiweißstoffe, um Peptide. Diese werden fast überall im Körper hergestellt, nicht nur vom Gehirn und Immunsystem, sondern beispielsweise auch vom Magen, Darm, Herz und von den Nieren. Die Peptide bilden ein Informationsnetzwerk, durch das der gesamte Organismus, Psyche, Gehirn und Körper, in hohem Maße integriert ist. Peptide bilden die zentrale Vermittlerrolle zwischen körperlichen und psychischen Prozessen. Jedes Peptid hat zwei untrennbar miteinander verknüpfte Wirkungen: Die eine beeinflußt die Körperphysiologie, die andere beeinflußt die Psyche, beispielsweise die Gefühle.

Daraus ergibt sich eine erstaunliche Schlußfolgerung: Unser Denken und Fühlen kann genausogut im Darm oder im Herzen entstehen, da dort die gleichen Peptide hergestellt werden wie im Gehirn. Umgekehrt kann alles, was im Gehirn vorgeht, im gesamten Körper empfangen werden, da das Gehirn mit Hilfe von Peptiden spricht, für die viele Körperzellen Rezeptoren haben.

Botenstoffe machen uns nicht nur glücklich oder traurig; sie beeinflussen auch unsere Gesundheit. Wer beispielsweise deprimiert ist, dessen Gehirn setzt eine Reihe „deprimierender" Transmitter frei. Die Depression bleibt nicht nur im Kopf, sondern findet sich überall, wo es Rezeptoren für die entsprechenden Transmitter gibt – im Herz, im Darm, in der Leber und im Immunsystem.

Das Gehirn (und auch der Körper) stellt darüber hinaus eine Vielzahl pharmakologisch wirkender Substanzen her, so z. B. zur Schmerzlinderung und -hemmung Endorphine und körpereigenes Morphin. Endorphine sind die am häufigsten im Körper vorkommenden Peptide, die quasi wie körpereigenes Morphium wirken. Aber Endorphine lindern nicht nur Schmerz, sie sind auch zuständig für unser Wohlbefinden, für Euphorie, Begeisterung und andere gute Gefühle. Wenn wir ein Kunstwerk betrachten oder Musik hören, spielen Endorphine eine Rolle. Sie stimulieren das Immunsystem und erhöhen dabei zugleich die Widerstandskraft gegenüber Infektionen – und dies ohne Nebenwirkungen. Freudige und entspannende Situationen werden vom Gehirn wahrgenommen und über Gedanken und Vorstellungen mit Hilfe der Peptide in den Körper übertragen.

Das Geheimnis von Gesundheit und Selbstheilung liegt in der Aktivierung des psychoneuroimmunologischen Supersystems durch Entspannung, Aktivität, Freude, Zuversicht und Liebe. Streßresistenz kann gelernt werden. Einstellungen, Interpretationen und Verhalten sind veränderbar. Zur Veränderung von Einstellungen und Verhalten kann einiges beitragen, beispielsweise:

■ Einübung in muskuläre, vegetative und mentale Entspannung;
■ Abgrenzungsübungen: sich nicht über etwas aufregen, durch das man tatsächlich gar nicht beeinträchtigt ist;
■ Gefühle, besonders auch negative Gefühle, wie Ärger und Enttäuschung, angemessen ausdrücken;
■ belastende Veränderungen als Herausforderungen und nicht als Bedrohungen ansehen; dabei auf Bewältigung hoffen; konflikthafte und belastende Situationen aktiv angehen; positive Erwartungen bei Heilungen, unterstützt durch gezielte Denkvisualisierungen;
■ Einübung in Selbstsicherheit (Ich-Stärke) und Selbstvertrauen; Pflege von Kontakten und freundschaftlichen Beziehungen; Heiterkeit, Humor, Lachen, Liebe.

Der Mensch identifiziert sich häufig übermäßig mit Teilaspekten seiner Persönlichkeit, mit seinem Körper, seinem Verstand, seinen Gefühlen, seinem Verhalten, seinem Besitz oder seinen Tätigkeiten und Rollen,

die er spielt. Von daher lebt er nicht in Identität mit sich selbst; er ist „fremdbestimmt". In besonderem Maße gilt dies für psychisch und psychosomatisch gestörte Personen. Emotionale Labilität, erhöhte Angstbereitschaft und zunehmende Unsicherheit drängen sie zur Suche nach einem provisorischen Halt, zur Identifikation mit einzelnen Persönlichkeitskomponenten, von denen sie sich nicht trennen können.

Identifikation mit dem Körper
Eine Patientin leidet beispielsweise unter ihren abstehenden großen Ohren und meint, sie sei häßlich und alle Leute fänden sie abstoßend. Andere Frauen beklagen sich über ihren zu kleinen oder zu großen Busen. Männer klagen oft über ihre spärlichen Kopfhaare, manchmal sogar über ihren – nach ihrer Ansicht – zu kleinen Penis und anderes. Wir identifizieren uns aber nicht nur mit vermeintlichen Mängeln, sondern auch mit Vorzügen: Frauen z. B. mit ihrer schlanken Figur, auf die sie bei allen Mahlzeiten besonders achten, Männer mit ihrem muskulösen Körperbau, den sie im Fitness-Center noch weiter ausbauen wollen.

Identifikation mit dem Verstand
Ein Beispiel für die Identifikation mit dem Verstand ist ein Patient, der stets bemüht war, seine intellektuellen Fähigkeiten auszubilden und zu nutzen. Er hatte sein Diplom in Psychologie mit „sehr gut" bestanden und war stolz auf sein Wissen und seinen analytischen Verstand. Dennoch war er unglücklich. Er hatte seit seiner Schulzeit die Entwicklung seiner sozialen und emotionalen Fähigkeiten versäumt und hatte eine Scheu vor sozialen Kontakten und vor der Äußerung seiner Gefühle.

Identifikation mit dem Gefühl
Gefühle scheinen durch äußere Umstände oder Vorkommnisse angeregt aus der Mitte des Körpers, dem Bauch, zu kommen. Häu-

fig identifizieren wir uns mit den Gefühlen und meinen, sie spiegelten die Wirklichkeit wider. „Ich habe Angst, also ist die Umgebung bedrohlich." Ängstliche haben sich in der Angst verfangen und kommen aufgrund falscher Bewertungen und dementsprechendem Vermeidungs- und Rückzugsverhalten häufig nicht aus ihr heraus. Nur bei tatsächlicher Bedrohung (durch andere) besteht z. B. ein Angstgefühl zu Recht.

Identifikation mit dem Verhalten
Wir neigen dazu, unser Verhalten gegenüber anderen Menschen, sei es auch noch so unangebracht und unangemessen, zu rechtfertigen. Diese Tendenz ist so verbreitet, daß wir von zwei Teilpersönlichkeiten in uns ausgehen können, einem Handelnden und einem Rechtfertigenden.

Identifikation mit Besitz
Viele Menschen identifizieren sich mit ihrem Besitz, z. B. mit ihrem Auto, ihrer Briefmarkensammlung, ihren Aktien, ihren Jagdtrophäen usw.
Identifizieren wir uns mit den Teilaspekten der Persönlichkeit, führen wir ein entfremdetes, wechselhaftes Leben und verlieren oder versäumen den Kontakt mit unserer Kraftquelle, unserem schöpferischen Selbst. Nur über die Bewußtmachung der einzelnen Identifikationen und über Selbstsicherheit können wir wieder zur Mitte unserer Persönlichkeit Zugang finden.
Das kreative Selbst ist das Zentrum unserer Person, eine geistige Kraftquelle zur Meisterung des Lebens. In der Meditation und imaginativen Versenkung können wir in Kontakt mit diesem Zentrum kommen. Während das Ich in zwei Formen erlebt wird, als hemmendes Ich und als förderliches Ich, erfahren wir das Selbst nur als eine positive Energie. Es vermittelt uns Kraft, Harmonie, Sicherheit, Freude, Zuversicht und mobilisiert im Falle einer Erkrankung Heilungskräfte. Der Ausdruck „Selbstunsicherheit" wäre danach besser als

„Ich-Schwäche", „Ich-Unsicherheit" oder „Dominanz des hemmenden Ichs" zu kennzeichnen.
Die überraschende Entdeckung der letzten Jahre im Forschungsbereich der Psychoneuroimmunologie ist, daß wir die im Körper vorhandenen Abwehrkräfte durch imaginative Heilungsvorstellungen über vermittelnde biochemische Botenstoffe (Neurotransmitter, Peptide) stützen, stärken und mobilisieren können. Wir müssen nur lernen, uns unserer inneren Apotheke zu bedienen.
Der Weg führt über Entspannungsübungen (siehe Seite 81) und Heilimaginationen (siehe Seite 136). Voraussetzung ist, daß wir Kontakt zu unserem Selbst gewinnen.
Es ist bedauerlich, daß mit der Verwissenschaftlichung der Heilkunde die Fragen der Gesundheit an die Medizin abgetreten wurden. Gesundheit wird seitdem immer stärker als Abwesenheit von Krankheit verstanden; und die Gesundheitspflege blieb damit ganz den Ärzten vorbehalten. Gesundheit ist aber mehr als nur Abwesenheit von Krankheit. Sie ist auch nicht in erster Linie eine Sache der Medizin, sondern der Lebensführung. Wir haben diese Lebensführung allerdings bisher weitgehend sich selbst – also der Tradition und den Gewohnheiten – überlassen und uns zu wenig um deren Gestaltungsprinzipien, also den Aufbau einer Wissenschaft der Lebensführung, bemüht. Erst in den letzten Jahren beginnen wir, dieses Versäumnis in seiner Tragweite zu erkennen. Wir wissen zwar viel über das luxuriöse Leben und die feine Lebensweise, auch vieles über gesundheitsschädigendes Verhalten, aber nur recht wenig über gesunde Lebensführung.
Gesund ist, wer seinen jeweiligen Lebensbedingungen gerecht wird, über die Möglichkeiten der Selbstbildung und -steuerung verfügt und sie im Sinne der Erhaltung und Förderung der Lebenskraft nützt. In der modernen technischen Welt ist der

Mensch nicht einfach von Natur aus gesund. Gesundheit wächst ihm nicht von selbst zu. Er muß sich, um das Lernziel Gesundheit zu erreichen, selbst um Gesundheit bemühen. Er muß Gesundheit als Aufgabe erkennen und diese Leistung über Wissen, Einstellung, Haltung und die Entwicklung der erforderlichen Fähigkeiten lernend ansteuern.

Die Lebensbedingungen in der technischen Welt stellen uns heute vor neu entstandene Gesundheitsprobleme. In der „Kultur des Maschinenlebens" sind einerseits große Fortschritte in Wirtschaft, Technik und Wissenschaft gemacht worden; doch bleiben viele Fragen ungelöst. Die Wohn- und Lebensverhältnisse in den Großstädten, die Zunahme der inaktiven Lebensweise, Streß, körperliche Untätigkeit, Fehlernährung, Alkohol- und Nikotinkonsum werden immer wieder für den schlechten körperlichen Zustand des Menschen verantwortlich gemacht.

Der Stellenwert der Gesundheit ist in der Wertordnung unserer Gesellschaft allerdings sehr hoch. Aktivismus und Leistungsorientierung setzen Gesundheit voraus. Bei der Bestimmung von Gesundheit müssen wir also die gesamte Lebenssituation des Menschen berücksichtigen. Folgende Faktoren werden als maßgebend angesehen:

- Die Art und Weise, wie der einzelne sich in seine Familie einordnet,
- das Innenleben und die Lebensauffassung,
- der Grad an Selbstvertrauen und emotionaler Stabilität,
- die Beziehung zu Freunden und Bekannten sowie
- der Erfolg in Arbeit und Beruf.

Weitere Kennzeichen seelisch-geistiger Gesundheit sind, daß der einzelne ...

- Probleme realistisch löst und sinnvolle Entscheidungen trifft.
- seine Gefühlsregungen kontrollieren kann.

- bei seinen täglichen Aufgaben Erfolg und Befriedigung findet, sich als nützliches Glied der Gesellschaft erlebt.
- in bezug auf seine Chancen und Grenzen ein geklärtes Selbstverständnis hat.
- Die Fähigkeit hat, zu lieben und Liebe anzunehmen.

Es wird oft auf die Kluft hingewiesen, die sich zwischen der Kontrolle des Menschen über seine Umwelt und seiner fehlenden Kontrolle über sich selbst aufgetan hat. Den Fähigkeiten zur technischen Veränderung hinkt die Fähigkeit zur Entwicklung moralischer und politischer Gestaltung hinterher. Erst in jüngster Zeit beginnen wir zu begreifen, daß die Moral eine der wichtigsten Produktivkräfte im Dienste der Entwicklung der Gesellschaft ist.

Gesundheit und Krankheit sind nicht nur individuelle Probleme, sie sind in ihrer Bedeutung, ihrer Verteilung und ihren Formen erst vor dem gesamtgesellschaftlichen Hintergrund zu verstehen.

Bei den Krankheiten unterscheiden wir zwischen solchen, die auch bei Tieren vorkommen, und spezifisch menschlichen Krankheiten. Die letzteren hängen eng mit dem persönlichen geistigen Leben des Menschen zusammen. Diese Krankheiten (der Noosphäre, d.h. der persönlich-geistigen Sphäre) nehmen stetig zu. Gleichzeitig werden die Krankheiten der Biosphäre immer seltener.

Die seuchenhaften Infektionen sind fast ganz verschwunden; bei den noch vorhandenen Infektionskrankheiten spielt die persönliche Disposition eine entscheidende Rolle. Wir werden nicht einfach durch Berühren mit Bakterien und Viren krank, sondern durch eine mehr oder weniger spezifische Krankheitsbereitschaft. Diese Disposition oder Anfälligkeit hängt stark von psychischen Faktoren ab. Die unmittelbare Nachkriegszeit ist ein Beleg dafür. Nach Annahme von Medizinern waren große Seuchen zu erwarten. Alle Bedingungen dafür schienen gegeben: Unter-ernährung, enges Zusammenleben der Menschen und mangelnde Hygiene. Die Seuchen traten jedoch nicht auf. Die Menschen fanden sich zum kooperativen Wiederaufbau zusammen; sie arbeiteten hart und hatten Lebensmut und Lebensziele. Die typisch menschlichen Krankheiten, die vielen nervösen Störungen, die Funktions-störungen innerer Organe mit körper-lichem Befund und die psychosomatischen Erkrankungen, wie z. B. Magengeschwüre, Asthma bronchiale, Bluthochdruck, Fett-sucht, chronische Verstopfung usw., traten erst auffällig in Erscheinung, als sich in den fünfziger und sechziger Jahren Wohlstand und die individuellen Gefühle und (Konsum-)Bedürfnisse meldeten.

Die Bereitschaft vieler Ärzte, bei den weit verbreiteten psychosomatischen Störungen Medikamente zu verschreiben, erweckt in den Patienten allzuleicht die Vorstellung, ihre eigene Mitarbeit an der Gesundung sei entbehrlich. Viele Ärzte befreien sich mit ihrer medikamentösen Therapie von der schwierigen und wichtigen Arbeit einer Aktivierung des Gesundungswillens und -verhaltens bei ihren Patienten; die pharmazeutische Industrie unterstützt sie durch ihre zugkräftige Werbung, zumal sie auch bei den Patienten den Wunsch nach Behandlung mit Tabletten weckt und stärkt.

Medikamente können seelische Probleme aber nicht beseitigen (siehe Seite 74). Sie halten den Patienten in der Kranken-rolle fest, dämpfen gewisse Beschwerden, lassen dafür oft nach einiger Zeit andere entstehen. Wenn es aber nicht nur um die Linderung oder Behebung der Beschwer-den geht, sondern das Ziel Gesundheit im Blickfeld bleibt, wird man sich über die Rehabilitation hinaus um die Aufrecht-erhaltung und Entwicklung der Kräftepoten-tiale in der Persönlichkeit, um die Stützung des Selbstwertgefühls, die Stärkung der psychophysischen Spannkraft und des Selbstvertrauens und um die Mobilisierung der Selbstkontrolle bemühen.

Psychische Gesundheit zeichnet sich dann auch durch Fähigkeiten und Verhaltens-weisen aus, die mit folgenden Begriffen zusammenhängen:
- Selbsteinschätzung,
- Integration,
- Wirklichkeitsauffassung,
- Autonomie,
- Daseinsmeisterung.

Selbsteinschätzung

Die Selbsteinschätzung ist zumeist nicht deutlich feststellbar. Wir bilden uns ein Urteil über uns, wenn wir von anderen Menschen geschätzt und anerkannt oder verurteilt und abgelehnt werden, wenn wir eine Aufgabe, eine schwierige Situation gelöst oder nicht gemeistert haben. An sol-chen Verhaltensweisen erfahren wir unsere Stärken und Schwächen. Wir stufen uns – zumeist im Vergleich mit anderen – ein und entwickeln dabei auch die Vorstellung von der Person, die wir gern sein wollen. Zur entwickelten Selbsteinschätzung gehört die Fähigkeit, das Wunschbild von dem Wirklichkeitsbild getrennt zu erleben, also die Fähigkeit zur Bilanz.
Wenn wir Selbsteinschätzung als Merkmal der Gesundheit ansehen, fassen wir mit ihr noch weitere Merkmale, so z. B., daß wir unsere Fehler und Mängel nicht nur erken-nen, sondern als solche auch bedenken. Wenn wir dies tun, leben wir in Identität mit uns selbst. Sich zu akzeptieren heißt nicht, so bleiben zu wollen, wie man ist, sondern sich vielmehr mit *Selbstbewußt-sein* und *Selbstvertrauen* um die Verwirk-lichung seiner besseren Möglichkeiten zu bemühen.

Integration

Entwicklung zeigt sich einerseits in zuneh-mender Differenzierung. Wir vermögen immer feinere Unterschiede in der Wahr-

145

nehmung, in den Vorstellungen und Wünschen zu machen. Mit der Differenzierung werden besonders auch unsere Interessen vielseitiger. Diese erweiterte Ansprache und Ansprechbarkeit bedarf aber auch einer zunehmenden inneren Bindung. Entwicklung ist also andererseits *Zentralisierung*. Wir bilden ein Personenzentrum aus: das Ich bzw. Selbst. Von diesem Zentrum her erreichen wir ein gewisses Maß an *Gleichgewicht*. Dieses seelische Gleichgewicht ist aber nicht als etwas in sich Ruhendes zu deuten, sondern als ein Fließgleichgewicht, in dem sowohl Behauptungs- als auch Anpassungstendenzen, *Stabilität* und *Flexibilität* gegeben sind. Diese Balance ermöglicht uns, eine einheitliche Sicht des Daseins zu entwickeln, gewisse *Grundsätze* und *Lebensansichten* zu vertreten.

Die Integration der psychischen Prozesse führt auch zu konzentrierten Aktionen der *Lebensbewältigung*, zu Widerstandskraft gegenüber Belastungen, zum Ertragen und Meistern von Angst.

Verführt durch das sprachgebundene Denken, das von Gedanken und Gefühlen, von Wünschen und Wollen, von Denken und Phantasie als gegensätzlichen Einheiten handelt, fassen wir die einzelnen psychischen Prozesse als voneinander isoliert wirkende Kräfte auf. Alle diese psychischen Äußerungsweisen sind aber auf das engste miteinander verbunden und können im Zuge der Persönlichkeitsentwicklung durch mentale Konzentration gebündelt, verstärkt und gezielt auf Lebensbewältigung ausgerichtet werden.

Wirklichkeitsauffassung

Der einzelne Mensch steht in Wechselbeziehung zur ihn umgebenden Sach- und Sozialwelt, die ihn beeinflußt, beeindruckt, anregt oder hemmt. Es ist ein zentrales Zeichen seelischer Gesundheit, wenn der Mensch die Wirklichkeit in ihren Eindrucksqualitäten korrekt und adäquat erfaßt. Schwere psychische Störungen gehen stets mit einem Realitätsverlust einher. Bis zu einem gewissen Grade verformen wir alle die Wirklichkeit gemäß unseren Einstellungen, Absichten oder Ängsten; wir heben dies oder jenes besonders hervor, übersehen dabei anderes. Wirklichkeit ist immer irgendwie subjektiv gefärbt. Bei aller individuellen Abweichung zeichnet sich aber eine nicht gestörte Wirklichkeitsauffassung durch einen höheren Grad an Übereinstimmung mit der Auffassung der anderen Gemeinschaftsmitglieder aus. Auch im Verhältnis zu den Mitmenschen ist also für den psychisch Gesunden ein gewisses Maß an Objektivität von Bedeutung. Soziale Beachtung, Anerkennung und Kompetenz des Menschen zeigen sich darin, daß er mit den anderen auskommt, ihnen etwas bedeutet, ihre Einstellungen und Absichten angemessen deuten kann. Hier zeigt sich, daß der psychisch gesunde Mensch die Fähigkeit zur Einfühlung in die Situation von anderen Personen entwickelt hat.

Autonomie

Persönlichkeitsentwicklung ist auf einen Zustand der Unabhängigkeit gerichtet. Bei Unabhängigkeit von den Eltern und Erziehungsberechtigten hat man die Fähigkeit erworben, sein Dasein selbständig zu führen und zu gestalten. Der reife Mensch ist fähig, sich gegenüber anderen abzugrenzen, sich selbst zu kontrollieren und das gesellschaftliche Leben und Tun kritisch einzuschätzen. Autonomie bedeutet jedoch nicht, sich von allem, was uns an Normen begegnet, abzusetzen, sondern die Befähigung zur Wahl zwischen situativ gefordertem konformem und nicht konformem Verhalten.

Der Mensch ist nie völlig autonom und kann es auch nicht werden. Was er anstreben sollte und erreichen kann, ist die Vergrößerung des Spielraums der Autonomie.

Daseinsmeisterung

Bei Daseinsmeisterung denken wir an eine ganze Reihe von Fähigkeiten, die dem Individuum gestatten, sich wirkungsvoll mit Anforderungen, Aufgaben und Angeboten des täglichen Lebens auseinanderzusetzen. Die Hauptprobleme im Leben des Menschen sind Probleme der Kooperation: im Bereich des *Gemeinschaftslebens*, der *Arbeit* und des *Berufs*, der *Partnerschaft* und *Liebe*. Wir sind auf andere Menschen angewiesen. Gemeinschaftsgefühl und Kooperation sind die Grundlagen unserer gesellschaftlichen Existenz. Von besonderer Bedeutung bei der Entwicklung des Gemeinschaftsgefühls ist die Fähigkeit der Identifikation und Einfühlung. Man muß sich in sozialer Phantasie an die Stelle des anderen versetzen können, von ihm her Situationen und Probleme sehen können. Dieses teilnehmende Mitfühlen und mitfühlende Teilnehmen bezeichnet man als Empathie. Neben dem Gemeinschaftsgefühl spielt auch der Machtgebrauch im menschlichen Zusammenleben eine große Rolle. Macht hält man noch oft für etwas Negatives, stellt sie auf eine Stufe mit Aggressivität und Gewalt. Deshalb versuchen viele, ihre Macht zu verbergen. Heute wissen wir, daß Macht im Sinne von Eigenmacht gut ist, daß Schwäche und Ohnmacht Menschen in der Entfaltung ihrer Fähigkeiten und des Bewußtseins behindern. Macht ist die Fähigkeit, eigene Wünsche zu realisieren. Die Wege dazu sind Aktivität, Arbeit und Lernen. Macht ist ein Mittel der Selbstverwirklichung.

Bei der Frage nach Gesundheit/Krankheit spielen Bewußtseins- und Wertungsprozesse – die Verarbeitung früherer Erfahrungen, die Einschätzung gegenwärtiger Lagebefindlichkeit und die Vorstellung zukünftiger Bewältigungschancen – eine entscheidende Rolle. Vereinfacht kann man sagen, daß Gesundheit und Krankheit besonders stark von unserer Lebensweise abhängen.

Der *subjektive Aspekt*, die Art und Weise, wie der Mensch seine Situation erlebt, spielt bei der Frage nach Gesundheit/Krankheit eine große Rolle. Der Mensch ist nicht einfach seinen Umweltbedingungen ausgesetzt; Krankheit ist nicht etwas, was einem einfach zustößt. Der Mensch ist weitgehend selbst für sein Wohlbefinden verantwortlich.

Einstellung und Bewertung beeinflussen den Grad des Schmerzerlebnisses. Die Wahrnehmungspsychologie hat gezeigt, daß der Wahrnehmungsvorgang ein aktiver Auswahlvorgang ist. Er wird gesteuert von früheren Erfahrungen, jetzigen Motiven und den Gedanken an die Zukunft.

Die Streßforschung hat überzeugende Beweise für diese Auffassung erbracht. Wir bewerten die Umweltreize, wir fassen sie auf als zuträgliche Herausforderung oder als schädigende Einwirkung. Diese Bewertungen kommen uns in den mehr oder weniger artikulierten Selbstgesprächen zu Bewußtsein: „Ich werde die Situation bewältigen, in ihrer Meisterung neue Kräfte entwickeln." „Ich werde es nicht schaffen; meine Kräfte reichen nicht mehr aus." Im letzteren Falle hat der Betreffende selbstschädigende Gedanken entwickelt. Er schwächt damit seinen Lebenswillen, manövriert sich in einen Zustand gelernter Hilflosigkeit und Hoffnungslosigkeit; er gibt sich selbst auf und erhöht damit die Krankheitsanfälligkeit. Das Erlebnis der Belastung hängt also davon ab, wie weit der Betreffende die Situation als bedrohlich erlebt und wie weit er dadurch in seinen eigenen Zielsetzungen eingeschränkt wird. Eine wichtige Rolle spielt auch die Erziehung. Eine Erziehung zur Selbständigkeit und Aktivität ist eine gute Bedingung für eine gesunde Lebensführung. Menschen, die gelernt haben, nicht vorzeitig aufzugeben, sondern Schwierigkeiten durchzustehen und Niederlagen als Lehrstücke aufzufassen, mobilisieren entsprechende Bewältigungskräfte. Eine gewisse Rolle scheint auch die Intelligenz zu spielen. Zumindest haben intelligente Menschen die Möglichkeit, schneller korrekte und produktive Auffassungen zu entwickeln. Wichtig sind ferner die allgemein vorherrschenden Vorstellungen der Beziehung des Menschen zu seiner Umwelt, etwa in der Form „schicksalhafter Ergebenheit" oder „herausfordernder Bewältigungsaktivität".

Manche Menschen neigen bei Konfliktlagen dazu, über die Entwicklung von Unsicherheits- und Minderwertigkeitsgefühlen Ressentiments zu entwickeln, eine angstvoll-pessimistische Haltung, die durch Mißmut, Verbitterung, Neid, Argwohn, Mißtrauen und Feindseligkeit noch näher gekennzeichnet ist. Es herrscht der Gedanke vor, die Umwelt sei mächtig, feindlich und gefährlich, man selbst habe nicht die Kraft, sich durchzusetzen. Wer in dieses Ressentiment verstrickt ist, erlebt Welt und Menschen ständig als Bedrohung. Das Ressentiment beeinflußt die Wahrnehmung und Aufmerksamkeit, Gedanken und Vorstellungen, also auch die Erinnerungs- und Phantasietätigkeit. Jede soziale Situation wird in Übereinstimmung mit dem Bezugssystem des Ressentiments gedeutet. Die negativen Vorstellungen und inneren Monologe rufen chronische Angstzustände hervor. Sie schwächen die Fähigkeit des Individuums, Belastungen gegenüber standzuhalten.

Das Lernziel Gesundheit ist also nicht allein durch das Bemühen um die Verbesserung der Umwelt zu erreichen, sondern in erster Linie durch die Stärkung des Menschen in seiner Auseinandersetzung mit den Umwelteinflüssen.

Angst als Antriebskraft

Bisher wurde die Angst nur von ihrer destruktiven Seite her beschrieben. Sie schränkt unser Erleben und Verhalten ein, macht uns unglücklich und einsam. Bei

großer Angst werden wir von allen Beziehungen abgeschnitten, verfallen dem Grübeln, der Besorgtheit, der Verzweiflung und entwickeln diverse psychosomatische Störungen. Bei kleinerer Angst geraten wir in Schüchternheit, Zaudern, Mutlosigkeit, bei längerer Dauer auch in gelernte Hilflosigkeit.

Alle psychischen und psychosomatischen Störungen mit ihrem Leidensdruck sind Versuche der Lebenskraft zu überleben. Die angstbedingten Störungen veranlassen uns, nach Auswegen zu suchen, eventuell auch therapeutische Hilfe in Anspruch zu nehmen. Menschen wollen aber nicht nur überleben, sondern vor allem leben und ihre positiven Kräfte entwickeln und freisetzen.

Auch Angst kann uns zu höheren Leistungen und zur Erprobung unserer Kräfte anspornen. Viele Menschen geraten durch ein unvorhergesehenes Lebensereignis in eine sehr schwierige Lage. Häufig überwinden diese Menschen im Rahmen ihrer Möglichkeiten ihre Schwierigkeiten und Ängste und führen danach ein befriedigendes Leben. Sie lassen sich durch Schicksalsschläge nach anfänglicher Erschütterung ihres seelischen Gleichgewichts nicht niederdrücken. Sie bemühen sich, aktiv aus ihren lähmenden Ängsten herauszukommen und die ärztlichen oder psychotherapeutischen Anregungen zu befolgen. Sie sind motiviert von der Hoffnung auf Erfolg. Sie haben ihre Ängste als Antriebskraft zum Durchhalten oder bei Krankheit zur Mitarbeit an ihrer Heilung dienstbar gemacht. Viele berichten, daß sie nach ihrer Heilung oder dem Anhalten des Krankheitsprozesses mit den noch verbliebenen Einschränkungen eine neue Einstellung zum Leben, seinen Schwierigkeiten und Chancen gewonnen haben.

Viele Menschen haben sich nach einer ersten Phase schwerer Irritation schrittweise mit dem Unbekannten – ihrer Angst und ihren psychischen Störungen – vertraut gemacht. Sie haben die Fähigkeit des Menschen, zu sich selbst und seinem Befinden Stellung zu nehmen, genutzt und mit Hilfe ihres Denkens sich gleichsam neben den Ablauf ihrer Störung gestellt.

Vorausschauendes Denken und Vorstellen hat den Menschen befähigt, Anzeichen nahender lebensbedrohender Naturereignisse zu erkennen, sich ihnen gegenüber zu schützen und sich in Sicherheit zu bringen. Ein Symbol dafür ist der Mythos von der Arche Noah. Ohne diese Vorausschau hätte der Mensch in seiner langen Entwicklungsgeschichte keine Chance zum Überleben gehabt.

Solange das Denken und Vorstellen sich auf zu erwartende real existierende Gefahren bezieht, sind die beiden Funktionen unseres Gehirns – das Denken und Vorstellen – die Garanten unseres Lebens.

Die gleichen Funktionen können uns aber auch in die Irre führen, nämlich dann, wenn sie sich von den realen Bezügen der Wahrnehmung und Erfahrung abheben und ein eigenes Spiel treiben.

Wir können uns alles mögliche ausdenken, uns Bilder von Gegenständen und Situationen ausmalen. Diese persönliche Eigenwelt kann uns so faszinieren oder gefangennehmen, daß wir sie für wirklich existierend halten. Dieses selbstgeschaffene Weltbild kann optimistisch oder pessimistisch gefärbt sein. Es kann uns zu erstaunlichen Leistungen herausfordern, weil wir davon überzeugt sind, daß sich Anstrengungen lohnen. Es kann aber auch unsere Kräfte mattsetzen, weil wir davon überzeugt sind, daß alle Bemühungen umsonst und wir letztlich durch die Endlichkeit unseres Lebens zum Scheitern verurteilt sind. Pessimismus ist der Boden, auf dem unsere Existenzangst und ihre Abkömmlinge, die sozialen Ängste und Phobien, gedeihen.

Wir sehen dann in vielem um uns herum, in Menschen, Dingen und Situationen, Gefahrensignale und versuchen, sie – je nach dem Grad der eingebildeten Bedrohlichkeit – zu meiden.

Gegen die Annahme, daß wir uns selbst betrügen, die Angst und Ängste selbst – ohne Beachtung wirklicher Verhältnisse – produzieren, sträubt sich zumeist unser Selbstbewußtsein. Wir sind überzeugt, daß unser Denken richtig funktioniert und unsere von ihm ausgelösten negativen Gefühle die Wahrheit und Wirklichkeit spiegeln. Die kognitive Verhaltenstherapie hat aber Wege aufgezeigt, wie wir zur Erkenntnis unserer Täuschungen kommen, uns von ihnen befreien und somit die Angst auflösen können.

Lust und Unlust oder Entbehrung, Wagemut und Angst sind keine rein gegensätzlichen Erlebnisweisen; sie müßten sich, wenn sie sich in einem gleichartigen Erleben begegnen, gegenseitig aufheben. Im Wettstreit zwischen Lust und Leid entsteht jedoch ein neues Gefühl, ein schillerndes Zugleich von Lust und Unlust. Wir bezeichnen diese Gefühle als ambivalente Gefühle. Von solchen Gefühlen berichten Fallschirmspringer vor und nach ihrem ersten Absprung oder Segelflieger bei ihrem ersten Flug. Während die Angst mit den weiteren Konfrontationen zurücktritt, bleibt jedoch das Mischgefühl von Angst und Lust noch längere Zeit erhalten. Die Betreffenden werden durch ihre Erfolge positiv verstärkt und zu risikoreicheren Tätigkeiten angeregt.

Menschen, die große Leistungen vollbracht haben, haben diese nicht ohne Enttäuschungen und Rückschläge erreicht. Von Henry Ford stammt der Satz: „Wenn alles gegen Dich zu sein scheint, erinnere Dich, daß das Flugzeug gegen den Wind abhebt, nicht mit dem Wind."

Wir können von Erfolgsmenschen lernen. Auch sie leiden wie alle anderen, wenn sie etwas Neues in Angriff nehmen oder ein wichtiges Problem lösen, unter körperlichen Symptomen, die ihr Vorhaben zu vereiteln versuchen: erhöhte Spannung,

Schweißausbrüche, schneller Puls und oft Schlafstörungen. Diese Symptome gehen auf Erregung und zum Teil auf Angst zurück. Erfolgsmenschen lassen jedoch Angst Angst sein und konzentrieren sich auf ihre Erregungsenergien, darauf, ihr Vorhaben zu Ende zu bringen. Sie versuchen nicht, ihre Erregung oder Angst mit Beruhigungstabletten zu unterdrücken. Im Gegenteil: Sie nutzen ihre Erregungsangst als Treibstoff, als Antriebskraft.

Wenn die Angst über uns kommt, sollten wir sie annehmen und uns mit ihr vertraut machen. Furcht, die wir kennen, hat ihre Macht über uns verloren. Sie kann uns auch keinen Schrecken mehr einjagen. Was heißt aber annehmen, kennenlernen und sich mit der Angst vertraut machen?

Die Angst kennenzulernen bedeutet, darauf zu achten, was uns angst macht. Ist die Situation wirklich gefährlich und bedrohlich, dann sollten wir sie vermeiden und uns aus ihr zurückziehen. Aber zumeist ist sie gar nicht gefährlich. Wir machen uns selbst etwas vor, erregen uns und schreiben die aus ihr entstehenden unangenehmen Gefühle und Beschwerden ungerechtfertigterweise der Situation zu. Wenn wir diesen Irrtum erkennen, dann haben wir uns mit der Angst vertraut gemacht und sie als Erregung demaskiert. Der amerikanische Philosoph Ralph Waldo Emerson hatte recht, als er sagte: „Tu das, was Du am meisten fürchtest, und der Tod dieser Furcht ist Dir gewiß."

Angst und Wege der Befreiung – eine Zusammenfassung

Angst entsteht – wie alle Gefühle – durch meist nicht bemerkte vorausgehende Gedanken und Vorstellungen. Sie warnen uns vor wirklichen oder vermeintlichen Gefahren, mobilisieren Kräfte, so daß wir uns auf die Situation vorbereiten und sie dann bewältigen oder der Situation ausweichen, vor ihr fliehen und uns in Sicherheit bringen können.

Folgende Zusamenhänge sind von größter Wichtigkeit: Wir nehmen eine gegebene Situation wahr, oder wir führen sie herbei. Sofort wird die Situation in Gedanken und Vorstellungen bewertet. Situationen, die wir als angenehm ansehen, suchen wir auf; Situationen, die wir als bedrohlich sehen, regen uns zu absichernden Vorbereitungen an, oder wir weichen ihnen aus. Bei den erstgenannten Situationen empfinden wir Freude und Zuversicht, bei den anderen Unsicherheit und Angst. Wir meinen allerdings, daß Situationen unmittelbar unsere Gefühle und die entsprechenden Verhaltensreaktionen auslösen und bestimmen. Wir übersehen im allgemeinen das kaum zum Bewußtsein kommende Zwischenglied zwischen Situation und Gefühl, nämlich die gedankliche Bewertung der Situation, und meinen, daß die Gefühle uns die Wahrheit über die Situation vermitteln.

Unser Leben spielt sich gleichsam in zwei Welten ab: in der Wahrnehmungswelt real existierender Ereignisse und Situationen, die wir unmittelbar erfahren, und in der Vorstellungswelt ausgedachter Ereignisse und Situationen, deren wir uns zur Verdeutlichung unseres Denkens bedienen.

In der Kindheit hatten wir oft Angst vor Geistern, die uns nie tatsächlich gefährlich werden konnten. Ein Knarren in der Wohnung nach dem Zubettgehen, ein Klappern der Fensterläden oder der bewegte Schatten eines Baumes vor dem Fenster hat uns geängstigt. Wir glaubten an unsichtbare bedrohliche Geister, die am Werke sind. Auch als Erwachsene werden viele Menschen von solchen Geistern geplagt. Sie halten sie davon ab, auf hohe Berge, in Restaurants, in den Supermarkt, zu einer Veranstaltung, auf eine Party zu gehen, ein öffentliches Verkehrsmittel, einen Lift zu benutzen, gar aus dem Hause auf die

Straße zu gehen oder nein zu sagen, berechtigte Forderungen und Wünsche zu äußern. Überall „sehen" Menschen bösartige Geister ihrer Kindheitsängste. Sie verwechseln heute immer noch Vorstellung und Wirklichkeit. Um diese Verwechslung zu erkennen und sich entsprechend zu verhalten, genügt die einfache Kenntnisnahme nicht, sondern prüfendes Verhalten, realistisches Denken und kritische Reflexion sind erforderlich. Das Umlernen ist jedoch nicht einfach.

Da die Angst zumeist auf länger bestehende Denk- und Vorstellungsfehler zurückgeht, das Vermeidungs- und Rückzugsverhalten zur Gewohnheit geworden und damit fest in unserem Erleben verankert ist, empfinden wir Angst, uns davon zu lösen und neues Denken und Verhalten einzuüben. Neuorientierung erfordert Wagemut und Durchhalten, auch wenn unangenehme Gefühle dabei auftreten und uns vom neuen Weg abhalten wollen. Wir haben in uns zwei Instanzen: den Wahrheitssucher und den Rechtfertiger. Allzuoft siegt leider die Rechtfertigung unserer Gewohnheiten über die Wahrheit neuer Erkenntnisse der Wirklichkeit.

Wir können die unbegründeten Ängste abbauen, und zwar auf zwei Wegen: durch die Veränderung unserer Gedanken, Vorstellungen und Bewertungen und durch Konfrontation, d.h. durch absichtliches Aufsuchen bisher angstgemiedener Situationen. Wenn wir dabei die Angst aushalten, werden wir sie bald überwinden. Die kognitive Therapie zeigt, wie wir unsere Gedanken und Vorstellungen korrigieren können. Die Verhaltenstherapie zeigt, wie wir unser Verhalten verändern können. Die kognitive Verhaltenstherapie faßt beide Wege zusammen.

Jede Überwindung einer Angst stärkt das Selbstvertrauen in unsere eigenen Kräfte und das Vertrauen zur Umwelt. Das neue Denken und Verhalten verwandelt die Angst in Mut. Wir erfahren die Angst als Antriebskraft in der Erweiterung unseres Spielraums und im Wachstum unserer Persönlichkeit.

Anhang

Grundzüge der Aktivationstherapie

Vor fast dreißig Jahren wurden die Aktivationstheorie und im Anschluß daran die kognitive Emotionstheorie entwickelt. Nach ihr werden durch bestimmte kritische Reize zunächst tiefere Zentren des Gehirns in Erregung versetzt. Diese Erregungen werden von höheren Zentren des Gehirns durch die dort produzierten Gedanken, Vorstellungen, Erwartungen oder Befürchtungen gedeutet, d.h. signiert. Diese Interpretation wird uns dann in entsprechenden positiven oder negativen Gefühlsregungen bewußt. Die Gefühle sind also keine originären Erlebnisweisen; sie sind mitbestimmt durch kognitive Deutungsprozesse. Die Deutungsprozesse, die durch die aufsteigenden neuralen Erregungen in Gang kommen, laufen oft außerordentlich schnell in Bruchteilen von Sekunden ab, so daß wir meinen, die Gefühle kämen einfach über uns. Wir haben aber keine Gefühle, wir erzeugen unsere Gefühle. Mit dieser Erkenntnis ist eine neue Chance der therapeutischen Einflußnahme eröffnet worden. Wir können lernen, unsere Gefühle zu steuern. Basiserregungen dienen dazu, den Organismus für die Bewältigung der jeweiligen Situation in Bereitschaft zu setzen. Wir bezeichnen diese motivierende Erregung auch als *Aktivation*.

Wir sind es gewohnt, Fehlformen des Erlebens und Verhaltens auf ihre Genese, ihre ursprüngliche Entstehung hin zu untersuchen. Dabei leitet uns der Gedanke, daß uns die Kenntnis der Entstehungsursachen ausreichende Hinweise geben könne, die vorliegenden Symptome wirkungsvoll anzugehen und zu beheben. Dieses Vorgehen ist jedoch – wie die kritische Auseinandersetzung mit der psychoanalytischen Methode zeigt – mit einer Reihe von Schwierigkeiten belastet. Therapeutisch wichtig ist, daß wir unseren Blick auf die

Gegenwart richten. Was uns hier in der Erlebnisfähigkeit und Lebensbewältigung hemmt und behindert, können wir ändern; hier können wir angreifen, lernen und umlernen. Wir müssen Ausschau nach den Gegenwartsursachen halten, nach jenen Ursachen, die uns in unserer jetzigen bedrückenden Lage festhalten und diese immer wieder neu belasten. Im Modell des LAU-Syndroms (siehe Seite 80) erweisen sich die Äußerungsweisen dieses Syndroms zugleich als die nachweisbaren gegenwärtigen Stützursachen. Mit dem Abbau dieser Ursachen, mit der Neuorientierung in der Gegenwart – die ja die Vergangenheit von morgen ist – erreichen wir eine tragfähige Erlebnis- und Verhaltensgrundlage für unsere aktuellen und zukünftigen Lebensvollzüge.

Emotionale *Labilität*, *Angst* und *Unsicherheit*, also das *LAU*-Syndrom und das Erregungsmuster, d.h. die Aktivation, sind Grundbegriffe der Aktivationstherapie. In ihr ist noch ein dritter Begriff von großer Bedeutung, der sich auf die Selbstheilungstendenzen des Organismus stützt: die Selbstkontrolle.

Aktivation

Aktivation ist die zentrale Motivation unserer körperlichen und psychischen Spannkraft, unserer Erlebnisfähigkeit und Selbstkontrolle. Forschungen der Neurophysiologie und der Psychologie haben ergeben, daß ein mittleres Erregungs- bzw. Aktivationsniveau eine Grundbedingung für optimale Lern- und Leistungsfähigkeit, sensible Konfliktverarbeitung und produktive Lebensführung ist.

Abweichungen in Richtung übersteigerter Erregbarkeit führen zu erhöhtem Energieverbrauch, körperlich-psychischer Verspannung, hektischer Betriebsamkeit, chronischer Verärgerung und Aggressionsbereitschaft. Abweichungen in Richtung herabgesetzter Erregbarkeit führen zum Abbau der Interessen und der Verantwortungsbereitschaft, zu Vermeidungs- und Rückzugsverhalten und letztlich zu chronischer Hilflosigkeit und Depression.

Mit den beiden Erlebnis- und Verhaltensabweichungen sind oft noch diverse Tarn- und Täuschungsmanöver verbunden. Man spielt die Rolle des Könners, Machers, Helfers oder des vom Schicksal Verfolgten, des Mißverstandenen und Ausgebeuteten. Andererseits werden durch damit verbundene Minderung der Selbststeuerung und Zielorientierung, des Streßwiderstands und der Erholungsunfähigkeit verschiedene psychosomatische Beschwerden produziert.

Die Aktivationstherapie befaßt sich im Unterschied zur gängigen Psychoanalyse in der Praxis nicht mit den weiter zurückliegenden Entstehungsursachen von Lebensschwierigkeiten im Erwachsenenalter. Sie konzentriert sich auf die Behebung der die gegenwärtigen Erlebnisbeschränkungen und Verhaltensschwierigkeiten bestimmenden Stützursachen. Die Erkenntnisse lassen sich in sieben Thesen zusammenfassen:

- Ein Bewußtmachen früherer Frustrationssituationen birgt die Gefahr in sich, die komplexen Einflußbedingungen von Erziehung, Umwelt und Entwicklung zu simplifizieren, auf den Nenner der von der Therapie bevorzugten einfachen und damit unzutreffenden Ursachen zurückzuführen.

- Kinder machen in den weitaus meisten Fällen in ihrer frühen familären Umwelt nicht nur schädigende, sondern auch förderliche Erfahrungen, so daß sich im allgemeinen die positiven und negativen Erlebnisse etwa gleich verteilen. Damit entfällt aber der Berechtigungsgrund für die einseitige Auswahl negativer Frühursachen.

- Kinder haben – dies kann empirisch nachgewiesen werden – frühe Negativerlebnisse auf ihre Art und Weise verarbeitet. Allerdings sind bei einigen von ihnen aus dieser Verarbeitung bestimmte unproduktive Gewohnheiten, Erlebnis- und Verhaltensstile hervorgegangen, wie die Neigung zur erhöhten Störanfälligkeit oder zum Vermeidungs- und Rückzugsverhalten (Depressivität) oder zum Abwehr-, Verteidigungs- und Angriffsverhalten (Aggressivität).

■ Es ist schädlich, einem Erwachsenen die Verantwortung für sein gegenwärtiges Verhalten abzusprechen und die Schuld auf die frühen familiären Beziehungs- und Erziehungserfahrungen oder personalisiert auf die Eltern und Geschwister zu schieben. Dieser Entlastungsvorgang mag manchen vorübergehend helfen; auf die Dauer erweist sich aber diese Verschiebung der Verantwortung – die therapeutische Infantilisierung – als nicht förderlich. Sie lenkt den Betreffenden von der für ihn wichtigen Selbstverantwortung ab, schwächt ihn also in seiner Selbststeuerung und Selbstgestaltung.

■ Die gegenwärtigen Lebensschwierigkeiten des Patienten hängen mit einem aktuellen zentralen emotionalen Syndrom gestörter Aktivation zusammen. Die bei der Gruppe der psychisch verwundbaren Personen konstitutionell vorgegebene oder durch den Druck kritischer Ereignisse erworbene emotionale Labilität entläßt aus sich eine erhöhte Angstbereitschaft und Unsicherheit. Wir bezeichnen dieses Syndrom, das die Ausgangsbasis aller psychischen und psychosomatischen Fehlentwicklungen und Störungen ist, als LAU-Syndrom. Die Therapie muß sich darauf konzentrieren, dieses Syndrom aufzulösen und das Vakuum durch den Aufbau von Selbstsicherheit schrittweise auszufüllen. Den Zuwachs an Selbstwertgefühl und Kompetenz kann nur der Patient selbst, allerdings unter dem Beistand des Therapeuten, in relativ kurzer Zeit erreichen.

■ Weder die Einsicht noch die Verarbeitung wirklicher oder vermeintlicher Situationen der Vergangenheit, sich dar-

auf beziehender Erinnerungen und Träume können helfen; sie lenken den Patienten nur von seiner Aufgabe ab und bedeuten eine Vergeudung von Zeit und Geld. Die Verarbeitung muß sich auf die gegenwärtig wirksamen Stützursachen des Leidens beziehen. Um diesen Zusammenhang einzusehen, bedarf der Patient einiger Informationen. Er kann nicht direkt seine innere Gefühlslage angehen, etwa in dem er sich willentlich vornimmt, keine Angst und Unsicherheit mehr zu haben. Sein Leiden würde sich bei diesem Vorgehen nur verschlimmern.

■ Von den zwei Fehlentwicklungen des Verhaltens, dem Aggressionsverhalten und dem Vermeidungsverhalten, ist das letztere das den Menschen am meisten gefährdende Verhalten; denn das Vermeidungsverhalten führt ihn über das Rückzugsverhalten leicht in die Lethargie und Depression, d.h. in eine gelernte Untätigkeit, Hilflosigkeit, Unsicherheit und Angst. Die Gefahr dieser Entwicklung liegt darin, daß mit ihr auch die zentrale Antriebskraft erlahmt. Betroffene machen dann die Erfahrung, daß sie sich nicht mehr verändern können; denn was sich nicht bewegt, vermag man auch nicht zu steuern. In diesen Fällen hat die Therapie zunächst die Aufgabe, die Lebens- und Bewältigungskräfte wieder in Gang zu bringen.

Fazit: Ganz gleich welcher Art die störenden Vergangenheitsursachen und in welchem Alter sie gegeben waren, im gegenwärtigen Leben des Patienten verweisen lediglich gewisse belastende Erlebnis- und Verhaltensgewohnheiten auf unzulänglich verarbeitete negative Einflüsse der Vergangenheit. Diese Gewohnheiten werden täglich durch vielerlei Äußerungen jedesmal neu gestützt. So wirkt z. B. jeder Befürchtungsgedanke, der sich angesichts bevorstehender Aufgaben im Bewußtsein (Selbstgespräch) meldet, und jedes Vermeidungsverhalten, das der Patient in einer Anforderungs-, Aufforderungs- und Entscheidungssituation zeigt, als Bestätigung und Verstärkung, d.h. als Stützursache seiner zentralen Unsicherheit und Angst. Die Therapie hat sich also auf deren Behebung zu konzentrieren. Damit werden Angst und Unsicherheit schrittweise ab- und Selbstsicherheit und Zuversicht aufgebaut. Allerdings kommt es nur bei etwa einem Drittel der Betroffenen schon durch die Befreiung von Unsicherheit und Angst zur Entwicklung einer kompetenten Persönlichkeit. Die überwiegende Zahl bedarf noch eines regelrechten therapiegeleiteten Aufbautrainings in den leistungs- und besonders sozialorientierten Bewältigungsfunktionen.

Diese Tatsache verweist darauf, daß die meisten Patienten aufgrund ihrer schon länger bestehenden psychischen Behinderung wichtige Lernerfahrungen versäumt haben, das zur Gewohnheit gewordene Fehlverhalten bei ihnen also auch zu einem *Defizitverhalten* geführt hat.

Therapiewege

Um Ansatzpunkte einer Veränderung zu finden, muß man zunächst die Äußerungsweisen von Unsicherheit und Angst (er)kennen. Sie liegen ...

- in der körperlichen Verspannung und Verkrampfung (übermäßige Anspannung oder fehlende Elastizität in einem oder mehreren muskulären Bereichen, etwa dem Halswirbel-, Rücken-, Extremitätenbereich, oder in einem vegetativ-innerleiblichen Bereich).
- in den Wahrnehmungslücken und Wahrnehmungsverzerrungen (man sieht in seiner Umwelt nichts Positives mehr, mißdeutet viele Wahrnehmungen im Sinne von Bedrohungen).
- in den Befürchtungs- und Utopiegedanken und negativen und irrationalen Selbstgesprächen (man stellt sich eine bedrückende Zukunft, weitere Einschränkungen und Niederlagen seines Lebens und Erlebens vor, man erwartet utopische Lösungen, die große Chance, das große Zufallsglück oder Zufallsgeschäft und spricht mit sich selbst in diesem Sinne).
- darin, daß sich Angst und Unsicherheit recht häufig in sozialem Rückzugs- und allgemeinem Vermeidungsverhalten oder in aggressivem Abwehr-, Verteidigungs- und Unterdrückungsverhalten oder/und in Täuschungsmanövern äußern, über die man andere an sich zu binden versucht (man traut sich nichts mehr zu und schränkt seine Aktivitäten ein, man ist ständig auf Selbstsicherung bedacht, die man u.a. dadurch zu erreichen versucht, daß man sich einigelt oder andere – wo man kann – verunsichert, heruntermacht und unterdrückt, man spielt sich als der große Könner auf, vertuscht sein bisheriges berufliches Scheitern, versucht, andere mit in fragwürdige Machenschaften zu locken und sie dadurch psychisch und materiell auszubeuten).

Diese vier Äußerungsweisen der Angst und Unsicherheit sind rückwirkend zugleich die vier wichtigsten Stützursachen der Angst und Unsicherheit. Die therapeutische Arbeit bezieht sich auf die vier genannten Funktionsbereiche, wobei je nach Leidenssymptomatik Schwerpunkte gewählt werden. Die therapeutischen Vorgehensweisen – auf die individuellen Belange der Patienten abgestimmt – gliedern sich in:

- Entspannungstraining,
- Wahrnehmungstraining,
- mentales Training und
- Verhaltenstraining.

Die vier therapeutischen Ansatzpunkte und Vorgehensweisen verdeutlicht die Abbildung 15 auf Seite 156.

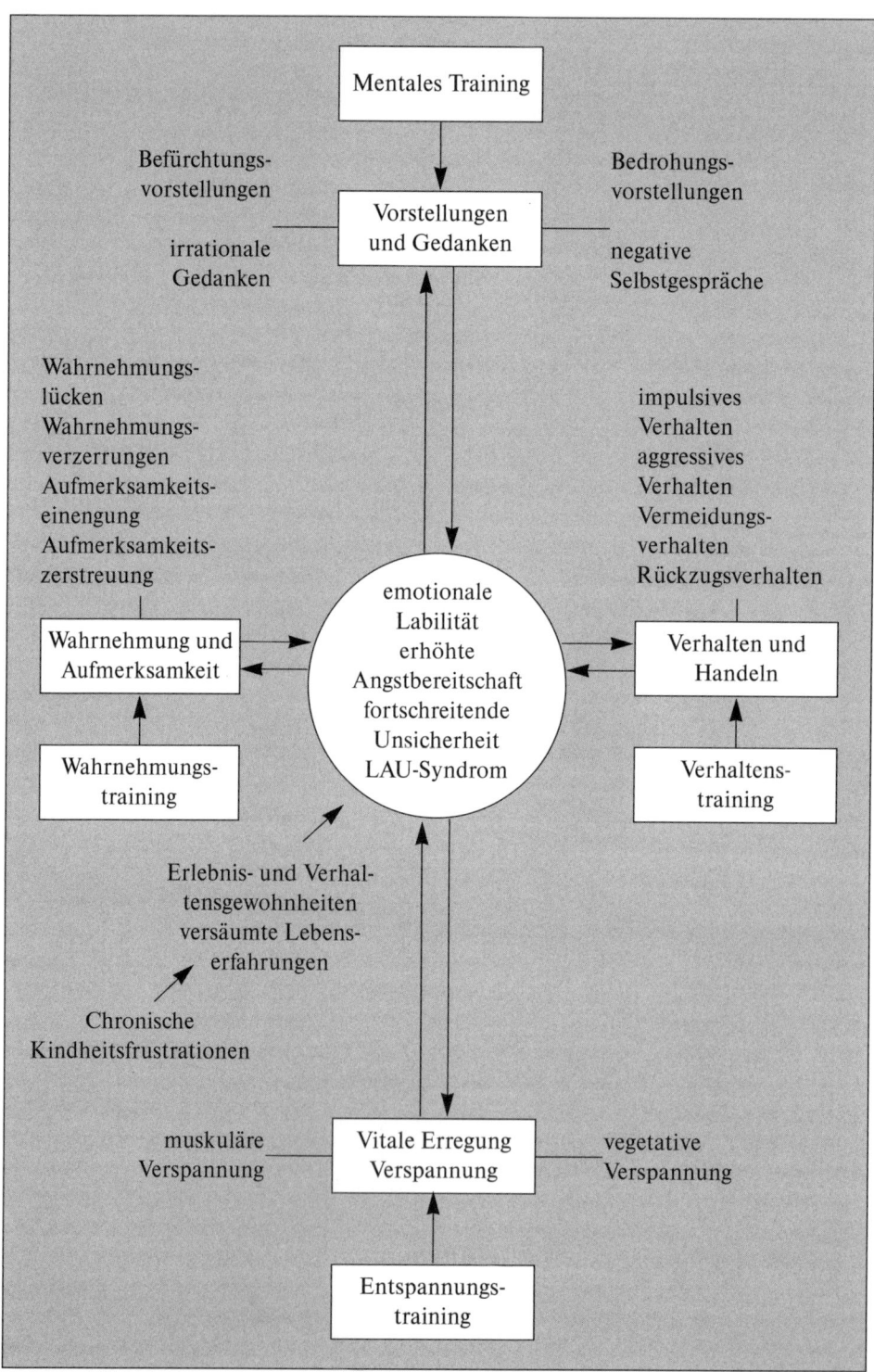

Abbildung 15

Selbstkontrolle

Im Zentrum der Aktivationstherapie steht die *Selbstkontrolle*. Sie ist sowohl Ziel als auch Technik. Vom Ziel her fördert die Aktivationstherapie die auch sonst für die Bewältigung gesellschaftlicher und gesundheitlicher Aufgaben so wichtige Selbstbeteiligung. Die Stärkung und der Erwerb von Selbstkontrolle befähigt den Menschen, Ziele der Gesundheit konsequent zu verfolgen und die ihm eigenen Selbstheilungstendenzen wirkungsvoll zu mobilisieren. Gelungene Selbstkontrolle liefert einen wichtigen Beitrag zur Verhinderung von Rückfällen und darüber hinaus zur Verhütung psychischer, psychosomatischer und psychosozialer Schäden – ein Aspekt, der auch unter volkswirtschaftlichem Gesichtspunkt besondere Beachtung verdient.

Therapiedauer

Im Durchschnitt dauert die Therapie 30 bis 40 Zusammenkünfte (Doppelstunden). Der Erfolg kann vor allem an den systematisch herbeigeführten Veränderungen der „internen" Informationsverarbeitung (Wahrnehmungen, Vorstellungen, Erwartungen, Problemlösungstechniken) und des „offenkundigen" Leistungs- und Beziehungsverhaltens erkannt und überprüft werden. Da sich diese Veränderungen schrittweise nach dem Therapieplan vollziehen, kann man sie in erster Linie der praktizierten Methode (den Vorgehensweisen) und den damit in Gang gebrachten Eigenbemühungen des Patienten, nicht (so sehr) dem Einfluß der Persönlichkeit des Therapeuten oder der Therapeut-Patient-Beziehung zuordnen.

Wissenschaftsbasis

Die Aktivationstherapie ist sowohl neurophysiologisch als auch psychologisch durch psychosomatische Experimente, therapeutische Erfahrungen und Kontrollen und eine umfassende Theorienhierarchie (neu-rophysiologische Theorie, Streßtheorie, Emotionstheorie, Lerntheorie, Kognitionstheorie und Handlungstheorie) abgestützt.

Zur Praxis und Bedeutung der Aktivationstherapie

Mit Hilfe der Aktivationstherapie wird der Abbau des LAU-Syndroms eingeleitet. Begleitend bringt sie den Klienten dazu, seine Situation und Störung, abgestimmte Bewältigungsfähigkeiten aufzubauen und Umweltveränderungen in Gang zu bringen.

Kognitive Aspekte

Die Aktivationstherapie ist eine kognitive Verhaltenstherapie, d.h. sie stützt sich auf die Veränderung sowohl der Verhaltensweisen als auch der Meinungen (Vorstellungen, Gedanken, Erwartungen). Sie fordert und fördert neben der Einübung neuen Verhaltens eine Umorientierung des wahrnehmenden und verarbeitenden Denkens (kognitive Umstrukturierung).

Emotionale Aspekte

Bei aller Betonung des Denkens und Umdenkens werden die emotionalen Aspekte des therapeutischen Prozesses nicht vernachlässigt. Der Patient gelangt schon in den ersten Sitzungen zu einem „aufschlußreichen Kontakt" mit seiner emotionalen Befindlichkeit und deren negativer Auswirkung auf seine Leistungen und sozialen Beziehungen. Ihm wird allerdings zunehmend klarer, daß seine Unsicherheits- und Angstgefühle von seinen Gedanken und Vorstellungen her programmiert, aufgeladen und gestützt werden. In der Zusammenarbeit mit dem Therapeuten gewinnt er durch die sich schon in und nach den ersten Therapiestunden anbahnende positive Veränderung seines Verhaltens, Wahrnehmens, Denkens und Fühlens eine stützende Vertrauenshaltung zum Therapeuten. Wird auch der Therapiefortschritt in erster Linie der individuell abgestimmten systematischen Methode zugeschrieben, so ist doch das emotionale Beziehungsklima für das Einverständnis und die Mitarbeit des Patienten sehr wichtig.

Wertemuster

Der emotionale Aspekt verweist auf die Zielvorstellungen der Therapie. In der Therapie geht es um Veränderungen des Verhaltens und Erlebens der Patienten. Der Therapeut sollte sich über die Richtung der Veränderungen, über die Werte, die seinem therapeutischen Bemühen zugrunde liegen und die ihn bei seiner Arbeit leiten, im klaren sein.

Die kognitive Verhaltenstherapie ist nicht nur auf Verhaltenskorrekturen im Sinne der Behebung von Defizit-, Überschuß- oder Fehlverhalten ausgerichtet. Sie will die Ankerpunkte des angestrebten produktiven Verhaltens und die kognitiv-emotionalen Strukturelemente mit in die Therapie einbeziehen. Dabei betont die Therapie die Dominanz der Emotion bei der intuitiven Vorausschau, die Dominanz der Kognition bei der angepeilten Wegfindung und die Integration von Kognition und Emotion bei der Wertorientierung.

Bei der Reflexion auf das der Aktivationstherapie zugrundeliegende Wertemuster (siehe Abbildung 16) zeigen sich fünf in engem Bezug zueinander stehende Werte. Im Zentrum steht einfühlendes Verstehen (Empathie), eine Eigenschaft, die sich am deutlichsten in der Toleranz äußert. Dieses einfühlende Verstehen setzt innere Freiheit (Selbstkontrolle) und Selbstachtung (Ich-Identität) voraus bzw. ist unmittelbar mit ihr gekoppelt. Diese personenzentrierten Werte finden letztlich ihre Verwirklichung in Verantwortlichkeit und reifer Liebesfähigkeit.

Einschätzung der Symptome

Die Aktivationstherapie interpretiert die psychischen und psychosomatischen Symptombildungen als provisorische Selbstheilungen. Deshalb hat der Aktivationstherapeut Respekt vor den Symptomen. Der Patient erfährt, daß er seine Symptome produziert, er mit dieser Symptomarbeit eine Überlebensaufgabe geleistet hat. Ohne diese Arbeit hätte er sein Leben nicht mehr halten können. In den fortschreitend schweren Symptomen verliert der Mensch letztlich, wie z. B. in der massiven depressi-

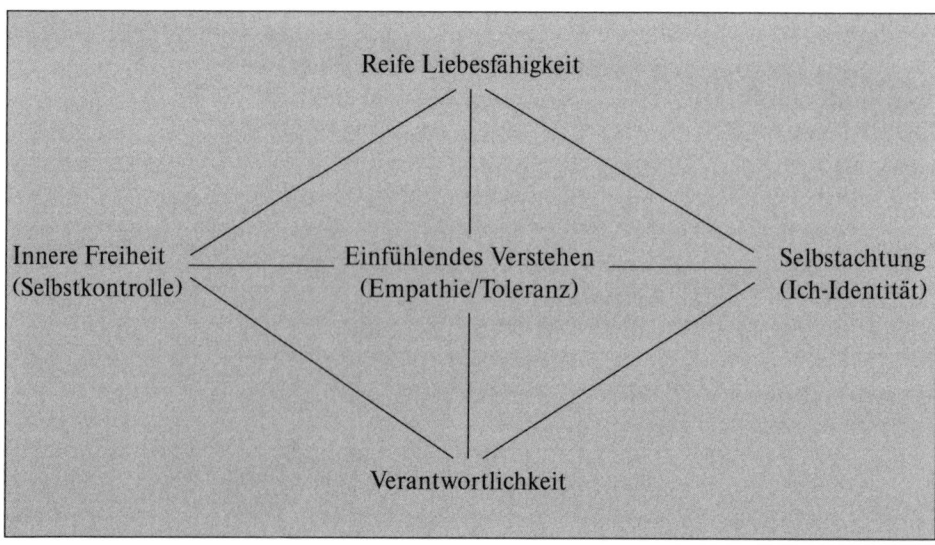

Abbildung 16

ven Verstimmung oder im schizophrenen Schub, die Selbstkontrolle, aber das Leben wird noch auf schmerzhafter und entfremdeter Stufe gehalten. Das Symptom ist eine – wenn auch abwegige und selbstschädigende – Leistung der Lebensbewältigung. Der Aktivationstherapeut konzentriert seine Arbeit zunächst auf die Symptome, zeigt dem Betroffenen Wege zum allmählichen Abbau auf, ermutigt und stützt ihn bei der von ihm selbst zu leistenden Arbeit, zumal dabei alte und neue Ängste und Unsicherheiten frei werden. Die zu erringende Sicherheit gewinnt der Patient dann ebenfalls schrittweise im Aufbau eines gezielten, d.h. auf das jeweilige Symptomareal bezogenen, Bewältigungsverhaltens. Dabei lernt er, dieses Verhalten zunächst in ähnlichen, später auch in neu- und andersartigen Situationen anzuwenden.

Vermittlung des Verständnisses für das therapeutische Vorgehen

Wir haben es in der Psychotherapie mit hochkomplexen und -komplizierten psychophysiologischen und soziologischen Wechselwirkungsprozessen zu tun. Die therapeutische Praxis erfordert ein gleichermaßen komplexes Denken und Handeln. Dem Patienten sollten aber über Leitlinien die Zusamenhänge und die Komplexität der Zusammenhänge zwischen Denken und Verhalten angemessen verdeutlicht werden. Die Aktivationstherapie hat mit ihren vier Strategien (und den damit verbundenen etwa 40 Interventionen) das Problem der Komplexität weitgehend gelöst.

Die Therapie wird in ihrer Grundlage, Praxis und Intention von Patienten unterschiedlicher Bildungsgrade intellektuell klar erfaßt. Diese Kenntnis führt im Fortgang der Therapie durch die Wechselwirkung von Erwartung und Erfahrung zu einer tragfähigen Lebensplanung und -gestaltung.

Aktivitätsaspekt

Wir stehen nicht in Kontakt mit einer interpretationsfreien Wirklichkeit. Sowohl äußere Wirklichkeit als auch wir selbst, unsere Persönlichkeit, sind das Ergebnis einer Konstruktion. Wie wir nicht Gefangene unserer Autobiographie sind, so sind wir auch nicht Gefangene der Gesellschaft, in der wir leben. Wir gestalten weitgehend unser Schicksal selbst, können uns allerdings auch selbst versklaven. Wir reagieren auf unsere Umwelt so, wie wir sie sehen; wir reagieren nicht auf Reize, sondern auf die Interpretation der Reize. Wir sehen uns selbst, die anderen und die Dinge durch die Brille unserer eigenen Konstrukte. Deshalb leben Partner auch nicht in derselben Situation; sie reagieren in ihr unterschiedlich. Menschen sind einander nur dadurch und insoweit ähnlich, als sie sich und die Welt auf ähnliche Weise konstruieren, d.h. unterscheiden, interpretieren und Ergebnisse von Ereignissen sehen, also Ereignissen dieselbe Bedeutung verleihen. Das Ziel der Therapie ist die Selbstbefreiung. Sie soll dem Betroffenen die Möglichkeit geben, seine einengenden und fehlsteuernden Konstruktionen zu erkennen und den damit verbundenen Widersprüchen in seiner Sicht vom Leben zu entfliehen. Die Therapie ist Beihilfe zur Überprüfung und Neukonstruktion des Lebens, d.h. des Verhaltens und Erlebens. Der Therapeut drängt dem Patienten nicht sein sein Konstruktsystem auf; er ermutigt ihn zum Aufbau und zum Ausprobieren produktiver Verhaltensweisen und Erwartungen und verdeutlicht ihm die Chancen und das Feedback des Kompetenzgewinns in verschiedenen relevanten Lebenssituationen.

Neurophysiologische Fundierung

Die neurophysiologisch und -psychologisch orientierte Aktivationstherapie bietet sowohl ärztlichen als auch psychologischen Therapeuten in gleichem Maße die Möglichkeit, ihr je spezielles Fachwissen in die

Therapie einzubringen und in ihr zu erweitern. Die Aktivationstherapie fördert aufgrund ihrer breiten Basis ein medizinisch-psychologisches Kooperationsmodell. Dies ist bei der gegenwärtigen kritischen Lage der Psychotherapie mit ihren personellen Kompetenzproblemen eine Chance weiterführender Arbeit. Dieses Modell legt auch eine besonne und überdachte Anwendung von Psychopharmaka bei akuten und chronischen Schmerzen, Antriebsschwächen, Erregungen und Kontrollstörungen nahe. Mit dem „Ausschleichen" der Medikamente (langsames Absetzen der Medikamente) kann dann die Psychotherapie ihre volle Wirksamkeit entfalten.

Gesundheitsvorsorge

Die der Aktivationstherapie zugrundeliegende Psychologie kann für eine wirkungsvolle psychische Gesundheitsvorsorge ein gutes Modell abgeben. Vieles deutet darauf hin, daß die Grunderkenntnisse der Aktivationstherapie zureichend erklären können, warum bei unterschiedlichen Umweltbeeinträchtigungen die Menschen sehr verschieden reagieren: Die einen geraten trotz objektiv guter Umwelt und Erziehung in schwere psychische Krisen; ihre mit Projektionen besetzte Wahrnehmung manövriert sie in wiederkehrende Fehlentscheidungen, Enttäuschungen und Niederlagen. Die anderen bewahren selbst unter extrem ungünstigen Lebensbedingungen ihre Gesundheit, Lebensfreude, Zuversicht und Aktivität. Die Aktivationstherapie weist darauf hin, daß die realistische Bewertung der Umstände und die illusionslose Erwartung von Ereignissen – also gewisse übergeordnete geistige Orientierungen – wichtige Faktoren unserer Lebenskraft und Lebensführung sind.

Weiterführende Literatur

Allport, Gordon W.: Treibjagd auf Sündenböcke.

Assagioli, Roberto: Die Schulung des Willens. Methoden der Psychotherapie und der Selbsttherapie, Paderborn 1984

Baetz, E.: Über Emotionslähmung, in: Allgemeine Zeitschrift für Psychiatrie 58/1902

Bandler, Richard/Grinder, John: Metasprache und Psychotherapie, Paderborn 1981

Beck, Aaron u.a.: Kognitive Therapie der Depression, München 1986

Beck, Aaron: Kognitive Verhaltenstherapie bei Angst und Phobien, Tübingen 1981

Bernstein, Douglas A./Berkovec, Thomas D.: Entspannungs-Training. Handbuch der Progressiven Muskelentspannung, München 1987

Brown, G.W./Harris, T.: Social Origin of Depression, London 1978

Buss, R. B.: Self-Consciousness and Social Anxiety, Oxford 1980

Butollo, Willi H.: Die Angst ist eine Kraft, München 1986

Carnegie, Dale: Sorge dich nicht – lebe!, Bern, München, Wien 17 1965

Crampton, Martha: Psychosynthese, in: Corsini, Raymond J. (Hrsg.): Handbuch der Psychotherapie, Bd. 2, Weinheim 1983

Eccles, John/Robinson, David N.: Das Wunder des Menschseins. Gehirn und Geist, München 1980

Ellis, Albert: Die rational-emotive Therapie, München 3 1982

Fensterheim, Herbert/Baer, Jean: Sag nicht Ja, wenn Du Nein sagen willst, München 1979

Garma, A.: Psychologie des Selbstmords, in: Imago 23/1937

Grünn, H.: Die innere Heilkraft, Düsseldorf 1990

Horney, Karen: Der neurotische Mensch unserer Zeit, Stuttgart 1951

Jacobson, Edmund: Progressive Relaxation, Chicago 1938

Jaffe, Dennis: Kräfte der Selbstheilung, Stuttgart 2 1988

Kanfer, F.H./Goldstein, Arnold P. (Hrsg.): Möglichkeiten der Verhaltensänderung, München 1977

Kassorla, Irene C.: Tun Sie's doch!, München 1988

Kielholz, Paul/Adams, Carlo (Hrsg.): Die Vielfalt von Angstzuständen, Köln 1989

Kryspin-Exner, Ilse: Alkoholismus, in: Reinecker, Hans (Hrsg.): Lehrbuch der Klinischen Psychologie, Göttingen 1990

Lewinsohn, F.M. u.a.: An Integrative Theory of Depression, in: Reiss, S./Bootzin, R.R. (Hrsg.): Theoretical Issues in Behavior Therapy, New York 1985

Margraf, Jürgen/Schneider, Silvia: Panik. Angstanfälle und ihre Behandlung, Berlin 1989

Meichenbaum, D.: Methoden der Selbstinstruktion, in: Kanfer, F.H./Goldstein,

Arnold P. (Hrsg.): Möglichkeit der Verhaltensänderung, München 1977

Panse, F.: Angst und Schrecken, Stuttgart 1952

Penfield, W.: The Mystery of the Mind, Princeton 1975

Peter, Burkhardt/Gerl, Wilhelm: Entspannung. Das umfassende Training für Körper, Geist und Seele, München 1988

Ringel, Erwin: Angst und Suizidalität, in: Faust, Volker (Hrsg.): Angst, Furcht, Panik, Stuttgart 1986

Salter, Andrew: Selbstsicherheitstraining, in: Corsini, Raymond J. (Hrsg.): Handbuch der Psychotherapie, Bd. 2, Weinheim 1983

Schultz, I.H.: Das Autogene Training, Stuttgart 1950

Schwarzer, Ralf: Streß, Angst und Hilflosigkeit, Stuttgart 2 1987

Seligman, Martin E.P.: Learned Helplessness, San Francisco 1975 (Erlernte Hilflosigkeit, Weinheim 3 1986)

Selye, Hans: Stress without Distress, Philadelphia 1974

Simonton, Carl/Simonton, Stephanie: Wieder gesund werden. Eine Anleitung zur Aktivierung der Selbstheilungskräfte für Krebspatienten und ihre Angehörigen, Hamburg 1982

Solokov, E.: Perception und Conditional Reflex, Oxford 1963

Wolf, Doris: Ängste verstehen und überwinden, Mannheim 3 1990

Musikempfehlungen

Johann Sebastian Bach
- Largo aus dem Flötenkonzert in g-moll nach BWV (Bach-Werke-Verzeichnis) 1056, Bearbeitung für Flöte; Original: Cembalo.
- Largo aus Konzert für Cembalo solo in g-moll, BWV 975 (nach Vivaldi).
- Largo aus Konzert für Cembalo solo Nr. 5 in G-dur, BWV 976.
- Largo aus Konzert für Cembalo solo in F-dur.

Georg Friedrich Händel
- Alle langsamen Sätze aus Concerti grossi op. 6, Nr. 1–12.
- Largo aus Konzert Nr. 3 in G-dur, (Feuerwerksmusik).
- Largo aus Konzert Nr. 1 in B-dur, (Concerti grossi op. 3)

Arcangelo Corelli
- Alle langsamen Sätze aus Concerti grossi op. 6, Nr. 1–12.

Georg Philipp Telemann
- Largo aus Fantasien für Cembalo, Nr. 17 in g-moll.

Antonio Vivaldi
- Largo aus Konzert für Flöte, Streicher und Basso continuo in C-dur PV 79.

Nützliche Adressen

Die jeweiligen kassenärztlichen Vereinigungen der einzelnen Bundesländer können Ihnen Auskunft geben, welche Therapeuten die kognitive Verhaltenstherapie anwenden.

Register

Halbfette Seitenzahlen verweisen bei mehreren Angaben auf eine ausführliche Erläuterung des Begriffs, *kursive* Seitenzahlen auf Abbildungen.